CE DOCUMENT A ETE MICROFICHE
TEL QU'IL SE PRESENTAIT

HISTOIRE
EN FORME DE JOURNAL

DE CE QUI S'EST PASSÉ EN PROVENCE

depuis l'an 1562 jusqu'à l'an 1607

PAR

Foulquet SOBOLIS

Procureur au siège général d'Aix

(Manuscrit de la Bibliothèque Inguimbert de Carpentras)

PUBLIÉ PAR

Le Docteur F. CHAVERNAC (d'Aix)

AIX
ACHILLE MAKAIRE, IMPRIMEUR-LIBRAIRE
2, rue Thiers, 2
—
1894

AVANT-PROPOS

L'original de cet ouvrage, que nous livrons à la publicité, est manuscrit à la bibliothèque de Carpentras. Il y est venu de chez M. de Mauzaugues d'Aix.

On lit sur le premier feuillet de cet autographe : *Répertoire du présent libre faict par moy Foulquet Sobolis, procureur au siège général d'Aix.* — Avec sa signature.

Nous avons fait faire une copie de ce manuscrit, et l'érudit M. Barrès, *in illo tempore* bibliothécaire de l'Inguimbertine, a mis toute sa patience à revoir et corriger la matière. Par conséquent notre reproduction offre toutes les garanties de fidélité. Merci à M. Barrès, à qui une disgrâce imméritée a créé des loisirs, pour avoir eu la naïveté de se dévouer à ses fonctions.

Dans son épître aux citoyens d'Aix, Sobolis présente le tableau des troubles et des malheurs de la France à cette époque.

Il raconte ensuite, jour par jour, tout ce qui se passe en Provence, principalement dans la ville d'Aix : guerres, épidémies, orages, inondations, éclipses, comètes, etc... l'auteur consigne tout dans son journal chronologique ; notamment la peste qui ravagea la Provence en 1580 et lui enleva ses deux filles qu'il fut obligé d'ensevelir de ses propres mains.

Cette histoire de Sobolis, mentionnée par Jacques Lelong (Bibl. hist. de la France n° 15037) a été écrite par Sobolis, au rapport de César Nostradamus, avec une minutieuse exactitude.

Aix, août 1894.

Dr CHAVERNAC.

ESTAT
DE LA VILLE D'AIX
Ce qu'est advenu en icelle
PUYS 1562 JUSQUE EN 1607

A Messieurs les Consuls et citoiens de la dite ville d'Aix. Salut.

AUX LECTEURS.

Voyant que par le cours des ans plusieurs biens et maulx sont esté faicts, et que soubs prétexte du bien, le mal a esté supérieur par quelque temps, comme est notoire et véritable, que Dieu tout puissant faict produire la terre pour substanter et faire vivre ses créatures en ce monde transhitoire en bien, et pour hobéyr à ses commandements ; toutesfois son peuple faisant le contraire, et pour punyr le péché commis par les contreveneus à ses dicts commandements, mande fléaux en diverses fassons, soit par guerre, contagion, famine et aultrement comme son bon plaisir : comme se treuve au temps que le Roy Charles IX, fils du Roy Henry II, puis soubs l'administration de la Royne, sa mère, feust faict en l'an 1560 un colloque et assemblée à Poissy, où se seroient treuvés le Roy de Navarre, Prince de Condé, et aultres grands personnages demandants au Roy leur octroyer liberté de consciance, et exercisse de religion, aultrement que celle de l'Esglise Romayne par tout son royaulme, se nommant l'Esglise prétendue réformée, que c'estoit plustost pour régner, ou pour avarice, ou faire confondre l'antiquité de l'Esglise Apostolique Romayne, que pour le zèle de Dieu, et de ses saints commandements, et observation d'iceux, laquelle demande seroit esté octroyée aux requérants, et lettres seroient esté expédiées addressantes aux sieurs Gouverneurs pour faire observer l'édict que sur ce auroit esté faict; puys lequel temps au lieu de paix que le peuple estoit avant jcelluy Edict n'a esté que tout malheur, car sont esté par apres plusieurs guerres civiles, inimitiés du père contre l'enfant, un parent contre l'aultre, meurtres, emprisonnements, saccagements, brûlements, et aultres maux innumérables, et commansa la guerre entre ceulx de la dicte prettandue Religion d'une part, et les Catholiques d'autres adressans Moncontour, Jarnac, Saint-Denys, et Paris ou feust tué M. de Montmorancy, connestable de France, Monsieur François de Lorraine Duc de Guise au devant Orléans, le sieur de Coligni, admiralh de France dans Paris. Je laisse le reste que feust faict par de là et venant à ce que a esté faict en Provence sera descript tout ce que i'ay peu recueillir puis le dict temps de toutes les guerres, contagions, famines et aultres accidents qui sont survenus en la dicte Provence pour le plaisir des lecteurs, laissant à part l'addition et correction de ceulx que leur plaira adjouster ou corriger, et de tous suys leur très humble serviteur,

Signé : **Foulquet SOBOLIS,**

Procureur au siége général d'Aix.

1562. Et poursuyvant nostre entreprinse soubs l'aide de mon Dieu tout puissant, jnvoquant la vierge Marie, saints et saintes du paradis en l'an 1562. Duquel temps M. le Comte de Tende estoit lieutenant et Gouverneur pour le Roy en la dite Provence, à la poursuyte d'ung sien fils nommé M. de Saurèze, le sieur de Sénas, capitaine Malvans, et aultres se disant de la dite prettendue religion réformée, auroient en la dite année 1562, et le .... faict publier l'Edict faict par le Roy pour faire exercisse de la dite religion, et sur l'exécution d'jcelle entra en ceste ville d'Aix gens de guerre, conduits par capitaine Tripolly avec les ministres pour prêcher, et les dites gens de guerre pour l'assurance des dicts ministres et gens de telle religion gardoient les portes de la ville d'Aix, et du lieu où les dits ministres prêchoient, laquelle prêche estoit du commencement hors ds la dite ville d'Aix proche de la porte de Saint-Jean, et après hors la porte des Augustins; laquelle prêche se disoit par les dicts ministres, et l'un se nommoit *Fabre* et l'aultre *Mercure*, et il y alloit beaucoup de peuple, et ne dura que environ que deux ou trois moys, car tout ainsi que en France n'y eust contreverse et dissention, on remua mesnage, car en l'année 1562 et au 25 (du) mois d'apvril le jour de Saint Marc fust le dit capitaine Tripolly et ses gens deschassés de la ville d'Aix, et allèrent treuver le dit siur comte de Tende à Pertuis, et de là s'allèrent saisir de Sisteron, et à Pertuis ny peurent entrer combien qu'ils demeurèrent au devant plus de quinze jours.

Le Roy pourvoyant à tout ce que estoit nécessaire et pour rendre le peuple à l'Eglise Romayne, mande Edict publié le 24e octobre au dit 1562, pour faire profession de foy, laquelle fut faicte par devant la Cour de Parlement, et par-devant le sieur Lieutenant Général, et tous les officiers se signèrent à telle profession correspondante à celle de l'Eglise Catholique Romayne.

Après le sieur de Sommerive, fils du dict sieur comte Claude reprend le gouvernement, et en absence de son père, dresse camp, vont assiéger Sisteron avec Ytaliens, lesquels Ytaliens demeurèrent tous à l'assault, mais enfin Sisteron fut prins, je laisse à penser quel désordre de meurtre, violement de femmes, quel noyement qu'on faisait des gens sur le pont du dit Sisteron qu'on iectoit à la rivière de Durance.

Quant à ceux qui feurent treuvés en ceste ville d'Aix, tenant tels partis de religion, feurent mis en prison, et estant Gouverneur le sieur de Flassan et sieur de Mantis de la dite ville, choysissoit le dit sieur de Flassan à la dite prison ceux qui luy plaisoint, et les faisoit murtrir au pin qui estoit dans le jardin du sieur d'Agulhe et passant une compagnie d'Jtaliens fit pendre au dit pin trois par un matin, et les aultres leur faisoit payer argent, bref c'estoit grande désolation.

1563. En l'an mil cinq cent soixante-trois, le Roy manda Edict de paix pour raison des dicts troubles, et lors je m'en allés à Paris que le peuple estoit en paix.

1564. Et comme on présuppose, le Roy entendant les excès et murtres avoir esté faicts, lesquels la Cour de Parlement ne les debvoit souffrir, du 14 apvril 1564 furent publiées lettres de suspension d'jcelle Cour et manda une chambre de Paris en ceste ville d'Aix, et ung président commis le sieur de Malssan, lequel durant deux ans qu'il demeura, tint si bonne justice que ne se trouvoit procès à plaider, car (à) la première adionction bailla cinq cent livres d'amende à un sieur de Mazaugues, tellement que le dit sieur estoit grandement redoubté.

Le XXe juillet au dit an fut faict terre tremblant (tremblement).

Le dix-neuf octobre au dit an 1564, le Roy Charles IX vint en ce pays et fit son entrée en ceste ville d'Aix, accompagné du sieur Cardinal Bourbon, la Royne Mère et aultres grands seigneurs, contes et barons logés à l'Archevesché, et aultres en ville font les entrées chantans louanges à Dieu en faveur du Roy, et feut dit la chanson Bergers et Bergeretes, y avoit harpes, luths et aultres jnstruments musicals (de musique).

Le vingt deuxième du dit moys, le Roy, par son arrest, auroit ordonné que le pin où l'on y faisoit mourir ceux de la dite religion soit coupé, ce que a esté faict.

Le vingt quatrième du dit moys, le Roy est party d'Aix, est allé en la Sainte Baume, Hières, Tholon, Marseille et Tharascon, ou a esté tenu les Etats Généraux.

Du dict temps, grand froid et les olliviers morts et les souches des vignes.

Le dix huitième décembre au dict an a esté faicte la publication des lettres de la réintégration de la Cour, et sont tous entrés demeurant président le dict sieur de Malssan, le sieur de Tretz, premier président, Sainte Marguerite, Bargarris et Barras se sont purgés par devant le Parlement du Daulphiné de leur innocence, et après sont entrés et ont vaqué à la justice, et le sieur Comte Claude est aussi entré en armes dans la ville comme Gouverneur.

1566. Et le pays a esté en tranquillité jusques au deccez du dict sieur comte Claude, lequel décéda d'ung catharre au moys d'apvril 1566 et fust proveu du dit gouvernement le sieur de Somerive, son fils, et M. de Carces, son lieutenant en absence.

1567. En ladite année 1567, iour de Saint Michel, la guerre est venue et ceux de la religion s'en sont allés dont il y a eu prinses de villes, champs et prisonniers.

1568. Au mois d'apvril 1568, les sieurs de la Religion sont retournés en leurs maisons moyennant l'édict de paix mandé par le Roy.

Et à cause que la guerre estoit en France, le 10 d'octobre 1568 fust publié l'édict des officiers du Roy qu'estoient de la dite religion, et sont estés suprimés pour quelque temps, et puys sont reentrés.

1569. Le dimanche 3 apvril 1569, feust faicte procession généralle de la mort du prince de Condé et ses adherans en nombre de quinze mil qui feurent deffaicts par le camp du Roy et feust faict feu de ioyes où estoit M. le Cardinal Astrocy, Archevesque d'Aix, qui se faisoit porter à une chère, et son huissier au devant portoit une grande masse d'argent, et y avoit trois Evesque et un Abbé, la Cour y estoit, et M. de Carces, gouverneur en absence alloit au milieu de M. de Tretz et sieur de Finences, président, le tout fort solemnel jour.

1571. L'an mil cinq cent septante-un, le Rosne versa en Arles et Tharascon, et ceans noya gens, bestail et bastiments.

Le dix janvyer au dict an tomba en cette ville d'Aix deux pans de nège, ce que a long temps ne s'est veu si grand quantité en la dite ville, et les olliviers généralement sont mortz.

1572. Le vingt huitiesme novembre 1572, M. Jehan de Pontevès, Comte de Carces est entré au siège comme grand sénéchal et ses seigneuries érigées en Comté suyvant les lettres publiées le dict jour et ses seigneurs érigés en Comte.

1574. A cause que le sieur de Sommerive, gouverneur, décéda, et le gouvernement fut baillé à M. le Maréchal de Rez et M. de Carces son lieutenant, en absence, c'estoit l'an mil cinq cent septante-quatre.

En la dicte année et en feuvrier, au jour de Saint Mathieu, tomba deux pans de nège à Aix.

Au mois de juin mil cinq cent septante-quatre, le Roy Charles décéda, et feust baillhé l'administration du royaulme à la Royne Mère, et au moyen de tel deccés la guerre se tourna mouvoir, car au mois de juillet Seyne, Riez, Gréoulx et Puimoisson furent prins par surprinse une nuict par ceulx de la nouvelle religion, estant chef M. de Lisle, frère du baron d'Alamagne, le sieur d'Estoblon avec grandes troupes faisans guerre ignominieuse contre le peuple, ravissements de gens et bestails, et pour les déchasser M. le Comte de Carces, lieutenant en l'absence de M. de Retz dressa grandes compagnies, estant chefs M. de Vins, le sieur de Monpeiroux et aultres.

Le jour avant Saint Michel au dit an, le chevalier Saint-Estienne fust tranché la teste par arrest de la Cour pour avoir prins les armes contre le Roy et commis aultres excés.

Le septiéme septembre 1574, M. Gaspar de Pontevès, fils du sieur Comte de Carces, a prins possession de grand sénéchal, suivant la résignation de son père.

Et pour ce que le frère du Roy Charles, nommé Henry IIIe de nom, c'estoit a Pologne comme Roy du dict pays, estant adverty du déccez de son frère, pour succéder à la Couronne, feust venu du dit Pologne, et arrivé à Lyon au mois de septembre 1574, lequel trouvant tout son pays en guerre, le cinquième du dit mois, fist édict au dict Lyon et le cinquième octobre suyvant fust publié le dict pour faire cesser les armes abolissant le passé, et ce nonobstant furent faicts plusieurs prinses d'une part et d'aultre et bien vint à propos la venue du dict Roy Henry, car le pays estoit en proye, comme on disoit.

Lequel Roy Henry, usant de sa grâce au mois de novembre 1574, fist publier pardon général.

Le seizième du dcit mois, M. le Maneschal de Retz, gouverneur en ce pays, fist son entrée en ceste ville d'Aix avec toute solemnité, tant de la Cour de Parlement, Comptes, Consuls, et toute la ville, et a faict son logis au Palays.

Le dix-septième, le dit sieur a faict faire cryes que les escus sol se prendront à cinquante huit sols, et les pistolles à cinquante six sols du pois de quinze grains

Le vingtiesme du dit moys 1574, le dict sieur Maneschal avec le sieur Comte de Carces, le sieur viscomte de Cadenet et aultres sont allés à Riez pour le prendre avec artilherie, et le camp feust dressé à Riez.

Cependant M. de Vins, usant de sa force, auroit deffaict les rebelles contre l'édict, à Digne, qui estoient à l'Evesché, et les a faict mourir hormis cinq des principaux qui furent conduits aux prisons d'Aix et furent descapités.

A la fin du dict moys de novembre, Gréoulx fut reprins et ceux qui le détenoient furent saulvés.

Au commencement de decembre, Riez fust reprins à mesme condition comme Gréoulx, et les ennemys s'en sont allés avec leur bagage. Puymoysson aussi fust reprins au dict moys.

Et ce faict pour ce que le fils du sieur Viscomte de Cadenet estoit chef de ceux qui avoient prins les armes contre le Roy, présuposant qu'il l'auroit faict pour garder le pays au Roy. Du dict moys fust publié édict contenant pardon général pour luy et sa suyte.

Le Roy Henry arriva en Avignon et y demeura tout le moys de décembre et plus, en laquelle ville le sieur Cardinal de Lorrayne décéda et fust faict grand dueil de son décés pour estre un homme magnanime ayant esté fidelle à la Couronne.

1576. Et pour ce que aulcuns soy disants de la religion, estant chef M. le Baron d'Alamagne et un Capitaine Ferrier, s'estoient saisis de Menerbe au comté de Venise, lesquels endommageoient ceulx de Provence et fesoient plusieurs brigandages et murtres, le Roy cuydant pacifier le tout, le 29e may 1576, fust esté publié édict de paix.

Le neufvième aoust, jour de Saint Laurens au dict an, à cinq heures du matin, fist ung tonnerre que le foudre passa à la maison de Maximin Beuf, et fist mourir un sien fils et une chienne, et passa à la maison du sieur de Peyresc, et sieur président de Lauris, et rompit cheminées et victres.

Au mois de novembre et dexembre, c'est apparue au ciel une Comète sive estoille ayant la queue d'un pavon rouge.

1577. Et pour ce que ceulx de Menerbe faisoient courses et dommage, M. le Grand Prieur, frère bastard du Roy, gouverneur en absence du sieur Maneschal de Retz, a dressé camp avec seize pièces d'artilherie, et l'ayant combatu ung moys y ayant esté murtris, le sieur de Sénas, capitaine Seguirani, et aultres qui alloient à l'assaut, le capitaine Ferrier de Bonieux, gouverneur du dit Ménerbe, auroit parlementé avec ledit sieur Grand Prieur et arresté qu'il rendroit Ménerbe dans huict jours, avec permission de vendre tous biens qu'ils auroient dedans, et à ces fins plusieurs marchands d'Avignon entrevènent acheptant bleds et aultres marchandises, et le dernier iour de la restitution y entra secours et ung capitaine du Daulphiné que se fist gouverneur et Ferrier chassé tellement que ne fust point rendu, et le dit sieur Grand Prieur despiteux fist débander le camp et y délaissa trois forts garnis de gens de guerre, et vint le dit sieur en ceste ville d'Aix où le 12 novembre 1577 fist publier un Edict de paix.

Au dit mois de novembre le sieur Comte de Montofier, lieutenant du dict sieur Grand Prieur ayant délaissé Provence et s'en allant à son pays fust suivy par le sieur Saint-Martin et aultres et en disnant le dict comte de Montafier au lougis de la cloche à Aix fust tué par le dict sieur Saint-Martin et ung page du dict Comte tua le dict sieur Saint-Martin que feust grand dommage. On disoit que c'estoit pour la trahison de Menerbe.

1578. Le dix-septième septembre 1578, publication des lettres de M. François de la Baume, Comte de Suze, gouverneur de ce pays, par la resignation faicte par le sieur Maneschal de Retz, et au moyen de ce, le sieur Grand Prieur s'est démis du gouvernement, et la Court l'a reprins et tout malheur est advenu, car la noblesse s'opposant à ce, a prins les armes contre le dict Suze, tellément que y avoit deux qualités de gens, sçavoir depuis Brignolle jusques près de Nisse, se disoient *Razas* et soutenoient le dict Suze et les aultres *Marrabez*, sousbtenant contre le dict Suze; et adherans pour M. le Comte de Carces et Noblesse, le dict sieur Grand Prieur se retira à Marseille, le sieur Comte de Carces à Sallon sans lever les armes, combatre comme on présupose y tenant la main et la Court pour asseurance de la ville d'Aix et de la iustice ne se vouloient oster de Saint-Julien de Montanier, où sa garnison estoit au terroir de Grasse, le dict sieur de Monty dict Lagremuze.

Les sieurs de Vins et Beaudimont soubs prétexte d'une querelle contre le sieur Baron d'Alamagne, ont levé les armes, et prins Saint-Paul et levé compagnies disant vouloir aller en Flandres pour le frère du Roy, et ont imposé impos sur les passants.

Le iour et feste de Toussaint, premier novembre 1579, sont entrés consuls le sieur de Meirargues, Burle et Lange Sorfier, lesquels avec les députés, sont allés trouver ledict sieur de Suze en Avignon pour apaiser le tout, ce qui a esté impossible.

Le sieur de Vins c'est saisy de Saint-Remy, Tourves, le Val et aultres lieux et sont allés contre Brignolles, Draguignan et aultres qui ne vouloient contribuer aux charges faictes par arrest du sieur Comte de Carces.

Le huitième de nouembre 1578, le dict sieur de Suze, accompagné de cent hommes d'armes et aultres à cheval, et à pied est venu d'Avignon au dict Aix, ayant délaissé M. le Président Coriolis au dict Auignon, et s'est lougé chez M. de Lauris.

Au mois de décembre 1578, le sieur de Vins a defaict quatre cens personnes tant de Brignolle que de Draguignan, et mesme la compagnie qui estoit à Courrens, de laquelle le capitaine la Burlière estoit capitaine.

1579. Le septième janvier 1579, les sieurs Saint-André, la Verdière et Groze ont prins le Puy Ste-Réparade, où y avoit grande quantité de bleds.

Le vendredy neufvieme du dict moys les dicts sieurs accompagnés de cent soixante chevaux ont faict ambuscade à la Lauze et aulcuns venus à l'hospital demandans Suze lequel faisoit faire bonne garde environnant la ville en forme de guerre.

Le second feuvrier 1579, jour de Nostre, le sieur de la Verdière, gardant le Puech, est venu à l'environ d'Aix à Notre-Dame de l'excès avec troupes de gens à cheval où le grand peuple estant hors a esté effrayé et n'ont fait aucun mal.

Le mercredy 14 janvier 1579, le sieur de Suze se enrageant ne pouvoir estre obéi, sortit hors d'Aix à pied, faisant semblant d'aller à lesbat vers l'hospital, et ses gens l'ont suivy, prenant le chemin de Rougnes et sont allés à Cadenet et en Avignon, c'estant noyé aulcuns de ces gens à la rivière de Durance.

Au meme mois, le sieur de Vins, entendant que le chevallier de L'Agremuze ayant charge de gens de guerre, faisoit composition et ne se vouloit oster de Saint-Jullien de Montagnier où sa garnison estoit au terroir de Quinsson avec le sieur de Marty et le dict l'Agremuze.

Au commencement de mars est venu nouvelles que le

sieur d'Estoblon et Verdache auroient deffaicts des gens de M. de Vins, tant à Roquevaire, Nans, Cogolin que aultres parts, le dict Baudimont y est demeuré. Le dict Baudimont tenoit les parts du sieur de Vins, duquel on a faict bruit qu'il est mort, comme est vray.

Incontinent, par commandement de la Court du Parlement, a esté faict procession generalle pour le paix, et a esté mandé gens à M. le Comte de Carces, mais a esté impossible de les faire cesser.

Le vintiesme mars aussi sont venus le sieur de Saint-André avec cent hommes d'armes vers le gibet dessus le Pré Batailler et les Corsses sont sortis de la ville et ont tiré contre la dicte ville troys coups d'artilherie sans faire dommage à personne et sont allés au Puech.

Le mesme iour, la Cour a faict publier l'arrest par toute la ville, qui avoit esté faict le 27 janvier contre les gens levés en armes.

Le vintsizième du dict moys, lendemain de Notre-Dame, sont aussy venus environ cinquante chevaux du Puy bien loing de la villle sans avoir faict aulcun mal; et les Corses, et le sieur de la Verdière les ont suivis sans les avoir attrapés.

Le dict moys de janvier 1579, M. le lieutenant de Bagarris décéda et fust ensevely en l'Observance.

Le sixième fevrier 1579, conseil général sur l'union du peuple.

Le iour mesme on prins cinq voleurs à la bastide du Cabassot, appellée le camp Delphin à Venelles.

Despuis la Court a faict emprisonner plusieurs qui tenoient le party du sieur Comte de Carces, mesme M. Jacques Ysoard, greffier en estoit et aultres, et a faict absanter de la ville d'Aix capitaine Michel et aultres.

Du vingtiesme mars, le sieur Comte de Grignan, venu de la Court, est arrivé à Sellon et a esté mandé ung gentilhomme qu a porté lettres du Roy publiées à la Cour que le sieur Maneschal de Retz a reprins le gouvernement, et en son absence, le sieur Cardinal d'Armagnac d'Avignon commandera en Provence et faira cesser les armes.

Nonobstant laquelle commission et attendant l'arrivée du dict sieur Cardinal, ceulx qui détenoient le Puy n'ont voulu rendre le lieu, ains ont faict courses à Aiguilles, à Vaulvenargues, comme aultres parts è. murtry gens et leur sont esté mandés la trompette de la ville avec Jehan Paul Nas, Consul de l'année passée, qui n'ont voulu cesser les armes.

Le dixieme mars 1579 y a éu nouvelles que le capitaine Boyer d'Ollioles avoit amassé gens et avoit assartis deux jours auparavant à Cuers la troupe du sieur de Vins et y sont morts plusieurs en grand nombre et prins quelques chevaux.

Le vendredy 12 mars 1579, sur le soir, sont partis d'Aix cent corssous et trois cent de la ville et autant des environs, et sont allés à l'entour du Puy et ont brizé le mollin et s'en sont retournés y ayant demeuré aulcuns à l'entour qui auroient prins deux ou trois du Puy prisonniers avec de charge de farine.

Le Vendredy-Saint, le 17e avril matin, a tombé nege et sur les cinq heures aprez disner, le sieur Cardinal d'Armagnac est arrivé en cette ville d'Aix et l'on luy a fait entrée comme gouverneur avec les quatre quartiers en armes, et les Consuls sont allés au-devant à cheval avec grande compagnie sans que soit entré aulcun du party contre qu'on appeloit Marrabets, et le sieur Archevesque d'Aix l'a receu en l'église Saint-Saulveur où il a faict sa prière, et à cause de sa vieillesse alloit dans une litière, et aprez le sieur de la Coste et un aultre le soutenoient en entrant à l'église, et s'est lougé à l'archevesché.

Le mardy cinquieme may 1579, l'édit de pacification a esté publié à la Cour et crié par la ville et tout est pardonné.

Le vendredy 8e may 1579 arrest publié au siege.

Le samedy 9 may, le sieur Cardinal est allé à Saint-Cannat

pour parlementer avec le sieur Comte de Carces, lequel y est venu de Sellon.

Le mardy 12 may 1579, ledit sieur Cardinal retourne en cette ville d'Aix et a faict remettre Saint-Paul en mains du sieur du Barroux et le Puy en mains du sieur de Mondragon, lesquels ont mis plusieurs gens dedans les dicts lieux.

Les habitants du Puy ont bailhé requeste à la Court pour faire commandement à ceux du Puy de les laisser.

Le vendredy 15ᵉ may 1579, la trompete y est allé avec tribut pour eux, aux quels le frere du sieur de Laverdiere auroit répondu que n'en feront rien, et que c'estoit trop dissimulé.

Le dict jour yssue de la Court le sieur Président des Arches sortant de la dicte Court, grand peuple d'Aix se seroient addressés à luy avec grande crierie, et le sieur Alphonse a gardé que aulcun scandale ne s'est faict.

Le samedy seizième du dict moys, arrest que ceulx qui n'ont voulu y obéhir ne jouiront de l'édict de paix, ains que tous courront sur eux.

Le mardy 18 du dict moys le dict sieur Cardinal, sieur Président des Arches et leur suite s'en sont allés, disoient-ils en Arles au devant la Royne-Mère.

Cepandant le sieur de Castellane, conseiller, mandé au Roy pour la Cour, a mandé lettres à la dicte Cour, disant que le Roy estoit de bon vouloir que les brigandages fussent punis et estoit arresté pour entendre ce que avoit faict le sieur Cardinal.

Le semedy, 23 may sont arrivées nouvelles que estant Trans assiégé par les Razas, le sieur de Vins, qui estoit à Carces y soit allé, et le sieur d'Estoublon, par contre, l'auroit suivy et auroient combattu à tant que le dict sieur d'Estoublon a deffaict beaucoup de gens du dict Vins et les a mis en desrouple et fuyte.

Entendant la Court et le pays que la Royne-Mère s'aprochoit

de Provence, venue de Thoulouze, y auroient mandé le sieur Conseiller Reynaud, le sieur de Soleilhas, fils du sieur vicomte de Cadenet, et le sieur de Chamons Le Roy pour luy faire entendre le tout.

Le dimanche 24 may 1579, le sieur de Ceintal de la Tour d'Aigues, en la présente ville d'Aix, auroit trouvé cinq brigants du Puy, estant deux de Sellon et trois de la dicte ville d'Aix, le bastard du capitaine Nas, ung formier et ung flassandier, et les a prins et mis en mains de la Court, les quels du mardy suivant sont esté exécutés par arrest l'un à la roue, et quatre pendus.

Le 26 may 1579 sont venues nouvelles à la Cour que M. le conseiller Reynaud avoit délaissé le sieur de Soleilas, et estoit allé voir M. le Comte de Carces et fait compagnie à la Dame Comtesse vers la Royne, et poursuivoit tout au contraire de ce qu'il avoit eu en charge, tellement que la dicte Court l'a révoqué et a mandé autres.

Le dernier may est venu nouvelle de la mort du sieur d'Estoublon au devant Trans.

Le premier juin 1579, la Royne-Mère, venant de pacifier le cartier de Tholoze et Languedoc, est venue à Beaucaire et a faict ordonnance contre ceux de Provence de quitter les lieux et villes dans deux jours et les armes dans dix jours aprez, attendant arriver à une ville pour ouyr toutes les plaintes.

Le troisième juin 1579 sont arrivées nouvelles de la prinse de Trans et ont tous fait mourir mesme le beau fils de M. de Carces, et ont pris prisonnière la filhe du dict sieur de Carces et ses enfants, et ce aux fins de faire rendre le pere du sieur d'Estoublon et ses filles détenues par M. de Vins, comme on disoit.

Le 4e juin, la Royne-Mère est arrivée à Marseille où y a esté faictes grandes plaintes.

Le dict iour a esté publiée la dicte ordonnance par ville et mandé gentilhommes par la dicte Royne-Mère pour faire cesser les armes, qui sont allés au Puy et à Saint-Pol et aultres parts.

Le jeudi 11 juin 1579, une heure aprez midy, le Puy a esté rendu par le sieur de la Verdière, comme aussy Saint-Paul et toutes compagnies débandées, chacun s'est retiré en sa maison.

Le vendredy 12 du dict moys, par édict de la Court, sont esté publiées les lettres de M. le Grand Prieur, frère bastard du Roy, grand Gouverneur et Lieutenant-Général pour le Roy en Provence.

Le jeudy 25 du dict moys, le dict sieur Grand Prieur a faict son entrée, accompagné du sieur de Santil, Baron des Ars et aultres grands seigneurs, où sont allés au devant le sieur président de Lauris, six conseillers, les Consuls et grande suite de la ville à cheval, les quatre capitaines de la ville avec leurs soldats des quartiers armés et les Corssous, et l'ont salué avec pièces d'artilherie, et est alllé à l'église de Saint-Saulveur, et d'illec s'est lougé à la maison du sieur de Milhan.

Le vendredy matin est entré à la Cour, l'aprez diner s'en est desparty, est allé à Marseille trouver la Royne-mère.

Le samedy 27, du dict moys la Royne-Mère a faict son entrée en ceste ville d'Aix, accompagnée du sieur Cardinal de Bourbon, sieur Damville, sieur Grand Prieur, le Prince de Condé, sieur de Lansac et aultres grands seigneurs provençaux et Dames, et s'est lougée à l'Evesché.

Le lundy 29 du dict moys a esté joüé le jeu de la Feste de Dieu.

Le mardy 30 est allée la Royne disner à la bastide du sieur thezaurier Borrilly et à la bastide du viguier Bordon, estoit M. le Comte de Carces, sieur de Vins, la Verdiere et aultres et grand troupe, environ deux cents chevaulx, et sont allés trouver la dicte Royne et ont parlementé à la dicte bastide du dict thezaurier Borrilly, et y a disné et soupé.

Le mercredy premier juillet, la dicte Royne est retournée avec les Razas, tenant le party contre, à la dicte bastide et le dict sieur de Carces, Vins et aultres s'y sont trouvés et ont promis et juré de ne lever les armes à l'advenir, aultrement déclarés rebelles et la promesse a esté rédigée par escrit et signée par tous et se sont embrassés toute la noblesse.

Le jeudy second juillet, les portes d'Aix sont esté ouvertes, le dict sieur de Carces, Vins, la Verdiere et toute sa troupe, environ cent chevaux, et n'a esté balhé que le sieur de Buisson sieur de Peyrouse et sa suite, environ huict que couchoient à la maison.

La Royne-Mère et sa suyte s'en est allée d'Aix le lundy sixième juillet 1579, est allée à la Tour d'Aygues, et d'illec s'en va en Avignon et à Lyon trouver le Roy.

Le dict iour matin, le dict sieur de Carces et sa suyte s'en sont allés à Sellon.

Et par ce moyen les gens sont en paix pour raison de la dicte guerre, en attendant la chambre pour faire justice.

Le samedy 25 juillet 1579 à la chambre ordonnée en tems de vaccations tenue l'audience sont esté leues lettres d'abolition de tout ce que a esté faict par le passé, y comprenant le 14 juin hormis les cas execrables.

Incontinent sont esté publiées aultres lettres contenant erection de la chambre pour faire justice ; président M. de Belleure, président de Grenoble, M. de Moncat, président en Provence, les sieurs conseillers de Saint-Marc, Dedons, Puget et aultres.

Le lundy 3ᵉ aoust 1579 a esté faict esmotion de peuple avec les Corssous estant à Aix, dont il y a heu de la partie de Corssous deux de morts, le capitaine Michel et le viguier Bordon blessés; deux jours aprez le capitaine Michel est décédé.

Au dict moys a esté receu au conseil payer les Corssous, et les faire sortir de la ville.

Aulcuns de la dicte ville en grand nombre voyant la division régner, ont présenté requeste au sieur Grand Prieur, qu'estoit à Marseille, pour faire demurer les Corssous jusques que le peuple fust uny et justice fust administrée.

Le dict sieur Grand Prieur est venu à Aix, a faict assembler la Court de Parlement, Comptes et principaulx de la ville, a esté arresté que les dicts Corssous sortiroient de la ville, et que y auroit deux portes ouvertes, et nul estranger n'entreroit sans cognoissance, et se feroit garder les armes à feu et aultres deffendues. La veille St Lazare sont esté faicts cryes au dict Aix.

Le jour St Lazare, dernier aoust, les Corssous sont sortis et allés à Tres.

Le dict iour le capitaine Taxil a blessé Messire Thomassin Durant jusques à la mort, le dict iour les cryes sont esté refrechies.

Et tout ainsy comme Dieu nous a bailhé la paix, et mis le pays en tout repos et tranquillité, pour la punition du peuple par une femme qu'est venue du levant et arrivée à Canens, a mis la maladie contagieuse qu'on dict aultrement peste, au dict lieu de Grasse que aultres lieux, que n'y a laissé presque personne pour y avoir heu grande mortalité de gens.

1580. Et faisant M. le Grand Prieur son habitation à Marseille, la dicte maladie qu'on appelle peste a commencé au dict Marseille, tellement que le dict sieur Grand Prieur est allé à Pertuis, et la dicte maladie a tellement continué à Marseille que y sont morts à plus de vingt mille personnes, et y ayant duré plus d'un an, car du mois de febvrier 1580 a perdu l'entrée, et ne la recouvre d'un an aprez.

Et pendant ce, la guerre s'est suscitée de la Durance, car aulcuns se sont saisis de Saint-Vincens où le dict sieur Grand Prieur est allé avec gens de guerre et y sont morts plusieurs.

Et combien qu'on fist grand garde pour la peste en ceste ville d'Aix, estant jusques Aiguilhes et aultres lieux saisis de la dicte maladie, au mois de juillet 1580. La dicte maladie s'est mise dans la ville à la place, et au Bourg, ou plusieurs sont morts, l'hoste Ollier et tous ceulx de sa maison demeurant à la place, et ung Chavet et Bastin demeurant au Bourg, et puis a continué tellement qu'ayant Dieu mandé auparavant une maladie qu'on appeloit la cocoluche, a suivy par tout le pays de Provence et de la France, estant morts de celle maladie grande multitude de gens que c'estoit l'avant-coureur, comme on présuppose de ladicte maladie contagieuse, et cuydant eschaper d'icelle, la Court de Parlement avoit deffendu les assemblées tant de dances, procez, que les sermons en la Caresme, processions, ayant mis le peuple en toute liberté de manger chair, ce que on trouvoit fort estrange de telle liberté.

Mais nonobstant telles prohibitions et octroy de libertés, Dieu, exécutant son vouloir, et suivant le signe qu'il avoit mandé par une comète que fust veüe au ciel aux moys de novembre et décembre 1576, la quelle en façon d'estoile, avoit la queue d'un pavon rouge, et encore le samedy au soir dixième septembre 1580, s'est aperçu au ciel soubs une nüe une grande clarté avec flammes de feu ardentes, a continué la dicte maladie contagieuse par la ville d'Aix.

Et tellement que le samedy dix-septième septembre, au dict an 1580, la Court ou chambre des vaccations, estant président M. de Lauris, s'en est allée à Cucuron et a faict conduire les prisonniers criminels au dict lieu avec difficulté, car les ont faict demeurer deux jours au port.

La Cour des Comptes est allée à Brignolles.

Et suivant le pouvoir bailhé par la dicte Cour de Parlement ou chambre des vaccations par laquelle a octroyé le gouvernement de ceste ville d'Aix à M. le viguier Bordon, accompagné de cent hommes payés par la dicte ville, il avoit par son vouloir le dict jour dix-septième septembre, fait pendre ung à la place qui avoit voulu faire sédition.

Le vingtiesme du dict moys on a esté adverty que M. François Chauchard, lieutenant particulier au siége, qui debvoit aller tenir le dict siége, à Ansoys et Grandbois a esté saisy et prins prisonnier avec ung M. Arnaud, prieur du dict Grandbois par les gens de guerre et sont esté mis à rançon.

Et le dict sieur viguier, suivant son pouvoir a faict faire garde de nuict et de jour, de sorte que sa ville a esté bien régie, soubs aussy la bonne conduite du consul Dupont, un grand homme de bien, lequel faisoit secourir les pauvres, et le dict sieur viguier, le 21 du dict moys a fait pendre ung voleur aux Fontetes et trancher la teste à ung autre qui avoit desrobé.

Quant à la maladie contagieuse, a toujours continué qu'il y a heu grande mortalité de gens au moys d'octobre.

Au moys de novembre, jour de tous les Saints, comme est coutume aux nouveaux Consuls et Accesseur faire leur entrée, et pour la prodemie de Me Honoré Guiran, advocat, acesseur de la dicte ville moderne, lequel montroit ne vouloir épargner sa vie pour le public comme son feu père, s'est lougé à Saint-Jean, et M. Bologne, son antecesseur, est allé faire quarantaine au Puy-Sainte-Réparade.

Le dict jour le dict consul Dupont dans l'église Saint-Sauveur, a remis le chaperon à Jean Bon, consul moderne.

Le capitaine Nas, premier consul, pour sa vieillesse, a esté excusé par la Court de Parlement.

M. Castilhon, second consul, ne s'est voulu mettre dans la ville, et le conseil ne luy a voulu faire prester le serment, pour ce qu'il vouloit se tenir hors la ville, tellement que le conseil a esté en grand divorse pour mettre d'aultres consuls au lieu des dicts Nas et Castilhon.

Depuis, le dict sieur Guiran, accesseur, monstrant son humilité envers le peuple, le 20 novembre au dict an, est entré dans la ville d'Aix et a lougé au couvent des Prêcheurs.

Quant à la Court de Parlement, pendant que le sieur Grand Prieur a faict son habitition à Sisteron pour faire cesser les armes à ceux de Saint-Vincens, comme pour doubte de la dicte maladie, que aussy pour ayder à ceulx qui venoient en armes de la part du Roy en Dauphiné pour apaiser le peuple levé contre la Noblesse, s'est la dicte Court lougée à une chambre à Pertuis où étoit M. de Lauris et autres conseillers et le demeurant à Saint-Maximin, auquel lieu y estoit le sieur président de Trets, et environ vingt-cinq conseillers et aultre chambre ce seroit mise à Sellon où estoit le lieutenant particulier, et à Trez y demuraut M. Pellicot, conseiller au siége.

De la conduite des gens de la dicte maladie contagieuse pour y avoir moy demuré, puis dire avoir veu que l'infirmerie s'est ouverte au moys de septembre et les consuls et gouverneurs faisoient prendre bled et vin aux maisons des absents et faisoient fournir à ceux de l'infirmerie pain, vin et chair, et à ceux de la ville, aux pauvres, deux pains pour chacun, et encore n'en avaient pas tous les jours; tellement que par nécessité, plusieurs décedoient.

Et les médecins, sçavoir M. Ferrat et M. Bruyere qui visitoient les malades par les rues de loing, decederent au moys d'octobre et aussi M. Tiran appotiquaire qui servoit la ville, et M. Jean Guiran, beau-fils de M. Urban chyrurgien, servant à l'infirmerie, decederent aussy plusieurs autres au dict moys.

Tellement que puis n'y avoit nul ordre, et les malades alloient par ville, et estoit la ville si infectée que c'estoit pitié.

Car j'ay veu le fils couldre sa mère, le père et la mère aller ensepvelir ses enfans aux cimintières, pour éviter que les portefayx, aultrement appelés ferrats ne vinsent à leur maison; et à moy estant decedées deux miennes filles, une nommée Françoise et l'autre Suzanne, leur fis une caisse à chacunne et les mandai ensevelir au cimintiere des freres mineurs par congé du Père gardien, chose pitoyable à voir.

Les dicts portefays, sive ferrats, des quels estoit le premier Baguon, conduisoient d'ordinaire cinq asnes et aulcunes fois onze qui chargeoient les morts et faisoient quatre ou cinq voïages le iour dans la ville et les alloient mettré en sépulture au cimintière Saint-Laurent au-dessus Notre-Dame de Laccés, et au commencement on les ensepvelissoit aux terres de Bonfils, pour ce qu'on mettoit au commencement les malades aux maisons du commis Mᵉ Antoine Michon y avoit subrestans à chaque cartier de la ville, les guides portant un baston blanc.

Et sy avoit iour que decedoient quarante ou soixante personnes, et si mal alloit par la ville, encore plus mal alloit pour les bastides tant de Pierricard que aultres au terroir de la ville d'Aix, lesquels cuydoient estre bien seurs et decedoient de jour à aultre, et commença à la bastide de M. Loque, conseiller en la Court des Comptes, lequel y décéda et plusieurs qu'estoient dans jcelle.

Bref soit dans la ville comme aux faubourgs et bastides, alloit si mal que ie ne l'ose descripre, et au moys de novembre alla encore plus mal que au moys d'octobre et estoient maladies incognues.

Dans la ville ne sa trouvoient muniers qui voulcissent moudre, ni boulangers qui voulcissent faire pain, et ne se trouvoit secours pour les pauvres qu'estoient enterrez.

Et conseille à toute personne que le verra, lorsqu'il ouïra parler de peste, ouster tout ce qu'il pourra de sa maison pour éviter sacagement, considéré que quelquefois le peuple se retirant dans la ville, la maladie y recommence, et fuir en diligence loing et venir tard au lieu où il y a eu telle maladie, tant au moyen de l'effray qu'on se donne et qu'il n'y a aucun ordre et les vivres chers, car à Aix la chair se vendoit deux sols et demy la livre, une mingraine cinq sols, ung orange deux liards, ung œuf cinq liards et ne s'en trouvoit pas, et les drogues des apotiquaires le quatriple, lesquelles livroit mestre Bubateou aprez le décez de Tiran, apoticaire, qui avoit pris charge à fournir la ville d'Aix.

De la famine qu'estoit avant la dicte maladie contagieuse et avant ceste recueilhie de 1580, ne se trouvoit bleds et valoit à plus de trente florins la charge, et aprez la dicte recueilhie, le bled ne valoit que douze ou quatorze florins la charge.

Le lundy 28 novembre a esté procédé à nouvelle création des Consuls, sçavoir M. Pignoly le vieulx, premier consul, Jehan Bon, second consul, et M. Salle, tiers consul, et ont délibéré que soit ouvert troys moulins pour mouldre l'huille à vingt sols la molte.

Et à cause que les chirurgins de l'jnfirmerie venoient dans la ville et infectoient icelle, outre qu'il y avoit un chirurgien grec ou de Genes que alloit par la ville visitant les malades et avant luy avoit une guide portant une petite cloche pour garder que ceulx qui n'avoient nul mal ne s'approchassent, et que le mal ne diminussoit ains augmentoit, car si en novembre a esté grande mortalité, encore en décembre a esté aussy grande, car du premier, second, troisième décembre, y decedoient à plus de trente personnes par jour, tellement que les dicts chirurgiens portoient plus de dommage que de profits, les dicts consuls, le 8, 9, 10 du moys de décembre, auroient faict sortir de la ville tous les malades et les auroient fait mettre à l'infirmerie, en laquelle les malades s'y portoient mieux et en sont plus échapés que dans la ville.

Du dimanche onzième du dict moys moy voyant la dicte maladie ne prendre fin, et pour doubte que ceux qui reviendroient de l'infirmerie ne fissent plus de mal que de bien, et aussy que à la prime la maladie ne augmentasse, moyennant l'ayde de M. Raynaudi et de Mme sa mere, suis allé avec ma femme et ma sœur Janete faire quarantaine à la bastide de Thoumelle le jardinier, assize au Sengle, terroir de Rousset, et m'a esté bailhé deux gardes, une de Fuveau et l'autre de Rousset, et amenames avec nous Magdelaine Reyne de Riez, chambriere de ma dicte sœur.

Le dimanche, 17 dudict moys de décembre sont venues nouvelles que Jacques Artaud et Pierre Reynaud et sa femme sont decedés, et Julien Peyresc, le consul Pignoly, M. de Pontevès, procureur en Parlement, le procureur d'Ollioules.

De la qualité de la dicte maladie pour l'avoir ouy dire aux chirurgiens, disent y en avoir de neuf diverses, et à ce que j'ay veu la plus continuelle et maulvaise, vient avec grand vomy, grand mal de teste, fieubvres continuelles et en deux ou troys jours les gens trepassent de ce monde en l'autre, et sont le signe de la dicte maladie au derrier de l'oreille, à l'eysselle, et à la langue; sy les malades passent neuf jours eschapent.

D'aultres que ne vomissent pas et ont la dicte maladie dans le corps, et ne sort jusques que les gens soient morts.

D'aultres qui ont la dicte maladie qui ne vient pas avant et s'enretourne, et les gens se portent bien.

Il y a des femmes que, eu moyen de leur purgation sont gueries.

Ceulx qui ont raverie en tête que tombent en effray, sont en pauvre esperance de guerir.

Ceulx qui se font seigner et purger ne guérissent point.

La plupart ont carboncles, et aprez vient la dicte maladie.

Les femmes enceintes n'eschape bien peu ny aussy les enfants.

Du remede pour guérir de la dicte maladie jncontinent que le vomy vient ou aultrement qu'on se sent prins beaucoup ont beu un verre la moitié huile et autant de vinaigre rozat ou aultre, que soit fort teby, ou que aye bolhy que faict fort vomir le venin, aulcuns y mettoient de graine de l'herbe d'apy et plantagy, et aprez fort suer, et avoir de bon bouillon.

D'aultres boivent eaux scabieuse avec triacle fine.

Et si la maladie fait apparence, pour la faire venir, avant, faut user estopade d'orine fort chaud, souvent.

Et si ne vient avant, user d'eau scel, ou stopade de bon vin, et roses bolhies.

Et si la maladie vient avant, faire de paste, sive onguent, sçavoir une caboysse d'jelly, de malves blanches, et les faire bien bolhir avec d'eau et huile et piler tout ensemble au mortier, et aprez y meler de fiente de personne, de levure de saïn de porc masle, et en faire d'emplâtres es l'aplicar à la dicte maladie.

Et pour mieux la faire venir, l'y aplicant de ventouzes, aprez y mettre de coste pour la faire persser, et puis qu'es perssat, y mettre de diaculon ou d'onguent de Comte embe cauques que tiron mescla eme de farine, roux d'oeuf, suc d'apy, huile et onguent basilic.

D'aultres an usat d'origues boulhides embe de saïn ou de beurre, et de lymasses grosses piccades tout mesclé.

D'aultres de pain bouilly et rup.

D'aultres de fiente de personne souvent, et y a beaucoup que s'en sont trouvés ben, car fasié esclatar.

D'aultres de sabon et huile comme a esté apliqué à ma fille Diane, et s'est bien portée, loué soit Dieu.

Pour conforter le cœur prendre d'eau de buglose, sive bourragi fer, quatre onces, eau de rose deux onces, d'eau d'escabioze une once pouldre de Dia magarit frigidy, et en faire une epiteme avec du vin blanc, et avoir une piece de drap rouge ou escarlate et fort chaud l'applicar sur le cœur et changer souvent.

Pour faire reposer et oster la douleur de tete :

Prendre de poncirade avec un fronteau et faire caufar un tuylle et estant fort chaud y mettre dessus d'eau rose et le fun de la dicte eau le faire boire à la dicte herbe de poncirade et après mettre ladite herbe et fronteau au front du malade, et s'en trouvera bien, car a esté expérimenté.

Faire boire demy once de paparry, deux onces d'eau de laictue ou d'andiny, le soir au malade et le faire reposer.

Faire un fronteau de roses, ou poudre de roses, eau rose, colliandre preparas et faira dormir.

Pour se garder de la dicte maladie contagieuse se faut garder l'haleine de genss et se tenir fermé dans sa maison, et ne trouver meilheur remede que fuir loing, du commencement quand se parlera de la dicte maladie, et revenir tard jusques que le peuple soit en bonne santé, et porter bonne provision pour vivre, car on se cuyde telle maladie ne durer que deux moys, et elle peut durer un an, sur tout que les enfants et femmes enceintes s'en aillent au commencement, et qu'on oste de la maison tout ce qu'on pourra, car ladicte maladie est à une personne, suivra tous ceulx de la maison, et celuy qui échape se peut dire heureux.

D'ailleurs celuy qui se trouve malade il est fermé et tous ceulx de la maison sont fermés et ne peuvent aller par la ville durant quarante iours, et si aulcun decede faut toujours recommencer la quarantaine, et y aura quelque fois qu'on faira plus de quatre quarantaines à comter dez le deccez, ou que sont guéris sellon les gens qui sont en la maison.

Si les malades sont à l'infirmerie, y demeurent quarante jours avant qu'entrer à la ville, et s'ils viennent en guerison on les change à ung lieu de sancté, et y demeurant aultres quarante jours; donc tout trafic est perdu, et par ce celuy qui a de quoy vivre s'en aille en diligence.

Au dict tems de la maladie, boire drogues ou vin pur meslé de savry le matin est fort bon, user aussy de Romanilh.

Si une personne fait de sang par la bouche, faut prendre d'eau de plantagy et sucre dedans assés et le boire, il s'en trouvera bien, car a esté expérimenté, et tout ce que dessus contient vérité.

   Fin du présent discours faict par moy
   Foulquet Sobolis tant en la ville d'Aix
   que en la bastide de Thonnelle faisant
   quarantaine durant la maladie contagieuse
   de la ville d'Aix ce 21 décembre 1580.

Le vingt-sixième dexembre sont venues nouvelles que les gens se portoient bien à Aix.

La Court de Parlement à Saint-Maximin a reçu le frere du feu Mre de Pontevès en son lieu et place de procureur au dict Parlement.

1583. Le cinquième août 1583, édict de guerre de nouveau faicte par M. de Cleron, de Vins et autres joincts avec les princes experts.

1585. Au moys de mars 1585, estant les compagnies françoises en ce pays de Provence, et l'une d'icelle au Puech en garnison, un nommé capitaine Fontaine Moscateron et aultres vouloient divertir la compagnie pour aller à la suite du dict sieur de Vins, et faisoit levée des gens sans permission de M. le Grand Prieur frere du Roy, gouverneur et lieutenant general pour Sa Majesté en ce dict pays.

De quoy adverty, le dict sieur qui estoit en Arles seroit venu à Aix et auroit faict saisir le dict Fontaine par le prevost du Mareschal au dict Puech, conduit aux prisons d'Aix, que ce fut le   du dict moys, et le lendemain par sentence donnée par le dict prevost et lieutenant general, fut condamné estre pendu la teste tranchée, son corps mis à quatre cartiers et feust exécuté, mis la teste à Sainct-Jean et le corps à Aix par les chemins.

Le dict jour, M. de Barras consul et le sieur de Rosiers vont trouver le dict sieur de Vins à Forcalqueiret pour sçavoir si pretendoit faire la guerre, lequel repond qu'il n'y entend en rien et pour asseurance manderoit sa femme et ses enfans à Aix en ostage.

Le troisieme avril, le dict sieur de Vins declare et mande au dict sieur Grand Prieur qu'il leve les armes au nom de M. de Guise, joint les princes chrétiens pour deffandre contre la religion et que de nation estrange n'en viendroit point pour faire la guerre, et que les armes seroient levées au cinquieme du dict moys.

Le dict jour 5, on a nouvelle que les armes sont dressées et que M. le comte de Sault, sieur de Rosset et aultres estoient joints avec le dict sieur de Vins, et le dict sieur de Rigoty, capitaine de la dicte compagnie de laquelle le dict Fontaine exécuté à mort en estoit de la dicte compagnie.

Mon dict sieur le Grand Prieur a mandé querir les sieurs des villes et chateaulx, les faict signer tenir fidelité au Roy et faict garder au Roy les dictes villes et chateaux, et aulcuns se sont mis avec le dict sieur de Vins, lequel estoit à Salernes avec deux cent chevaux.

Le huitieme du dict moys, les Consuls de Marseille mandèrent à M. le Grand Prieur comme Marseille et le fort de Notre-Dame-de-la-Garde tenoient pour le Roy des Roys, estant consuls un Daries capitaine, Claude Bonifice et aultres qui inciteroient la dicte ville au pouvoir du sieur de Vins.

Le dict jour le dict sieur Grand Prieur fait entrer trois compagnies françoises.

Le dict jour on a nouvelles que le dict capitaine Claude faict mourir le chevalier Bonifice son frere, soubs pretexte qu'il estoit de la religion, mais c'estoit par l'avarice d'avoir son bien pour ce que le dict chevalier n'avoit aulcun enfant, font massacre de deux aultres de la dicte religion, qui faisoient mourir tous ceux de Marseille qui portoient la croix au chapeau.

Le neufvième du dict moys le dict consul Daries, Boniface et aultres capitaines de Marseille manderent lettres au sieur de Vins qu'il vint au dict Marseille, et qu'ils luy rendroient la ville et firent faire cries de par les princes chrétiens porter la croix.

Cependant par le vouloir de Dieu, les causes sont découvertes et aulcuns de Marseille saisissent le dict consul d'Aries et capitaine Claude Boniface, et les font prisonniers, et mandent querir le dict sieur Grand Prieur, lequel le vendredy 12 d'apvril 1585, à cinq heures du soir, se départit avec le sieur comte de Carces et aultres en nombre de cent chevaux et plus, et estant à Marseille, faict faire le procez au dict consul Daries et capitaine Claude, lesquels du lendemain samedy 14 du dict moys, à onze heures de soir, sont pendus au-devant du palais de Marseille, et se trouvent plus de quarante fuitifs.

Le treizieme du dict moys, le sieur de Vins vient au-devant Pertuys pour y entrer, luy est refusé l'entrée; le sieur de Vins tient la Tour-d'Aigues, la valée de Beaumont et aultres places du sieur de Ceintal, que tient M. le comte de Sault et le sieur

Saint-André, son frere, est entré au dict Beaumont avec quatre cents hommes.

Le quinzieme du dict moys, M. le Grand Prieur, aprez avoir tout remis à Marseille, ayant fait faire seize consuls et vingt-quatre capitaines pour éviter toute trahison, est revenu à Aix.

Le seizieme du mesme moys sont publiées lettres du Roy pour courir contre ceulx qui levent les armes contre sa licence.

Le dict sieur de Vins et ses gens se retirent et fait cesser la guerre qui avoit commencé soustenant les princes chrétiens pour la foy.

Le trentieme juillet 1585, cries publiées dans la salle de l'audience, y assistant M. le Grand-Prieur, sieur président de Lauris et conseillers, contenant revocation des edicts faicts par ceulx de la nouvelle religion, declare que les sujets du Roy vivront selon l'église catholique apostolique et romaine; les ministres vuideront dans ung moys et ceulx de la dicte religion fairont profession de foy, ou vuyderont dans six moys, et pourront vendre leur bien.

Le dernier du dict moys sont esté faictes cries par ville, y estoient l'hérault du Roy, consuls, huissiers de la Court et greffier à cheval.

Le dict jour, la chambre des vaccations a faict preter le serment aux advocats et procureurs à deux genoulx, fors à ceulx de la dicte nouvelle religion.

Le dict jour MM. Cabanes voulant prester le serment comme advocats on esté refusés pour estre de la religion, est dit qu'ils fairont profession de foy devant M. d'Aix et la communiqueront aux gens du Roy ce qu'ils ont faicts et sont esté receus.

Le dimanche premier d'aoust, M. de Saint-Marc et M. d'Amorbeau, conseillers en la Court, ont esté commis pour faire preter le serment aux consuls et conseillers de la ville, et ensemble le dict conseil a esté faict, et moy Sobolis ay presté serment, comme conseiller de la dicte maison comme a esté faict feu de joye.

Le lundy second aoust, M. le lieutenant general a faict prester serment aux procureurs, et moy comme procureur ay presté serment.

Le   mars 1585 a esté tenu le Concile provençal où estoit le sieur Archevesque d'Aix, M. d'Ermitani qui prendoit, les sieurs Evesques d'Apt, Sisteron, Gap et Riez, et M. Capus, greffier.

En la dicte année 1585, le sieur Cépède a baillé à nouveau bail le jardin du Roy à foire maisons, et a esté faict muraille à l'entour, et y a esté mis nom villeneufve, et a baillé à Me Jean Baudy, conterolleur des bastimens du Roy trois places en recompense du travail qu'il avait faict faire. Les desseins et dresser les rues de Villeneufve a esté prins par Me Claude Agra, notaire en datte le 13 aoust 1585, et M. de Bourc a faict faire les murailles aux dépens des particuliers ; l'acte a esté faict suivant les lettres du Roy données au mois d'octobre 1580.

On a entendu aprez la contagion que le pays a esté en paix jusque en l'année 1585, que M. de Guise, le Cardinal de Borbon et aultres princes chrestiens ont levé guerre disant que le Roy debvoit signer le saint Concille et abollir l'heresie, ce que Sa Majesté a faict et par son édict publié le 30 juillet 1585, a cassé et annullé l'édict faict en faveur des hérétiques, déclarant ne vouloir en son pays qu'une loy, admonestant à tous de vivre selon l'église catholique, romaine, et aux dicts de la nouvelle religion se recatholiseroient et jureroient vivre selon la dicte Esglise, ce que plusieurs ont faict.

Le baron d'Allemagne tenant l'hérésie a levé les armes, s'est allé joindre avec Blacon, les Deguieres gouverneur, et aultres du Daulphiné tenant le party contre le Roy, le dict sieur Grand Prieur a levé les armes contre iceux ; cependant se seroit machiné plusieurs trahisons tant à Marseille, Arles et aultres que seroient esté découverts, et estant ung Daries consul de Marseille disoit avoir commission du Roy faire emprisonner ceulx de la dicte nouvelle religion, et ung Boniface pour l'avarice avoit faict murtrir le général Boniface son frere qui n'avoit aulcuns enfants, comme dict est.

Le dict sieur Grand Prieur est allé au dict Marseille et a faict faire le procez au dict Daries et Boniface, qu'avoient esté pris prisonniers, et sont esté pandus comme a esté dict est, et leurs complices ont fuy dont aulcuns ont obtenu graces du Roy.

En Arles y estoient venus trois mille hommes du Languedoc pour le prendre par trahison, laquelle ayant esté descouverte, auroient constitué prisonnier un chevalier de Guiere et aultres dont le dict sieur Grand Prieur alla avec une chambre et le dict chevalier de Guiere a esté tranché la tête.

1586. Et estant le dict sieur Grand Prieur de retour ayant faict conduire quatre prisonniers d'Arles en ceste ville d'Aix, que ce feut le samedy dernier may 1586, logé dans le palais comme faisoit auparavant.

Le lendemain dimanche, fête de Sainte-Benite, premier juin 1586, le dict sieur Grand Prieur en ire que aulcuns disoient qu'il tenoit le pays en depense pour ne courir contre les ennemys, et mesme luy ayant baillé lettre escripte par la main du capitaine d'Altovitis de Marseille qui la mandoit à sa femme qu'estoit devers le Roy, laquelle lettre disoit mal du sieur Grand Prieur, et c'estoit le dict Altovitis en cette ville d'Aix au logis du capitaine Peromet près l'église des Carmes. Le dict sieur Grand Prieur le sachant seroit allé attaquer Altovitis, et aprez luy avoir baillé un coup ou deux d'estoc, le dict sieur Altovitis se seroit jetté sur le sieur Grand Prieur, et avec son poignard l'auroit blessé, et capitaine Seguirany estant avec ledict sieur Grand Prieur, auroit du tems faict mourir le dict Altovitis, l'aïant ietté de la fenêtre du logis à la rue, les gens du dict Grand Prieur auroient aussi tués M. d'Areno, qui avoit esté consul de Marseille qu'estoit au dict logis, et on porta le dict sieur Grand Prieur au palais.

Le dict jour la ville d'Aix estant en grand trouble et armes, toute la justice et la Court en robe rouge à cheval où estoit M. le Président Carriolis et aultres alloient par toute la ville à tant que les armes furent cessées.

Le lendemain, lundy 2 juin à midy, le dict sieur Grand Prieur trespassa de ce monde en l'autre et le trouble recommença par la ville, mais fut tot apaisé par le vouloir de Dieu.

La Court manda M. de Buisson en poste devers le Roy, et cependant la dicte Court print le gouvernemen, y avoient plusieurs Consuls au dict Aix pour tenir l'assemblée, laquelle tinrent pour donner ordre à la guerre, et nommerent M. de Vins, chef de deux mil hommes et deux cent maistres.

Lequel sieur de Vins estant à Forcalquier seroit sorti une compagnie de gens, et s'estant le sieur du Muy saisy dudict Muy avec compagnie de gens, lequel auparavant avoit une compagnie des gens à luy baillée par M. le Grand Prieur et icelle délaissée pour adhérer à M. d'Allemagne, ores qu'il ne feust huguenot, se seroit joinct avec le dict sieur d'Allemagne, qui estoit venu au Luc, le jour de Paintecoste, et s'estant assemblés avec M. de Blacon, tenant tous ung party d'environ deux ou trois cents chevaulx, entendant que le sieur de Vins estoit en armes, eux auroient mis garnison au dict Muy et seroient venus à Peillobier.

Et du samedy 14e juin 1586, environ midy, le dict sieur d'Allemagne, Blacon et ses gens auroient passé au dessus du Pré Batailler avec l'épée à la main et aulcuns d'Aix seroient sortis, mais n'auroient rien faict, car vint une grande pluye qui dura plus d'une heure; cependant ils prirent leur chemin vers la bastide de Me Bœuf et allerent à Cadenet et Lormarin.

Du mal que les huguenots firent gastants bleds, pilhants bestails et tuants gens et prinrent prisonniers mesme le neveu du dict Me Beuf et trois aultres, et les emmenerent à Lormarin.

Du lendemain s'assembla sept ou huit cent personnes tant à cheval qu'à pied de la ville d'Aix, et les suivirent, mais furent trop tard, car ils auraient passé la Durance. Le sieur de Sainte-Croix et capitaine Bastin estoient conducteurs des gens d'Aix.

Du seizième, M. de Vins arrive au dict Aix et auquel on fist grand honneur et beaucoup le suyvirent.

Le dix-huitieme, le dict sieur de Vins est party allant à Peyrolles.

Le vingtieme du dict moys, jour de vendredy, on a faict

bruit que les heretiques et aultres tenants leur party s'estoient departis en Cadenet et Lormarin, comme est vray et avoient passé la Durance et arrivés à Senas suyvis par le dict sieur de Vins.

A esté faict bruit que le sieur de Vins les avoit assiegés à l'église de Salvecane près la Roque, ce que n'estoit pas vray; mais c'estoit pour avoir des gens.

Car le dict jour sur le soir est sorty d'Aix les compagnies de quatre capitaines des cartiers d'environ cinq cent hommes, où y estoit Alexandre mon fils.

Le dict sieur de Vins et toutes les compagnies se sont rendus et allés à Eyragues et aultres lieux voisins des ennemys une lieue du dict Senas prets à combatre.

On disoit que le sieur de Vins avoit trois cents chevaulx et quinze cents hommes à pied et plus, et les ennemys quatre cents chevaulx et six cents hommes à pied.

La veille de Sainct Jean, 23 juin, M. de Buisson, mandé par la Court au Roy est arrivé et a porté nouvelles que M. d'Epernon est gouverneur, cependant mande à la Court gouverner en son absence et faire quitter les armes.

Le dict jour, le sieur de Magnan, president aux Comptes, a esté ensepveli aux Freres Mineurs, decedé le jour auparavant dimanche venant du college.

Le dict jour 23 juin, M. Cepede, auparavant conseiller au Parlement, pourveu du dict ofice de president a esté receu.

Cependant on a nouvelles que Bourbon tenu par M. de Ponteves par aultres du sieur Grand Prieur y fait entrer le sieur de Cadenet et tous tenants le party contre, tant gentilhommes que le sieur de Vins que huguenot, qui est tenu par eux.

Comme aussy on les a pris pour les huguenots.

La Court commet M. Soumat, conseiller, pour aller au camp sieur de Vins; M. Bremond, conseiller, aux Comptes de

Draguignan; M. le conseiller Espanet, au cartier de Forcalquier, ou ils y sont allés.

Le sieur de Vins avec le dict sieur Soumat et son armée d'environ trois mille hommes à pied et huit cent chevaulx, ayant laissé Senas, vinrent à l'entour de Bourbon mesme à Tharascon, et lequel faisoit courses allant prendre les bleds du terroir de Bourbon, et les chargeoient à Tharascon.

Le sieur conseiller Bremond seroit allé à Draguignan et entend que les ennemys tenoient le Canet, il auroit amassé gens, et avec le sieur capitaine Boyer seroient allés assieger le dict lieu, et auroient deschassés les ennemys du dict Cannet.

Le sieur conseiller d'Espagnet est allé à Forcalquier et a mandé querrir M. du Buous à Apt, et avec le capitaine Tribolet de Forcalquier avec ses compagnies seroient allés assieger Ongle près du dict Forcalquier, et l'ont prins, et ceulx qui estoient dedans sortis par composition.

Et pendant que le sieur de Vins estoit à Tharascon, on a nouvelles que capitaine Cartier d'Arles, inventeur des petards, venoit du Languedoc long du Rosne avec le capitaine Ravoyre et plusieurs soldats pour faire service au sieur de Vins; mais quant au dict Cartier c'estoit le contraire, car le 4e juillet il alla à Sixfours pour le prendre avec le petard, mais son entreprise fut descouverte et s'en retourna en non guiere loing; car il s'alla saisir de Lamanon avec cinquante ou soixante, et usant à son accoutumance de brigander, il prit au chemin de Marseille trente ou quarante mulets chargés de marchandises venant de Lion qu'on disoit valoir à plus de trente mille escus et avoit le tout mis dans le dict lieu de Lamanon, où se seroit enfermé avec ses gens se faisant forts, et capitaine Ravoyre s'est retiré avec le sieur de Vins.

Le sieur de Vins qui poursuyvoit d'avoir l'artillerie du fort de Tharascon pour aller abatre Bourbon et lui ayant esté refusé par le sieur Alphonse ou son lieutenant gouverneur dudict fort, ores qu'il y eut arrest de la Cour contenant injoncjonction de la bailler, il seroit esté contrainct abandonner Bourbon.

Au dict moys de juillet, le sieur de Saint Michel auroit requis le gouvernement de la Tour d'Aigues pour ce qu'il y pretendoit intherets, et la Court le luy auroit baillé et y seroit entré avec compagnie, forsque au chasteau, lequel estoit tenu par le sieur Comte de Sault ou ses gens, et y ayant division d'entre eulx, le dict sieur de Saint-Michel, cuydant se venger de ses ennemys y auroit faict entrer les gens du sieur Cadenet et aultres tenant le party contraire, et y auroit heu entre ceulx du chasteau et du lieu en question, y ayant heu meurtre de quelques personnages.

La Court auroit mandé au sieur de Buous avec ses gens venir assieger le dict lieu de la Tour pour estre de grande importance : chacun des gens venant des montagnes, ce que auroit esté faict, et se seroit mis à la bourgade.

Le sieur de Vins aussy avec ses gens, ayant délaissé Bourbon, venant au secours du lieu de la Tour pour ayder au dict sieur de Buous.

Le dict sieur de Buous, entendant la venue du dict sieur de Vins et pour avoir l'honneur, comme on croit, avoir moyenné que le dict sieur Saint-Michel luy a rendu la place pour la garder jusques à la dicte du Roy et du sieur d'Espernon, Gouverneur, et les gens de guerre sont sortis avec leurs hardes, le chasteau estoit toujours gardé par les gens du sieur Comte de Sault.

Et retournant au fort de cartier qu'estoit à Lamanon, pendant la question de la Tour d'Aigues, le sieur de Ventabren, avec quelques compagnies estoit allé assieger le dict Lamanon, et le dict sieur de Vins et ses troupes revenues de la Tour d'Aigues seroient allés à l'entour du dict Lamanon, où auroient demeuré quelques jours, le dict Carfier auroit parlementé avec le sieur de Vins, atant qu'il faisoit du maulvois attendant secours, mais enfin n'ayant secours ny vivres.

Le dix-septième aoust 1586, le dict Cartier se seroit rendu

à la discretion du dict sieur de Vins, cuydant de leur saulver la vie, mais le dict sieur de Vins, homme sage, les auroit conduits avec ses gens là où méritoit, car estant sortis de Lamanon, les auroit mis dans une église sans armes, le lendemain conduits au chasteau de Sellon.

Quant à la marchandise et larrecin trouvés au dict Lamanon, le dict sieur de Vins en auroit faict despartement à ses capitaines et soldats.

Le 21 aoust le dict Cartier, Curmer, Sellon, Spiritat et aultres sont par le prévôt du Mareschal estés menés et conduits du dict Sellon aux prisons du palays d'Aix.

Le dict Cartier et Sellon, outre le brigandage qu'ils avoient faits, estoient accusés d'avoir murtry le sieur conseiller de Mont-Mirat, et encore le dit Cartier ses proches parents.

Le dit jour matin, la Court est entrée, et a ouy le dict Cartier a tant qu'elle a disné au Palays, et a condamné le dict Cartier a estre estenaillé par tous les coins de la ville, ses membres chaplés tout vifs, et a esté exécuté avec un grand cœur et contriction, lequel estoit homme de guerre, ayant pris Colmars et aultres lieux avec petards.

Comme de mesme fut condamné ung capitaine de Martine, prins aux montagnes, accusé de brûlement de gens ayant brisé les prisons du palays d'Aix, fus mis sur la roüe, et ung aultre de ses compagnons pendu.

Le lendemain, Cumer, Sellon, et un aultre aussy pendus, et le dict Sellon a la roüe.

Le vingt-troisième du dict moys, quatre aultre pendus, bref la Court a faict faire grandes exécutions de douze de ceulx de Lamanon, les aultres saulvés par le sieur de Vins, mesme le fils d'un Verarche de Pertuis et aultres pour ce qu'ils auroient esté seduits par Cartier, et qu'estoient entraisnés.

Le dict jour, entendant le dict sieur de Vins que M. d'Amoin, frere du sieur de la Verdière, avec ses gens, avoient assiégé Allemagne dans lequel lieu estoit le sieur d'Espinouze et aultres, icelluy M. de Vins y seroit allé avec ses troupes, lesquels auroient prétendu que nul ne pourroit sortir du chasteau, et y auroient demuré quelques jours.

Auparavant, les dicts d'Allemagne faisoient plusieurs courses, pilloient gens et bétails, et aultres maux aux environs dudict lieu.

Le 26 du dict moys, ceulx de Cadenet sont venus vers Venelles, Tourvenelle, et aux environs d'Aix, et ont prins prisonnier Plumail et aultres avec septante mulets chargés de bled et sel, et les ont amenés à Cadenet.

On a heu nouvelle qu'à Cadenet y mouraient de peste, et a perdu entrée.

Le 29 aoust les dicts de Cadenet usant de brigandage, seroient venus au plan de Pierricard, et ont pris et amené toute sorte de bestails au dit Cadenet.

Le 30ᵉ du dict moys, la Court a fait pendre ung des brigands de Lamanon.

Le dernier du dict moys, jour de Saint Lazare, les ennemys venus de Cadenet environ une heure aprez minuit, sont venus au Puy et ont enfoncé la première porte avec petard, mais par le vouloir de Dieu ne sont entrés ayant esté repoussés, ayant ceulx du Puy blessé plusieurs, et prins ung petard de bronze.

Le dict jour, M. le Comte de Carces, accompagné de cent cinquante chevaulx et cinq cent arquebuziers sont sortis, mais n'ont rien trouvé, car l'ennemy s'en estoit allé.

Reprenant le siège du camp du sieur de Vins, qu'estoit audevant d'Allemagne, on disoit que le sieur d'Allemagne estoit au Puech assiégé, mais c'estoit au contraire, car estoit allé faire venir les troupes du sieur de Gouvernet et aultres du Daulphiné tenants son party contre le Roy et seroient tous descendus à Cadenet, et estant tous ralliés et joints en nombre de huit cent ou mille chevaulx et plus, faisoient bruit venir prendre Gardane, Bouc et Cabriès.

Tellement que le jeudy 4 septembre 1586, la Cour auroit fait sortir gens d'Aix conduits par capitaines Denize, Auzoc, et aultres et seroient allés aux dits lieux.

Mais lesdits ennemys ne y seroient venus, car le bruit qu'ils faisaient courir, c'estoit contre leur intention.

D'autant qu'ils se seroient acheminés droit au dict Alemagne pour se combatre, et le vendredy 5ᵉ du dict moys de septembre 1586, auroient faict trois ou quatre troupes de leur cavalerie et embuscades mesme au chemin de Riez, tellement que le camp adverty, que l'ennemy s'approchoit, mande messager à Riez pour faire venir la cavalerie du sieur de Vins ; mais furent tels messagers prins et murtris par les ennemys, lesquels d'une fureur et rage seroient venus assaillir le camp du dict sieur de Vins, qu'estoient tous gens de pied, environ dix-huit cent hommes hors des barricades proche du dict Alemagne, que se retiroient à Riez, délaissant Alemagne entendant la force de l'ennemy, estant souls le régime du sieur de Ventabren, sieur de Gan, sieur de Saint-Jeanet et aultres. Le baran d'Alemagne, sieur de Champollion, avec quelques-uns seroient esté les premiers combatants contre ledit camp, lesquels par mosquets et arquebuzades furent repoussés et mis les dicts Champollion et Alemagne par terre morts, incontinent la cavalerie du dict Alemagne et Champollion entre dans le camp d'une fureur a tant qu'ils ont mis en desroute le camp, et selon bruit ont faict mourir plus de six cent de ceulx du camp du sieur de Vins, lequel sieur de Vins estant a un cartier du dict camp, avoit assez de peine a faire retirer ses gens, et avec le peu que luy demura se retira a Riez.

La particularité de la dicte défaite, le dict sieur de Vins faisoit desbander le camp d'Alemagne et se retournant à Riez, mais demy lieue loing dans un vallon, l'ennemy les assortit, qu'on dit y estre decedés huit cent hommes, car de vingt et deux enseignes y en demura dix-sept sur la place, lesquelles l'ennemy déploya au chasteau d'Alemagne ; des chefs du dict camp y deceda le sieur de Ventabren, M. de la Molle, sieur de Mont-Chaufert, la Molle, Fonteynelles, Dugault, capitaine Michel,

Torren, Verdellet, Jean Court, et aultres ; et de l'ennemy sont décédés le baron d'Alemagne, lequel fut porté à son chasteau d'Alemagne, et aultres auxquels l'ennemy bruloit la face, afin qu'ils ne fussent point cognus ; les chefs de l'ennemy estoient le dict d'Allemagne, Lesdiguières, Gouvernet, sieur de Sénas, Oraison, Pontevès, Tourre, Janson, le Bar, Blancon et aultres du Daulphiné, Languedoc et Provence.

Le mardy 16 septembre 1586 sont été publiées les lettres du Roy du gouvernement de Provence et de la mer de levant et Languedoc à M. le Duc d'Espernon, luy baillant tout pouvoir comme si Sa Majesté y estoit ; lesquelles lettres sont dattées le 14e juin 1586, publiées par la dicte chambre de vaccations le dict jour 16 septembre 1586 et au siège le 18 du dict moys.

Le dict jour 16 septembre, la dicte chambre a donné arrest contre le dict sieur d'Alemagne, baron de Seyreste, sieur de Bacon, capitaine Mayne de Brignolle, Rogier de Brignolle, la Jannye, le sieur d'Espinouze, capitaine Savournin, capitaine Coullet, Rieu de la Tour fils du sieur de Romolles, le Broüy et capitaine la Breolle, les quels sont déclarés rebelles, condamnés a estre pendus en effigie, les biens confisqués au Roy, adjugé au Pays cent mil escus, leurs armoiries rompues, déclarés roturiers eux et leurs enfants, et mis inhabiles à succéder a aulcun héritage.

Incontinent son esté exécutés, et les armoiries des dicts sieurs d'Alemagne, Seyreste, Espinouze, et de Lagoy, sieur d'Eyguieres rompues.

Le dict jour, la Court a chassé les compagnies du sieur de Vins et aultres mis comme gouverneur, attendu le nouveau gouverneur.

Le dimanche 21 septembre 1586, le sieur Duc d'Espernon, nommé M. Jean-Louis de Nogueret, a fait son entrée accompagné de plusieurs gentilhommes, scevoir du sieur de Termes, comte Sault, comte de Carces, sieur du Soleihas et aultres, et trois régiments tant de gens à cheval comme à pied, lanciers, piquiers que arquebusiers, y ayant le nombre de six mil hommes, et y est allé au-devant M. le president Carriolis, six conseillers, le sieur lieutenant, viguier, consuls, l'Abbé avec son guidon et cinquante chevaulx, avec la casaque noire et une croix blanche, les quatre quartiers armés, cinquante petits enfants avec guidons de cane verde et du papier depeint les armoiries du sieur Duc criant vive la Messe, le Roy, et Duc d'Espernon, le dict sieur alloit a main droite du sieur président Carriolis, habillé chapeau et manteau violet, ayant au côté la grande croix et ordre de Saint-Esprit, y ayant quatre de ses trompetes, et aprez les tambours et timballes chantant bergers et bergeretes qu'estoit la chanson qu'on avoit faict à l'arrivée du Roy, et a la porte de Saint-Jean on avait faict et depeint une femme nommée Provence toute sa robbe desnouée, les brigands pendus prisonniers et bestail, le lieu de Grands brûlé, et le dict sieur Duc prendre Provence et l'enlever en hault, voulant faire entendre que le dict sieur remettroit le tout en bon ordre comme il dit avoir espoir, embrasser la justice et que Dieu seroit honoré, le Roy obéy, et le peuple soulagé. Les Consuls a la porte Saint-Jean estant a pied luy prestarent un pally de satin rouge avec franges d'or, mais il n'y voulust pas aller au-dessous, et faisoit aller le pally premier, porté par les dicts Consuls et Viguier, le dict sieur venoit aprez conduit à l'église Saint-Sauveur, et d'illec au palays où il s'est logé, le quel jour et à son arrivée, qu'estoit à trois heures aprez midy auroit faict une pluye si grande qu'on ne pouvoit passer par les rues.

Nota que de suite a plu quatre iours et quatre nuits, ayant rompu le pont de Saint-Pons et aultres grandes murailles en quantité, et a fait dommage aux rasins et vignes et grains.

Le premier octobre, le dict sieur Gouverneur est allé a Marseille et y a demeuré quatre ou cinq iours et a faict venir trois pièces d'artillerie pour aller à Seyne detenue par les huguenots.

A Marseille, on a faict et octroyé de saulvegarde à tous gentilshommes levés en armes se retirants en leurs maisons, qui sont ceulx de la Ligue.

Le septième octobre 1586, telles lettres sont été publiées par dict M. le Lieutenant Général toute la Court.

Le dict sieur est allé a Seyne avec le camp. Le dict lieu de Seyne a esté rendu au dict sieur Duc d'Espernon a discretion, lequel a laissé aller les soldats, et mis garnison, faict pendre trois qu'estoient ung capitaine, ung ministre, et ung advocat, et a prins prisonniers quatorze ou quinze.

Aprez est allé à Chorges et a la Breolle, lesquels lieux aprez y avoir demuré quelque tems, se sont rendus a composition qui sont sortis bagues saulves.

Le dict mois d'octobre 1586, a cause de la contagion de peste advenue a Aix, la Court s'est absantée et est allée partie à Pertuys, ou estoit M. de Lauris president, et le reste à Saint-Maximin ou estoit M. Chaine president, car M. de Tretz estoit à Tretz et ne se bougea de la, et le siege estoit partie au dict Tretz, et partie a Pertuys, ou l'on n'a faict guierre d'expéditions a cause de la contagion presque partout, car Riez, Vinon, Ginesservy, Fuveau, Rousset Seyreste et aultres lieux y avoit contagion, et faut noter que d'une fievre chaude quantité de gens decedoient, et mesme les françois venus avec le sieur d'Espernon, gens a pied, sont presque tous morts ; et M. le comte de Sault, et le sieur de Termes sont décédés de la dicte maladie a Sisteron.

1587. Le sieur d'Espernon ayant demuré octobre, novembre et décembre aux montagnes auroit mandé des prisonniers de Seyne, moitié à la Court estant à Pertuys et le reste à Saint-Maximin, ou auroient esté pendus environ quinze sur la fin de janvier 1587.

Le second fevrier 1587, Aix a heu entrée, ou M. d'Espernon et sa suyte ont faict, caresme prenant, et ont faict grandes joustes a coup de lance a la place des Prêcheurs et a la salle du palays, combattoient a la barriere tous armés.

Le lundy 16 fevrier 1587, M. le Duc d'Espernon a faict

faire l'enterrement de feu M. le Grand Prieur, luy estant de retour de Sellon ou sont esté tenus les Estats; l'ordre duquel enterrement s'ensuit :

Sont sortis la compagnie des penitents blancs de l'église des Carmes ou estoit reposé le corps du dict feu Grand Prieur, environ deux cent pauvres habillés de noir avec torches et armes du Roy, aprez toutes les croix des couvents d'Aix, aprez tous les officiers du dict sieur et environ cinquante gentilhommes portant le dueil de raze jusques à terre. Aprez le Maître de Camp, trois que portoient les lances et deux portant le guidon l'un blanc et l'aultre noir, le taffetas terrassant par terre. Après venoient six chevaulx tous bardés de la teste jusques aux pieds de velours noir, la croix blanche de satin blanc; sur le premier estoit la trompete couverte, le second les armes du Roi du Dueil, le tiers les armes du Roy, le heaume d'or, la coronne au-dessus, et à l'entour le manteau de velours violet semé de fleurs de lys d'or; le quatrième les éperons d'or; le cinquieme l'espée ayant les gardes d'or; le sixieme les gantellets d'or sous couverts de crespée; le sptieme estoit un cheval bardé de velours violet et les armes du sieur Grand Prieur, conduits par deux pages portant dueil.

Après venoit le corps du dict feu Grand Prieur dans ung lit branlant couvert de velours noir, la croix blanche de satin et ses armoiries, a l'entour y avoit gentilhommes et des freres penitents blancs qui le portoient; après venoit le sainct Eveque de Frejus seul. Après le sieur Duc Despernon avec le neveu du dict sieur Grand Prieur portant dueil et aultres après, conduits par le president de Trez, le dueil de Raze trainants allant une canne de gueve le long de la rue, et plusieurs gentilshommes portants aussy dueil. Après tout la Cour ou estoient les huissiers premiers.

Après les sieurs présidents de Lauris, Carriolis et Chaine et sieur de Sainct-Jean.

Après tous les conseillers, gens du Roy, greffier, lieutenant, vignier et conseillers du siege, et ainsy le corps fut conduit à l'église Sainct-Saulveur et mis au-dessous la chapelle ardente ou tout le cœur estoit remply de lumiere en cierges blancs, et les chevaulx et tous portants les armes en dueil firent trois tours à l'entour du dict corps et laissèrent le tout au-dessus du dict corps.

Après fust dicte messe funebre en musique, et frere Bazilli, capucin precha a la louange du dist sieur Grand Prieur, prince de grande vertu et sçavant en toutes letres, Dieu lui aye son ame.

Le sieur Despernon l'après diner s'en est allé a Selion, Arles, Avignon et de la a Paris.

Au 14 mars 1587, le sieur de la Vallete, frere du dict sieur Despernon est arrivé comme gouverneur à Aix, au lieu de son frere, auquel l'on a faict entrée comme aux aultres gouverneurs, et au lieu d'entrer de jour, est voulu entrer de nuict, et y a eu contreverse, et n'est entré jusques au lendemain sans aulcune solemnité, et séjourné quelques jours, et après est allé à Manosque ou a esté tenue assemblée, et d'illec est allé en Daulphiné duquel estoit aussi gouverneur.

Les nouvelles sont venues que ceulx de la nouvelle religion et brigants des montagnes ont retourné prandre les armes, estant venus jusques aux Mées et Montbrun et ont prins quelques prisonniers.

On a dict que a Paris estoient en armes, et que les Princes ont reprins les armes.

Au moys d'avril 1587, le sieur president de Lauris est decedé, ensevely a l'église de l'Observance, et en sa chapelle.

Au moys de juin 1587, la peste retourne a Aix et a demeuré jusques au moys d'octobre suivant, et en plusieurs lieux circumvoisins, et la Court ny la chambre des vaccations ne s'est point levée au moyen que l'hermite auquel on donnoit toute foy les asseuroit que n'en seroit rien, et par ce que est decedé beaucoup de gens et entre aultres quatre miens enfants, et par le vouloir de Dieu a esté descouvert que la peste estoit entretenue, et y a eu de pandus, et l'hermite et sa paillarde mis en prison, et après l'hermite brulé.

Cependant le sieur de Vins, soubstenant les Princes, est entré dans Aix, et le dict sieur de la Vallete au moys de juillet n'est pas retourné.

Le sieur de la Valete s'est saisy de Berre, ou sont les salins, dont les deniers provenant d'icelles estoient pour les gages et payements de MM. du Parlement et des Comptes.

Aussy auroit fait rendre la Tour de Montegus que tenoit capitaine Rambert, et mis le sieur Doston, ceulx du Martegue l'ont reprinse pour ce que c'estoit le passage du Languedoc par mer. Le dict sieur a mis garnison au Puech, et mis aultre capitaine avec le capitaine Sigondi.

Le dict sieur s'est aussy saisy de Pertuys, Manosque, Forcalquier ou y a faict commencer citadelle, et aussy de Sisteron, et avec luy a toujours esté le sieur president Carriolis, M. Joseph Bonfils, lieutenant general, M. Monier, advocat general, le general Serre et aultres de la ville d'Aix, que ont prins le party du dict sieur de la Vallette.

1588. Le neufvieme aoust 1588 publié l'edict faict par le Roy avec les princes contenant union contre les heretiques, et jurent que nul Roy heretique n'entreroit au royaulme, le dict jour publié par la ville.

Le lendemain a esté faict procession génerale et feu de joye.

Le dernier aoust arrest donné par la chambre des vaccations ne faire courses, ny guerres contre les catholiques et aultrement déclarés rebelles.

Le pays manda au Roy le sieur Dalemagne et aultres pour sçavoir sa volonté.

Le sieur de la Vallete s'est saisy de Sellon par intelligence, et l'ayant assiegé par force d'armes, le sieur de Senas y tenant le party du dict sieur de la Vallete y seroit esté tué d'un coup d'arquebuze tirée par ceulx du dict Sellon.

Au moys de septembre fust prins ung canonier qui visitoit les murailles d'Aix par ou se pouvoit battre de l'artillerie, et fust pendu par arrest, donné le jour qu'il fut prins, sçavoir le vingt neuf septembre mil cinq cent huitante huit.

Le vendredy, dernier septembre, dit-on, les gens du dict sieur de la Vallete vinrent devant Aix environ quatre cent chevaulx et trois cents hommes a pied, et le sieur de Vins seroit sorty avec trente ou quarante chevaulx et les gens de la ville a l'entour, et se seroient donnés quelques coups de pistolets.

Ayant le dict sieur de Vins blessé de gens et chevaulx du sieur de Ramefort et Montaud, lesquels se seroient retirés a Aguille et a Pertuy, et amené grand quantité de bestail et meubles du terroir d'Aix.

Le dict jour tirant les pieces de l'artillerie de la ville contre iceux s'en seroit rompu quatre en mettant feu, y seroit mort Mre Rolland Forret, apotiquaire, capitaine Rambert, et blessé plusieurs aultres.

Et auparavant le dict sieur de la Vallete auroit prins par force Vallensole, ou il y feust blessé, et après print Peyrolles par force, et le sieur de Buous fust blessé devant Peyrolles et l'a faicte desmanteler. Après s'est saisy de Jouques, Ansouis, Riez, Barjols et aultres lieux, et a faict venir le sieur de Chastillon, heretique, fils de l'amiral, dessandu avec quantité de gendarmes du Languedoc et Daulphiné saydant des heretiques contre l'edict du Roy.

Et pendant que le sieur de la Vallete s'amusoit en Provence, le Prince de Savoye a prins Carmagnolle et aultres places du marquisat de Saluce apartenant au Roy, duquel marquisat le dict sieur de la Vallete estoit gouverneur, et ça esté la veille Sainct Michel 28 septembre 1588.

Le lundy 24 octobre 1588, MM. Jean-Augustin de Foresta,

baron de Trez, premier president en la Court soit tombé en maladie, est decedé et ensevely a l'eglise de l'Observance, armé de fer blanc, espée, esperon d'or, le mortier et robbes de president, ou y estoit la Court, cent pauvres habillés de noir, et avec toute solemnité, et a demeuré president trente-trois ans, et a laissé cinq enfans, desquels y en a deux conseillers, ung juge de Marseille, et ung advocat du Roy au siege.

Après que le dict sieur de la Vallete s'est saisy des villes et lieux de la riviere de Durence, luy avec ses troupes et trois pieces d'artillerie sont venus à Lambesc, Marignane, et sans tirer coup sont entrés dedans, et ont fait courses vers Sainct-Cannat, Vitrolles, Pelissane, mais sont esté repoussés, car le sieur de Vins y avoit mis gens dedans, lesquels ont combatu et faict mourir aulcuns des gens du dict sieur de la Vallete, lesquels sont esté contraints se retirer au dict Marignane et Lambesc.

On a dict que le sieur de Taillades, premier consul de Lambesc a esté cause de la prise d'icelluy, et M. Gantez, sieur de Gramboy, est entré au château du dict Lambesc pour gouverneur, tenants tous le party du sieur de la Vallete, le sieur de Meyrargues estoit a Saint-Cannat, s'est retiré pour n'estre soupçonné estre du dict sieur de la Vallete.

Le premier novembre 1588, sont entrés Consuls de la ville d'Aix et Procureurs du Pays M. de la Verdiere, capitaine Beaumont, et M. du Villar; accesseur M. Chartras.

Le sieur de la Vallete pretendant avoir contrevenu aux lettres du Roy contenant inhibition de ne faire les Consuls sans luy envoyer les Elus, il en faict d'aultres mesme le sieur vicomte de Cadenet; mais luy, ne voulant acceptar la charge, a mandé a la Court de le recevoir, offrant faire service au Roy et a la dicte court, et demandoit ostage pour asseurance de sa vie.

Et a cause que le dict sieur de Cadenet estoit ennemy du dict sieur de Vins, luy auroit escript lettre, comme on dict, d'oublier le passé, et se reunir pour faire la guerre contre le sieur de la Vallete.

Sur quoy la Court luy a repondu de se contenir, comme le dict sieur de Vins a aussi mandé qu'il recepvroit son amitié, et bailleroient leurs enfans en ostage.

Cependant le dict sieur de la Vallete a faict tenir assemblée a Pertuys, que les communes a luy favorables luy ont accordé six mil hommes a pied et six cent chevaulx entretenus aux dépens du Pays.

Au dict moys de novembre, la Court a faict tenir assemblée a Marseille appellant toutes les communes, lesquelles communes ont accordé au dict sieur de Vins trois compagnies d'ordonnance six mil hommes de pied et cinq cent chevaulx legers a M. de Vins aux depens du Pays.

Le dict sieur de Vins avoit cent hommes d'armes.

Le sieur comte de Carces semblablement.

Le sieur marquis de Trans cinquante.

Le sieur de Solliers cinqnante.

Sont venus aussy la compagnie du sieur de Suze.

La compagnie du sieur de Paris, tous à cheval.

Grande quantité de gens de pied, le tout soubs la charge du sieur de Vins, capitaines Dampus, Meyrargues, Chastueil, de Becaris, Bastin et aultres.

On disoit que le sieur de la Vallete avoit six cent chevaulx et cinq cent hommes de pied conduits par le sieur de Montaud, Ramefort et aultres.

Le sieur de Vins avoit environ quatre cent chevaulx et plus grande quantité de gens a pied que le dict sieur de la Vallete.

Le jeudy 17 novembre 1588, le sieur d'Alles et le secrétaire Carre sont arrivés de la Court et ont porté la volonté du Roy de faire cesser les armes, et que le sieur de la Vallete se retirat a une des villes de Provence jusque que les Etats fussent tenus et laisser le gouvernement a la Court.

Le sieur de Bezaudun, frere du sieur de la Verdiere, et M. l'advocat Guiran, commis par le Pays aux Etats Generaux tenus a Bloys, a escript au sieur de Vins de mesme, et se rendre le plus fort.

La Court ayant ouy le dict sieur Dalles l'a mandé au dict sieur de la Vallete avec la trompete, s'il vouloit cesser les armes, ce que n'a voulu faire.

Le dict jour 17 novembre 1588, le dict sieur de Vins a mandé environ cent chevaulx conduits par le sieur Dampus, et la compagnie du capitaine Bastin et Chastueil au-devant de Jouques, detenu par le sieur de la Vallete, ou y avoit cent vingt hommes de gens de guerre dedans, et gouverneur capitaine Claude Dorgon de Pertuys.

Le lendemain vendredy 19e du moys, à cinq heures du matin, le dict lieu de Jouques a esté prins par force et par escalade par les gens du dict sieur Dampus, lesquels ont faict mourir le dict capitaine Dorgon, gouverneur, et cinquante soldats et celuy qui avoit le maintien, et ont prins cinq prisonniers amenés a Aix, et de ceulx du dict sieur Dampus n'y a eu qu'un de mort et deux ou trois blessés, tellement que le dict lieu est a la devotion de la Court et du dict sieur de Vins, sans qu'ils ayent faict aucun saccagement au dict lieu, qu'est à noter.

Le dict jour sont arrivées nouvelles que le sieur marquis de Trans a prins Frejus qu'estoit tenu par les gens du sieur de la Vallete ou sont esté tués les Gascons et Motet et le lieutenant du dict sieur Marquis y estoit et aultres.

Le dict sieur de la Vallete le dict jour a laissé les pieces d'artillerie a Berre et s'en est allé avec ses gens vers Saint-Maximin, Toulon, Yeres, Barjols; mais Toulon et Yeres luy ont fermé les portes.

Le dict sieur de Vins l'a suivy avec quatre compagnies des gendarmes a Aups, après est retourné a Aix.

Et le dict sieur de la Vallete est retourné a Brignolle, et a mis le feu a la bourgade du Val près du dict Brignolle.

Le Roy a mandé M. du Pont-Carré, maître des requetes, et le sieur de Sainte-Marie pour faire cesser les armes, et sont allés trouver le dict sieur de la Vallete au dict Brignolle auquel on dict la volonté du Roi.

Le premier dexembre 1588, le dict du Pont-Carré et le sieur Sainte-Marie sont arrivés en cette ville d'Aix, lesquels ont déclaré à la Court la volonté du Roy, lequel a aboly tout le passé, pour ce que plusieurs s'estoient embarqués soubs pretexte du Gouverneur, lequel pour avoir abusé veut qu'il cesse les armes, et les garnisons ostées, et qu'il se retire à deux des villes de Provence que sera advisé par les dicts sieurs commissaires et la Court jusques a la venue de la Royne mere, et que les Etats Generaux seront tenus.

Le dict jour sont arrivées nouvelles que le sieur de la Vallete avoit faict descendre ceulx de la nouvelle opinion du Daulphiné, arrivés a Sisteron, et Riez, conduits par les sieurs du Gouvernet, Pomyeres et aultres, environ six cent chevaulx et gens de pied. Le sieur de Tornon, gouverneur, les a laissé entrer.

Aussi nouvelles que au dict Riez avoient faict sortir plusieurs de catholiques, et a Manosque les avoient faict emprisonner, et ung M. Pascalis, juge des Mées s'est saulvé en ceste ville d'Aix.

Le troisieme du dict moys de dexembre les dicts commissaires sont allés trouver le dict sieur de la Vallete a Pertuys pour avoir sa reponse, qui a requis delay pour la faire.

Et après retournés en ceste ville d'Aix, ils ont attendu la reponse du sieur de la Vallete, laquelle du onzieme dexembre 1588, receue par iceux dicts, qu'il ne pouvoit, ny devoit, ny vouloit quitter les armes, ny le gouvernement, et requeroit l'original des lettres du Roy.

Le 12 du dict moys, le chateau d'Ansouys a esté reprins par le sieur du dict lieu, et a chassé les Gascons qui y avoient mis le dict sieur de la Vallete.

Le mardy 13 du dict moys, la Court de Parlement s'est assemblée en audience ou y assistoit MM. les presidens de Sainct-Jean, Chayne, le sieur du Pont-Carré et le sieur Saincte-Marie, commissaires delegués par le Roy et les conseillers en la Court, a esté publié l'edict de reunion, la commission des dicts sieurs portant la vollonté du Roy, l'abolition du passé en révoquant tous jugemens et arrest et aultres lettres de revocation du dict sieur de la Vallete, avec inhibition de ne s'employer plus au gouvernement, et à tous ne luy obéir, et sur ce a esté faicte une belle remontrance par M. Laurens, advocat general, contenant les afflictions, miseres et calamités de ce Pays mal conduit par le dict sieur de la Vallete, et comme indigne au dict gouvernement a esté revoqué par le Roy, et sur ce la Court a ordonné le tout estre en plaine garde et observé et crié par tout.

Le dict jour sont esté faictes les cryes par les lieux et carrefours d'Aix, y estant M. le viguier, un consul, plusieurs gentilshommes, bourgeois et aultres tous à cheval, en grand nombre et trois trompetes.

Le 15ᵉ du dict moys, le sieur de la Verdière, premier consul, est décédé de maladie et a esté ensevely dans l'église de Sainct-Saulveur avec grand honneur, le dimanche, 18 du dict moys, car y avoit plus de trois cent torches tant de la ville que du pays, que des sieurs comte de Sault, Carces, Sainct-André, Vins, la Verdière, que du dict feu sieur des Ambois, et y ayant plus de cent pauvres habillés de noir, et ont faict chapelle ardente, et le tout estoit pour ordre; M. de Sainct-Jean menoit le dueil, M. la Gordone a faict le sermon funèbre, a comparé l'homme à la fleur qui tombe en poudre.

Le dict jour 15ᵉ, Ventabren a esté rendu et a esté prins par capitaine Egresier.

Le dict jour le sieur de Vins et le sieur comte de Carces, avec six compagnies de gendarmes et gens à pied sont allés à Pertuis, car le sieur de Gensson le devoit rendre et estant entré le dict sieur de Vins a trouvé que le château et l'abbaye tenoient fort, y ayant quantité de soldats et poursuivant le dict sieur de Vins de faire rendre le château, le dict sieur de Gensson, lequel, comme on disoit, avec d'autres de ses complices, avoient comploté faire mourir le dict sieur de Vins, avoit deffandu à ceux du château de ne se rendre et auroient tiré beaucoup d'arquebusades, de mosquetades, lesquels sieurs de Vins, comte de Carces se voyant entre deux forts et que le sieur de la Vallete venoit de Lambesc avec toutes ses forces, lesquels pouvoient entrer devers la porte de l'abbaye, et voyant la trahison, s'en seroient sortis avec plusieurs du dict Pertuis, mesme le premier huissier, et aultres, sur les cinq heures du soir, et seroient allés à Sainct-Paul, où sont entrés par escalade, et ont prins la ville et le sieur de Régusse, gouverneur, et plusieurs chevaulx, lequel tenoit le party du sieur de la Vallete, on n'a aucunes nouvelles si alors échappa ou mourut.

Le vendredy 23 décembre au dict an, nouvelle que le marquisat de Salluce estoit rendu à M. le duc d'Anemours, gouverneur pour le Roy.

Fait remarquable d'un hermite.

A esté parlé cy devant d'un hermite, lequel se faisait nommer frère Vallerins defons de Sainct-Columbain, religieux de l'ordre Sainct François, lequel, sur la fin de la contagion de 1580, arriva en ceste ville d'Aix portant un habit jusques au genouil, l'image de Nostre Seigneur au côté droit, les jambes nues, avec solliers de corde, et se porta si bien à la dicte maladie, que nul ne croyoit l'avoir que à luy, tellement que les gens par les rues se mettoient à genoux quand le voyoient venir, et en l'an 1586 seconde contagion, de mesme gouvernoit tout, laquelle contagion dura que trois moys; et en la dernière contagion, que fust en l'an 1587, le dict hermite, qui se faisoit ainsi nommer, abusa la Court, qui demura en ceste ville d'Aix, où estoit M. de Trez, M. Carreolis, présidents, dont plusieurs demurèrent et décéda grand peuple, ayant le dict hermite mis les malades sur michon et au revest et tout à l'entour de la ville, dont, par le vouloir de Dieu, le peuple print ombrage que le dict hermite entretenoit la contagion et faisoit mourir les gens avec aulcuns qu'il avoit aprez et abusèrent à leur charge dont furent pendus.

Et le dict hermite fut trouvé avec une putain et fut constitué prisonnier et sa putain qu'estoit de Marseille, et ayant demuré aux prisons un an et plus, enfin trouvé qu'il n'estoit religieux et contrefaisoit l'hermite et n'avoit este qu'un abuseur, et avoit tué beaucoup de gens seroit esté condamné par arrest de la Court du 23 décembre 1588, a esté bruslé et sa putain foetée et le mesme jour furent menés par la ville avec torche ardente, demandant pardon, la dicte putain fut foetée jusques à la mort, et l'hermite fust bruslé en la place des Prêcheurs, puis lequel emprisonnement la dicte contagion cessa, le tout par le vouloir de Dieu.

1589. Le jour de l'an, premier janvier, Brignolle fut prinse par M. de Vins, ayant avec luy mille hommes, par escalade, à laquelle prinse capitaine de Beccaris, tenant le party du dict sieur de Vins, y est mort et plusieurs aultres ; le dict sieur a faict mener plusieurs prisonniers à Forcalqueiret et a este saccagée ; M. de Pontevès, gouverneur du dict Brignolle, ennmy du dict sieur de Vins, a esté prins prisonnier, ses frères, le lieutenant d'Esparre et aultres, la dicte ville tenoit le party du sieur de la Vallete et n'auroit voulu permettre la publication de la révocation d'iceluy et édits du Roy, la Court y a mandé M. Bermond et M. Laurens, conseiller et advocat général.

Le jour des trois Roys, 6 janvier 1589, sont venues nouvelles de la mors de M. de Guise et du sieur Cardinal, son frère, lesquels estant à l'assemblée des Etats-Généraux, qui se tenoit à Bloys, estant le Roy à son château au dict Bloys, le 23 décembre 1588, jour maudit et de méchante entreprinse, manda quérir le dict sieur du de Guise, comme faisoit auparavant, lequel sieur y alloit en bonne foy et comme un agneau à la bocherie, passant à la gallerie joignant le cabinet du Roy, les gens mis par le Roy attendaient au passage, auroient murtry le dict sieur de Guise. Aprez auroit faict constituer prisonnier le sieur de Jamville, son fils, et le sieur Cardinal son frère, lequel sieur Cardinal auroit aussi faict murtryr, aprez les auroit faict brusler (comme on dit) auroit aussy faict constituer prisonniers plusieurs princes et aulcuns des députés des Etats; tellement que les Etats seroient esté rompus et la guerre allumée par tout, et à Geneve ont faict feu de joye, car le dict sieur duc de Guise et Cardinal estoient chefs de l'église catholique.

Le sieur duc de Mayenne, son frère, Paris, Orléans et aultres ont prins les armes contre le Roy, et saccagé Louvre, qui est la maison du Roy, et faict prisonniers plusieurs grands sieurs tenant le party du Roy, et y a guerre génerale en France.

Trois jours aprez la Royne Mère est décédée.

On dit que le Roy les a faict mourir par jalousie qu'il avoit que le dict sieur de Guise seroit esté Roy aprez lui, toutefois on ne sçait au vray la cause, sinon qu'avoit long temps que la tragedie se devoit faire (comme on dit).

Le 23 janvier 1589, le sieur de Vins et aultres sont sortis et ont prins le soir Mirabel, tenu par le sieur de la Vallete, par escalade, et a esté tué un nommé le Prevost, lieutenant du capitaine Guis, gouverneur du dict lieu, et ont prins plusieurs prisonniers, et a esté mis en l'obéissance de la Court.

Le sieur Saincte-Marie, l'un des commissaires, s'en est allé à la Court, et on dit qu'a esté faict prisonnier à Montelimar.

Le 27 janvier 1589, Sainct-Julien prins par le sieur de la Vallete, à la ville vint par les portes ouvertes.

Le sieur de la Vallete a mandé sa trompete pour parlementer et bailler ostages au château de Meyrargue, ce que a esté faict.

Le jeudy 9ᵉ février, le sieur du Pont-Carré, l'autre commisseire, M. Chartras, accesseur, le sieur de Solliérs, et M. Thoron, conseiller en la Court, sont allés à Pertuis pour parler au sieur de la Vallete, sont revenus le samedy, 11ᵉ du dict moys, hormis le sieur du Pont-Carré, lequel fut retenu par le dict sieur de la Vallete, et on dit qu'il s'en alla en la Court.

Le vendredy 17 février, les fossés de Villeneufve d'Aix sont esté commencés par vingt hommes et corvées.

Le samedy 18 février 1589 estoient venus de Berre sept ou huit soldats auprès d'Aix, et à la méterie d'Estienno le Cordier, un peu de là le Moulin-Foert, qu'estoient là pour piller et prendre les gens qui sortoient d'Aix, y seroient venus pour estre le chemin de Brignolle et Sainct-Maximin, et estant de ce advertis aulcuns de la compagnie de M. de Vins, tant à pied qu'à cheval, seroient sortis et les ayant attrapés en auroient tué cinq, entre lesquels estoit un Rebolly de Brignolle, et ont mené en prison un Anthoron le cordier, dit le Borny, de celte ville d'Aix, qui fut pendu le lendemain.

Le dict jour, M. Guiran, un des députés, est venu de la Court et a porté nouvelles de la mort du sieur de Guise, son frère le Cardinal de Borbon, et que les Etats estoient tenus, et avoit esté tout résolu.

Le mardy 21 février 1589, une troupe de gendarmes du sieur de la Vallete estant à Rognes, seroient venus ravager à Pierricard et proche de la bastide de Maître Dize, chemin de Pertuis, et menoient à Rognes grand butin, et avoient prins Maître Dize, Jehan Fabre et aultres, et incontinent y seroient allés le sieur de Vins, accompagné de quinze gendarmes, lesquels ont combatu, et y est mort le sieur de Mongalliod et aultres du party du sieur de la Vallete, et de la part du sieur de Vins y est mort capitaine Dedon, et ont reprins le dict Maître Dize et aultres avec le butin, et encore les deux morts qui sont esté ensevelis à l'église de la Saincte-Madeleine.

Le dernier février, ceulx du sieur de la Vallete sont venus ravager proche d'Aix, et ont prins prisonniers sire Legier, orfevre et loton, et plusieurs aultres.

Le premier mars 1589, le dict sieur de la Vallete a mandé lettres, ou copie d'icelles par luy obtenues, ayant esté remis à l'estat de gouverneur, nonobstant la révocation, et pour ce que par icelles est porté, à faute de vérifier par la Court, que le lieutenant le vérifiera, la Court, par son arrêt, a faict inhibition de ne faire publier aulcunes lettres que ne soient vérifiées par la Court.

Le sieur de la Vallete a faict tenir assemblée à Riez avec peu de communes, et à faict mettre argent et désavouer l'assemblée tenue à Aix, ayant mandé aux procureurs du Pays de faire tenir l'assemblée de toutes les communes à un lieu neutre pour pacifier le tout, on n'a tenu compte, parce que à son acoustume, ne sont que inventions de surprise d'iceluy pour avoir forces.

Le 13 mars, Beaumont a esté prins par escalade par le sieur de Vins, ou M. Dampus, son lieutenant.

Le jeudy 17 mars, le sieur de la Vallete estant à Riez, aïant faict son assemblée, seroit allé avec les troupes du sieur Tournebon et aultres à Montagnac, qui l'auraient refusé, et y sont entrés par force, fors au chasteau, lequel tenoit fort, le dict de la Vallete et les siens s'en seroient sortis le vendredy, ayant mis le feu au village et ayant faict pendre deux, le dict sieur de Tournebon et son fils Bastard y sont morts à l'assaut avec quarante de ses gens tant morts que blessés, lequel Tournebon estoit chef des gendarmes de la Vallete.

Le samedy 19e mars, le sieur de Bcosc sieur de Sainct-Jollien, a reprins Sainct-Jollien le Montanyer qui estoit tenu par ceux de la Vallete, et y sont morts six du dict Vallete, les aultres se sont saulvés par la fenêtre du chasteau.

Le lundy 27 mars, le sieur de Vins a deffaict vingt-cinq ou trente soldats du sieur de la Vallete, estoit en garnison à Peyrolles, qui venoient ravager au terroir d'Aix, tant morts que noyés, et quatre prisonniers.

Le 29 mars, Mane, tenu par le sieur de Gensson, sieur du

dict Mane, chef du dict sieur de la Vallete, a esté reprins par petards et escallades par le sieur de Meyrargues, estant chef de M. de Vins, le dict sieur de Gensson s'est saulvé à Forcalquier, ayant saulté de son chasteau, et aprez a esté reprins par le dict sieur de la Vallete et Gensson.

Le jeudy 6 avril 1589 est arrivée en cette ville d'Aix la princesse nommée Catherine de Lorraine, fille du duc de Lorraine et de dame Claude de Valois, fille du feu Roy François et sœur du Roy Henry moderne, femme la dicte Catherine du duc de Florence, à laquelle ont faict trois entrées, l'une à la porte des Augustins, l'aultre au reloge, et l'aultre à l'église, et est logée à l'Archevêché ; M. d'Aix y est aussi arrivé, et à ceulx de la guerre, l'entrée estoit le crucificis, l'Eglise, la Noblesse et le Prince qui portoit toute la charge, et y sont allés M. de Vins avec quatre cent chevaulx, les quatre capitaines tous en armes, MM. les Présidents, Consuls et Bourgeois.

La samedy 8 avril, la dicte Princesse est repartie, est allée à Marseille et d'illec à Florence faire les épousailles avec le duc de Florence son mary, et y est allé M. d'Aix et le sieur Evêque de Marseille.

Le dimanche 7 may, le sieur de Roussel, tenant le party du sieur de la Vallete a esté tué dans l'église du dict lieu et aultres.

Le mercredi 17 may 1589, Marignane et le chasteau ont esté prins par M. Paris et compagnie au sieur de Vins, par force et composition, et personne n'y a prins aucun mal.

Le vendredy, jour de Sainct Yves, 29 du dict moys, assemblés le conseil, M. Soumat, sieur du Castelar, consuls, M. de Vins et aultres gentilhommes, Bourgeois et aultres d'Aix, dans la maison de ville, a esté faicte et signée l'union pour défendre la foy catholique Romaine et soutenir les princes chrétiens en soutenant icelle la couronne de France, soutenir la querelle contre le dict Despernon, la Vallete et aultres adherans et faucteurs de l'hérésie.

Le dimanche 28 may, assemblée tenue contenant de signer l'Union dans trois jours, les dicts déclarés fauteurs de l'hérésie et adherans au sieur de la Vallete, et sera procédé contre eux.

Le 29 du dict moys sont esté faictes les cryes.

Le vendredy 2 juin, la Court a aucthorisé l'Union.

Le dimanche 4e du dict moys, sont esté faictes cryes par la ville, les Consuls et bourgeois à cheval.

Le sieur de Regusse, à qui autrefois l'on avait saulvé la vie, fust tué.

Le sixième du dict moys, le sieur de la Vallete a reprins Monjustin par assaut et baterie de canon, et a faict mourir les hommes trouvés au dict lieu comme de mesme est beaucoup mort de ceulx du sieur de la Vallete, et y estoit le camp du dict Vallete, accompagné du sieur de Cadenet, et de ceulx de la religion, conduits par Gouvernet du Daulphiné et cinq canons de batteries. Ceulx de Monjustin n'estoient que vingt soldats conduits par le capitaine Constans, tous morts, et ont enduré cent quarante coups et trois assauts, et au moyen de ce, Apt, Segnon et aultres se sont remis à la dévotion du sieur de la Vallete et aussy Digne.

Le lundy, 12 du dict moys, sur les trois heures matin, fust aparu au ciel une flamme de feu du côté de la rivière de Durance.

Le sieur de Vins est allé avec ses gens à Sainct-Paul pour mettre de gens à Beaumont, et y a mandé capitaine Léon, lequel s'est porté vaillamment, car ayant le dict sieur de la Vallete, accompagné de Gouvernet et ses gens, environ deux mil hommes et cinq canons, attaque le dict Beaumont et tire 250 coups, et faict brêche, venant à l'assaut y est mort environ deux cents de ceulx du Gouvernet et aultrés, mesme un capitaine de la garde du sieur de la Vallete et plusieurs blessés, mesme le dict Gouvernet, le chevallier de Buous mort, lors ne y sont peu entrer dans la dicte brêche, dont en cette ville en fist feu de joye.

Le vendredy 16 du dict moys, le dict de la Vallete et Gouvernet continuant la batterie en autre part, et ayant faict brêche, ledict sieur de Vins y auroit mandé un capitaine Lamberty de Cavaillon avec soixante soldats, lesquels au lieu de combatre se seroient rendus au camp du sieur de la Vallete, enfin seroient venus en composition de sortir avec armes et bagages, et du samedy 17 du dict moys, le dict capitaine Léon est sorty, et est allé à Sainct-Paul avec ses gens, le dict sieur de la Vallete est entré avec Gouvernet et aultres, et ont faict pendre capitaine Abel et aultres du dict lieu et aultres prins prisonniers.

Le jeudy 22 juin 1589, le dict sieur de la Vallete sont venus avec ses gens à Meyrargues, et le vendredy ont mis feu au grand Logis et bastides du dit sieur de Meyrargues, le dict sieur s'est mis dedans avec cent hommes pour rembarrer ses ennemys, et ayant tiré quelques coups de pièces et faict mourir aulcuns du dict de la Vallete, lesquels ont mis feu au grand Logis du dict sieur, sont venus en composition, qu'il laissera passer les troupes du dict Vallete sans les endommager.

Le samedy jour de Sainct-Jean, un nommé le sieur de Lagremuze, frère André des Carmes et aultres de leur armée, ont mis à l'évêché pour prison M. de Saint-Jean, M. Chaine, président en la Court, M. Suffredy, conseiller, M. Geoffroy, conseiller aux Comptes, l'auditeur Garron et aultres, lesquels ont cottizé en argent.

Le dimanche 25 dudict moys de juin 1589, le dict de la Vallete, en nombre de deux mille hommes et six cent chevaulx, se sont logés à Pierricard et à la tour d'Entremont auprès d'Aix et au-dessus de l'hôpital, et sont dessendus pour combatre, et M. de Vins avec ses gens, tant à pied qu'à cheval sont sortis et combatu six heures, depuis onze jusques à cinq, et y est mort un M. de Vacqueyras, qu'estoit le lieutenant de M. de Paris et un Boyer d'Aix et aulcuns blessés, comme de même, de la part du dict de la Vallete, lequel cuydoit entrer dans la ville, et par une rage et cruauté ont mis feu aux bleds qu'estoient aux terres de Loyere et aultres.

Lendemain, le dict de la Vallete et Gouvernet retournèrent sur les dix heures, et à onze commencèrent le combat et continua par trois assauts et bataillons, mesme le dernier assaut de ceulx de la Vallete, qui vinrent trois cents chevaulx avec grand fureur contre les gens de pied du sieur de Vins, estant chef capitaine Denize Querellasse et aultres, lesquels soutinrent et firent un salve d'arquebuzedes qui les fit retourner à leur grande honte, car y eut de morts et blessés, mesme M. de Salles, lieutenant du dict Gouvernet, lequel on traîna dans la ville jusques en la maison du consul Beaumont, et lors vint M. Chartras, accesseur, qui le fit mettre au cimetière des Frères Mineurs. La bataille dura de onze heures jusques à cinq heures après midy, de quoy la ville loua Dieu. Le dict Gouvernet manda sa trompète pour recouvrer le dict sieur de Salles, ce que le sieur de Vins lui octroya, et le lui fist porter.

Le mardy 27, allant les travailleurs moissonner, les dicts gens de la Vallete en blessèrent plus de vingt cinq ou trente et mirent feu aux bleds qu'estoient proches des tours qu'ils tenoient, et mirent l'enseigne déployée à la tour d'Entremont, et prinrent prisonniers, cuydant par ce moyen faire mettre le peuple de la ville en sédition, mais de ce gardant icelle la ville, a faict toujours bonne garde, et c'est veu au clochier de l'église Saint-Saulveur une colombe blanche, luy vola sans se bouger et y a demeuré deux ou trois jours, et venoient à l'entour deux oyseaux de rapine, la dicte colombe les auroit chassés jusques au Moulin Foert. On tient qu'estant veu la flamme de feu au ciel, dénotant les batailles, par mesme moyen auroit mandé signe de confort, consolation et saulvegarde.

Le mercredy 28, le sieur de Vins manda sa trompete à Gouvernet pour ne faire ces massacres aux travailleurs, ny bruslements, le dict mande lettre que n'estoit que pour obéir au sieur de la Vallete, suivant le mandat du Roy de France et du Roy de Navarre.

Le jeudy et vendredy 29 et 30 juin 1589, le dict sieur de la Vallete et Gouvernet ne firent aultre chose que soy changer au Plan d'Aillane et loger aux bastides de Beauvoisin, Martelly et de Garron, et Aguilles, mirent feu à la bastide de Saint-Jean, de Fabre et aultres, et prinrent des pauvres prisonniers.

Le dict jour 29 juin 1589, arrest que les maisons des bourgs proche des murailles seroient abbatus, ce qu'a esté faict.

Le samedy premier juillet, les dicts de la Vallete et Gouvernet cuydant mettre cinq pièces d'artillerie sur le collet de Sabatier qu'est où l'on met les pendus, seroient venus huit enseignes déployées et six cent chevaulx devers Pigonnet, sur les quatre heures aprez midy ; les gens du sieur de Vins sortirent et se mirent au chemin de Sainct-Lazare, près du claus du procureur Bonnet, où y eust grand combat, et y feust blessé le fils du sieur de Fuveau et un aultre de la part du sieur de Vins, et de la part du sieur de la Vallete fut prins prisonniers un général de l'artillerie du dict la Vallete, qui, par cas fortuit, visitant au dit collet le lieu où devoit mettre l'artillerie, et estant la compagnie du sieur de Paris portant casaque blanche comme luy, se cuydant estre de ces gens, se seroit remis à la dicte compagnie, disant que le sieur de la Vallete disoit tenir le chemin de dessus en allant à la Tour et donner dessus. Le sieur de Solliers le print prisonnier, conduit en ceste ville d'Aix, et furent blessés plusieurs par l'artillerie d'Aix, qui tira mais ne fit guère de mal, parce que les bombardiers n'estoient adroits et selon la quantité des ennemys, par le vouloir de Dieu, ne firent dommage qu'à Sabatier et Mme de Banguette, d'environ cent charges de bled qu'estoient en gerbière au Pré Bataillier, sur quoy y eust remède, et se retirèrent à la dicte tour, et sur le soir fut trouvé un aux vignes avec colton et broquettes, commis pour mettre feu au bled, qu'estoit au Pré Bataillier, lequel fust prins, tué et bruslé au dict Pré Bataillier.

Le dimanche, le sieur de la Vallete mande sa trompete pour recevoir le dict général soubs prétexte qu'il rendroit le fils de M. Blegery et aultres prisonniers, mais le sieur de Vins ne l'a vouleu entendre, parce que le dict prisonnier estoit de grand esprit.

Le lundy, 3ᵉ de juillet, se trouve un pauvre homme auprez de la bastide du Jugemage tué, fut porté et ensevely au cimetière des Frères Mineurs, la compagnie du sieur comte de Carces et de Marseille, environ deux cents chevaulx, arrivèrent en cette ville d'Aix, et deux heures auparavant les dicts de la Vallete et Gouvernet délogèrent des dictes bastides, et sont allés avec les pièces à Aiguilles, Bouc et Cabriès; les dicts Bouc et Cabriès sont esté rendus par le capitaine Baslin et Eguesier, son lieutenant, que les avoient en charge pour le dict sieur de Vins, au dict de la Vallette la compagnie du sieur de Paris entendant le dict délogement est allé long de la rivière de l'Arc jusques à la bastide du maître de la Monnoye, et a prins quatre prisonniers du dict de la Vallete, deux à cheval, qu'il a menés dans Aix, et deux à pied qu'il tua, et sur le soir, le sieur de Vins a mandé à Aguille ses gens, lesquels ont fermé l'artillerie.

Le Mardy, capitaine Baslin a esté mis en prison pour avoir rendu Bouc et Cabriès, et son lieutenant Eguesier s'est remis à la Vallete, le peuple le vouloit tuer, mais le sieur de Vins l'a contregardé, et n'a sceu tant faire qu'on luy a ruiné son jardin et batiment qu'estoit à la bourgade. On disoit qu'il vouloit faire prendre l'église Saint-Jean, et Notre-Dame de l'accès, mais Dieu a découvert la trahison, et a esté condamné par arrêt du..... et après tué le 15 mars 1590.

Le dict jour le dict de la Vallete, Gouvernet et Cadenet sont retournés long de l'Arc et bastides de Beauvoisin et aultres, ont mandé leur trompete pour parlementer de faire trève, les dicts Gouvernet et Cadenet sont venus aux hières près Nicolin, et les sieurs de Solliers et de Bezaudun les sont allés trouver et ont parlementé ensemble, on ne sçait ce qu'ils ont résolu, mais le peuple ne veut entendre veu les massacres et bruslements.

Du mercredy, ont encore parlementé avant le dict jour ceulx de la Vallette prins les mulets d'Artaud.

Du jeudy, le sieur de Pons et Bezaudun, allant par le terroir de l'endroit du Puy, ont tué cinq hommes, prins quatre chevaulx et la valise du sieur de Buisson de ceulx de la Vallete.

Les dicts de la Vallete, Gouvernet et Cadenet faisoient semblant s'approcher et ont donné l'allarme à la ville, M. de Vins et tous sont sortis ; les aultres cuydant les attirer, avoient aprêté l'artillerie deux pièces pour tirer aux gens, mais le sieur de Vins a faict retirer ses gens jusques à la Paulière et a mandé capitaine Léon qui les a combattus et a tué un cheval de ceulx de la Vallete.

Du dict jour sur le soir, le sieur de la Vallete a donné entendre à son camp avoir receu lettres du Roy qu'il estoit entré dans Paris et qu'il faloit se rejouir, et a faict tirer ses pièces d'artillerie et tous les soldats que a duré une heure, avec un grand feu de joye, et a baillé l'alarme à la ville sans faire les aproches, aulcuns disoient qu'il avoit eu le secours de M. de Montaud, environ trois cent chevaulx.

Le vendredy n'a esté rien faict si n'est que parlementer, mais n'ont pu estre d'accord.

Le samedy 8 juillet, le dict de la Vallete et adherans sont allés à l'entour d'Aiguilles et d'illec à Sainct-Cannat, ayant délaissé les bastides et mis feu à aulcunes d'icelles, et ont laissé gens à la tour d'Entremont.

Le dict jour sont allés en embuscade deux compagnies de gens à pied du sieur de Vins, ne scachant de l'aultre, et sur la nuit se sont entrebatus, cuydant que ce fust l'ennemy, et y a un mort et aultres blessés.

Du dimanche 9 juillet, ceulx de la Vallete sont allés audevant Sainct-Cannat, où sont esté repoussés à tant que y sont morts trois ou quatre de ceulx du dict Vallete, et n'y pouvant rien faire sont allés à Lambesc.

Du dict jour, gens à cheval et à pied du sieur de Vins sont sortis environ midy, et ayant mandé les gens de M. de Bezaudun, et Paris faire la descouverte, ont descouvert capitaine de

Javye et trente avec luy tant geudarmes que Argolets, tous à cheval, et trois mulets chargés de grandes cornues à clef, le dict sieur de Paris et Bezaudon les ont attrapés près la bestide de Romany qu'alloient trouver le camp du dict Vallete, et les ont tous deffaicts et en ont faict mourir vingt ou vingt-quatre et le dict la Javye, et ont mené un ou deux prisonniers en ceste ville avec le butin, et trois ou quatre qui se sont saulvés et ont porté nouvelles au dict camp de la dicte deffaicte.

Du dict jour, capitaine Beaumont est arrivé lequel on tenoit pour mort.

Du lundy 10, a esté trouvé une femme que portoit des fruits à ceulx de la tour d'Entremont, laquelle a esté prinse par les femmes et enfans et l'ont trainée par la ville, et icelle battue jusques à la mort, et quelques aultres femmes, et une en est morte.

Du mardy, 11 juillet, le sieur Debuis est allé à la tour d'Entremont et n'y a trouvé personne, tellement qu'il y a laissé le capitaine Cabassol pour la garder, s'estant ceulx qui estoient de ceulx de la Vallete enfuis peu auparavant, et par ainsi ont délaissé Aix; et quelques jours après la dicte tour a esté abatue.

Le dict jour, ayant le sieur de la Vallete combattu la bourgade et ville de Lambesc, le sieur de Ramefort et aultres de la Vallete y sont morts et blessés, les gens du sieur de Vins conduits par le capitaine Mesnard se sont mis au chasteau du dict lieu, le dict Ramefort est mort et ensevely à Pertuis.

Du mercredy 12, les dicts de la Vallette ont battu le chasteau, tant par mine que aultrement par l'artillerie.

Du jeudy 13, ceulx du chasteau se sont rendus à discrétion environ midy, ceulx du dict de la Vallete y sont entrés et ont tué et faict pendre le capitaine Mesnard et aultres. Quelle désolation, oultre le saccagement.

Le dict jour, frère Viquery, religieux du couvent des Frères Mineurs, conduisoit M. Cépede, président en la Court des

Comptes, hors la porte des Frères Mineurs, et en estat, portant l'habit des Frères Mineurs, fust recogneu et icelluy blessé conduit devant M. de Vins et d'illec en sa maison, et le dict frère Viquery mis prisonnier au couvent des Carmes, s'en est allé à Apt.

Du vendredy 14, sur les deux heures arrivèrent les compagnies du sieur de Paris et aultres venants de Sainct-Cannat avec plusieurs femmes et filles et mesnage, cuydant que le camp alloit assiéger Sainct-Cannat, conduisant les pièces de l'artillerie qu'avoient laissé à Aiguille.

Du samedy 15, Le camp du sieur de la Vallete est allé à Pélissane, lequel s'est rendu, et le capitaine Denimata est venu avec sa compagnie armes et bagages.

Le dict jour, M. Bonfils alloit appeler les bourgeois et marchands pour s'assembler au palais et délibérer si on pourroit accommoder les affaires, le sieur de Vins y seroit venu et auroit faict rompre la dicte assemblée.

Le dimanche 16, le procureur Vinety et Derbès, sous prétexte que le sieur de Vins mandoit quérir les gens, auroient amené prisonnier les Malespines, Imbertis, Boysselis et aultres environ quarante ou cinquante à l'Evesché, et le sieur de Vins a mis en prison Bonfils, procureur au palais; on disoit que c'estoit un moyen pour avoir argent, et quelques jours après sont esté relaxés.

Le lundy 17, la compagnie du sieur de Vins ont amené du terroir du Puy trois roddes de jumens et quantité d'aultre bestail.

Du mardy 18. Des moissonneurs à Pierricard ont tué deux de ceulx de la Vallete.

Du mercredy 19. Jeudy, vendredy et samedy a esté encore parlementé pour le trève et ont esté dressés articles.

Du dimanche 23 juillet 1589. A esté assemblé le conseil sur les dicts articles, et arrêté de les mander aux députés du sieur de la Vallete.

Cependant le dict sieur faisoit cheminer son camp, et Sainct-Cannat s'est rendu et aultres lieux sans mal prendre, et les soldats remis dans Aix.

Le dict jour, dimanche 23 juillet, le sieur de Vins a faict couper plusieurs arbres, et a faict faire quantité de gabions, et continuer à démollir la bourgade et à faire les bastions.

Le 28 juillet, Chasteau Renard a esté prins par la Vallete, et a faict pendre le capitaine et aultres.

Le samedy 29 juillet, le sieur de Vins est allé au Martegues pour renforcer la garde, doutant d'un siège.

Le dict jour, le sieur de Meyrargues est allé avec deux pièces n'artillerie assiéger Venelles, et a esté prins le lendemain dimanche matin par composition, le chasteau a esté saccagé et bruslé, le sieur et dame prins prisonniers, menés au chasteau de Meyrargues, et quelques soldats tués ; le dict sieur de Venelles auroit souffert que les bleds de Cabassot et aultres ses subjets, estre bruslés.

Aguilles qu'avoit esté prins par le sieur de la Vallete, a esté remis au sieur de Vins, et le sieur s'en est fuy.

Le vendredy 4 aoust, le sieur de la Vallete a assiégé Vitrolles du Martegues, et l'a prins après avoir batu par huit pièces de canon gros, a tué et prins prisonniers.

Du samedy 5. A esté descouverte trahison qu'on vouloit faire mourir le sieur de Vins, se saisir de Sainct-Saulveur et rendre la ville à la Vallete. Pierre de Seguiran, bastard de feu sieur de Valvenargues, M. Boniface Seguiran, qui devoit faire tout, a esté prins et pendu le dict, jour sur la minuit, par arrest de la chambre des vaccations, et avoit accusé quantité de gens de qualité.

Le dimanche a esté prins prisonnier le fils du sieur de Poreils, viguier, le procureur André et aultres pour la dicte trahison, laquelle se devoit exécuter le dict jour dimanche, jour de Sainct-Saulveur, mais Dieu a descouvert tout.

Le mercredy 9, le chevalier sieur de Meyrargues est allé aux portes de Pertuys, a prins trois chevaulx et argent, prisonniers, bœufs et mulets.

Le dict jour, M. de Vins a mandé à Meyrueilh pour se rendre et bailler les soldats de Bouc, qui auroient prins maitre Jorna et Guillen Torreau ; ceulx-ci n'ont voulu rien faire.

Le jeudy 11, allant le camp du sieur de la Vallette à Trez, le sieur de Vins est allé de la Sainct-Marc et a prins une charrette remplie de cordes, y a mis feu, a prins aussy pain, poisson, d'engins d'artillerie et deux hommes de Tholon.

Le jour de Sainct-Roch, mercredy 16 aoust, sont arrivés environ cent lanciers et quatre charges d'or et d'argent mandés par le prince de Savoye, conduits par le sieur Alexandre de Vitelle, et le sieur Dampus qui ont délaissé Brignolles, et le sieur de la Valette est entré à Trez, à Sainct-Maximin et à Brignolle, conduisant son camp au-devant Forcalqueiret, apartenant au dict sieur de Vins.

Le dict jour, a esté prins prisonnier maître Maurel, notaire, et deux aultres par la compagnie du capitaine Fabre, et depuis s'est sauvé et esvadé.

Le 18 aoust, le fils du sieur de Porcils, accusé de trahison par arrest, a faict amande honorable dans la chambre, et condamné es galères et es amandes.

Le dimanche 20 aoust, nouvelles que le Roy Henry III de Valois, dernier de son nom, est décédé, ayant esté tué le dernier juillet par un frère jacopin nommé Jacques Clémens, en luy portant une lettre d'un président de Paris.

Le dimanche 27 du dict moys est arrivé un livre imprimé de la qualité de la dicte mort, et a esté tué le premier aoust à Sainct-Claude, où estoit son camp, avec un couteau tranchant à deux côtés, et a délaissé à Orléans veu le dict frère Clémens y est mort, vide Astonce aux juges, 3e chapitre, Deglotz et Ayot semblablement.

I — 8

Le mardy 22 aoust, Mimet a esté prins par le sieur Dampus, a esté prins le cadet de Mimet, un Parabelle et aultres, a esté prins Caseneuve, conseiller au siège et aultres venants de Pélissanne, a esté prins enfin un à Lambesc, six chevaulx à Pellobier et aultres prinses tant au dict Mimet, Peynier et aultres lieux.

Le mercredy 23 aoust 1589, par arrest, le dict cadet a esté tranché la teste, et le dict Parabelle du Languedoc a esté pendu, les quels avoient bruslé villes et tué, et sur ce y avoit murmuration que le sieur Dampus avoit promis sauver la vie au dict Parabelle, lequel avoit faict rendre Mimet, et avoit faict oster l'échelle, mais ce nonobstant l'arrest a esté exécuté.

Ventabren remis à M. de Vins.

Le 24, jour de Sainct-Barthélemy, Cabriés a esté assiégé par le sieur de Vins et deux pièces de canon, et aprez avoir tiré trente ou quarante coups et mis le feu à la porte du chasteau, sont entrés les soldats leur vie saulve, et le capitaine Savyne du Languedoc, gouverneur du dict chasteau pour la Vallete, a esté pendu à un amandier proche du Pré-Bataillier et du pré de Sabatier, allant à Sainct-Lazare.

Le samedy 26 aoust, le sieur de Vins est allé au Martegue faire venir deux pièces de canon, et en allant à Marignane et à Sainct-Mitre se sont remis au sieur de Vins, et sont arrivés à Aix le lundy au soir, 27 du dict moys avec deux doubles canons et quantité de monition tant poudres que boullets, que portèrent les mulets et charrettes, accompagnés de deux cens chevaulx et aultres gens à pied, lesquels double canons avoient esté acheptés par la ville d'Aix.

Du dict jour, les gens de Marseille, environ deux mil hommes, avec trois petits canons, ont assiégé Aubagne, mais sont esté repoussés par ceulx de la Vallete, et s'en sont retournés ayant esté tués ou blessés aulcuns de Marseille.

Du mercredy 30 aoust, un capitaine Meynard, qui avait esté

prins à Saulvecanne, estoit de Lormarin et huguenot, a esté pendu par arrest.

Du dict jour, Jouques remis en l'obéissance de la Court.

Du dict jour, la Court a mandé lettres pour faire entendre la mort du Roy partout.

Du dict jour, le sieur de Vins a prins par force et escallade Pélissane et a prins prisonnier le sieur Dustre et son frère, et aultres, et a esté tué dix ou douze soldats et un capitaine Delaudun, et n'a esté faict nul dommage à ceux de Pélissane.

Du jeudy dernier aoust, M. le lieutenant particulier Aymar estant à la chambre pour tenir Court, estant adverty, il s'en seroit sorty, et peu après le conseil, Beaumont et le sieur de Fuveau auroient déclaré qu'ils n'entendoient que le sieur Aymar exerçat la justice, pour estre ennemy de la ville, tenant le party du sieur de la Vallete.

Le dict jour, Lambesc a esté reprins par le sieur de Vins.

Le dimanche 3 septembre, à deux heures du matin, Bouc a esté assiégé par le sieur de Vins, comte de Carces, de Suze, et aultres, avec les deux pièces grosses de canon, et le chasteau a esté batu tout le dimanche, et lundy à trois heures après midy, y ayant dans le chasteau trente soldats, estant capitaine un nommé Autric de Mées, les quels, résolus, ne se sont voulus rendre, ayant soutenu trois assauls ; enfin on y est entré par force et par escallade, et tous tués et trois pendus aux amandiers du dict Bouc et le chasteau du tout ruiné.

Le mercredy, 6 septembre, tout le camp est allé assiéger Aubagne près de Marseille, avec cinq canons de Marseille, que sont esté reculés à cause du camp du sieur de la Vallete, et y a eu quelque combat, et y a eu quelques blessés, capitaine Morre, Barbasse et aultres, enfin du lundy 11 du dict moys, le dict Aubagne a esté délaissé par le dict de la Vallete, et a esté démantelé, et le sieur de Vins y est entré et est arrivé en ceste ville d'Aix avec sa troupe, le mercredy 13 aoust.

Le dict jour 11, lettres du sieur duc de Mayenne, escrite du 8 aoust, régent, affirmant la mort du Roy Henry, et que tout catholique tenant son party aye se remettre dans un moys, et n'obéir à la Vallete.

Le mercredy 15 septembre, la chambre des vaccations a donné arrest contre le sieur de la Vallete et ses adherans, prinse de corps, et contre les absents de se retirer dans trois jours, qu'estoit contre l'arrest donné par le président Carreolis et conseillers estant à Pertuys, le 30 aoust, contre la dicte chambre et aultres, qui sont arrivés la mort du Roy, et il y a aultres chefs les quels sont arrivés en personne par le sus dict arrest, plus par la ville.

Le 27 du dict moys sont arrivées lettres du sieur duc de Mayenne, régent à la couronne par le décèds du feu Roy Henry de Valois, et lettres du Roy Charles de Bourbon moderne, cy-devant Cardinal, commé Roy par les Etats, commandant à tous que auroient tenu le party du feu Roy de se retirer au moys ; et le samedy 23 septembre à la chancellerie sont été scellées lettres sous le nom et titre de Charles.

Le mardy 26 septembre, la ville a tenu conseil pour présenter requête à la chambre, affin que nul officier tenant le party absent ou coutraint par emprisonnement, qu'avoient désistés d'entrer jusques qu'ils eussent nouvelles provisions.

Le dict jour sont arrivées nouvelles que Bernard de Nogaret, sieur de la Vallete, cy-devant gouverneur pour le feu Roy Henry, est décédé à Brignolle, mais n'estoit pas vray ; mais se faisoit mort pour mieux endormir et faire entrer de gens du Languedoc que luy devoit mander le sieur de Montmorancy mil hommes et deux cens chevaulx, comme on dit.

Le samedy dernier septembre, le sieur Dampus, capitaine Seguiran et Denise sont esté créés Consuls, et maître Seguiran, accesseur.

Le second octobre, en audience, la Court a vérifié les lettres du Roy Charles commandant à tous catholiques ayant tenu le party du Sire Roy Henry se retirer au moys.

Comme aussy a vérifié les lettres du pouvoir du sieur duc de Mayenne, lieutenant général à l'Estat et couronne de France, et le 11 du dict moys, les cryées son esté faictes, commandant à chacun de se retirer ; le 13 du dict moys publiées au siège.

Le dict jour, nouvelles assurées que M. de Vins a reprins Sainct-Chamas et Ystres, le dict sieur de Vins est arrivé le lendemain, et est vray de la dicte reprinse par composition et sans avoir perdu un homme.

Et pour ce que le dict de la Vallette faisoit venir gens du Languedoc environ deux mil hommes que le sieur de Montmorancy luy bailloit pour nous venir faire la guerre en Provence, et pour les recouvrer, y avoit mandé le sieur de Rocques, Estampes et aultres en nombre de trois cens chevaulx, le sieur comte de Carces, sieur Dampus, premier consul d'Aix, environ trois ou quatre cens chevaulx y seroient allés pour garder telle venue, et auroient moyenné que Borbon ny Tarascon tenants pour la Vallete refuseroient les portes au dict Roques et Estampes et à sa troupe, les quels cuydant entrer et estant refusés à Tarascon, le dict sieur comte de Carces, Dampus, les auroient assaillis, à tant que le dict Roques, Estampes et altres seroient tombés en effroy et tout y est demeuré : le dict Roques s'est noyé au Rosne, Estampes prisonnier, le lieutenant de la Vallete mort, et aultres, et y a eu une belle prinse, loué soit Dieu; comme aussi a esté deffaicte l'armée du Roy de Navarre, comme on dict, et a esté faicte procession générale et dict *Te Deum laudamus*.

Le jeudy 19 octobre 1589, la Saincte-Baume a esté prinse par les gens du sieur de Vins, comme aussy Digne.

Le dict jour, le sieur de Vins est allé à Nice prendre les forces du prince de Savoye, et le sieur Dampus est allé à Digne.

Le jour de Sainct-Simon, 28 du dict moys, à Marseille, ont faict les Consuls, comme est de coutume.

Le lendemain a esté faicte entre eux une sédition, qui crioient hors savoyars, et ont tué le Premier Consul qu'estoit en fin de son année, apellé Albertas, sieur de Villecroze, frère de la femme du feu sieur président de Trez, et ont emprisonné les aultres, prétendants qu'ils vouloient faire entrer ceulx de Savoye au dict Marseille.

Seignon, Sainct-Martin, Cucuron se sont remis au sieur de Vins et à la Court, et on deffaict ceulx du sieur de la Vallete.

Le huitième novembre, nouvelles que le sieur de Vins a prins Grasse, ains le 23 sont venues nouvelles que le sieur de Vins est mort en assistant l'artillerie à Grasse.

Le dict jour, nouvelles que le Roy de Navarre estait assiégé à Diepe, et qu'estoit mort à la brêche, et le sieur de Mayenne y estoit entré et a tout tué, non vray.

Le samedy 9 novembre, entendant M. Dampus, premier consul d'Aix, que le sieur de Montmorancy mandoit quinze cens hommes de pied et deux cens chevaulx pour secours à la Vallete, c'estant le dict Montmorancy saisy de Tarascon, sous prétexte de vouloir commander la Provence, comme Maréchal de France, icelluy sieur Dampus, accompagné de trois cens chevaulx, le seroit allé attendre à Lambesc et Mallemort.

Et le samedy, feste de Sainct-Martin, 11 du dict moys, ayant le dict sieur Dampus faict embuscade entre Mallemort et la Roque d'Antheron, voyant venir l'ennemy qu'auroit passé la rivière de Durance, le dict sieur Dampus les auroit attaqué sur le midy et le combat auroit duré cinq heures, tellement que les gens du dict Montmorancy seroient esté mis en desroute, et en seroient demurés à la place que noyés de mil hommes ou environ, et de la part du dict sieur Dampus trente ou quarante, dont le dict sieur Dampus, le sieur de la Barben, le lieutenant sieur de Paris y sont esté blessés, et le lundy 13, le dict sieur Dampus est arrivé dans une litière avec sept enseignes prises aux ennemys, et huit que seroient esté mandées quatre en Avignon et les Italiens en ont eu quatre, font quinze.

Le sieur Dampus est allé droit à l'église où a esté dict un *Te Deum laudamus*, et les enseignes mises au grand hôtel de la dicte église Sainct-Saulveur, et le dict sieur Dampus blessé y a assisté avec le sieur de Bezaudun son frère et le sieur Panisse, et le lendemain, 14 du dict moys, fust faicte procession générale y assistant la Court, MM. les Consuls, et y avoit sept enseignes et trompetes prinses à l'ennemy, et a esté faict le soir grand feu de joye, tous les cartiers en armes, et tiré l'artillerie.

Le dimanche 12 novembre, en l'église de Sainct-Saulveur, a esté dict *Te Deum laudamus*. M. Mata a leu l'arrest faict le 5ᵉ du dict moys par le président Carreolis à Pertuys, mandant obéir au Roy de Navarre, révoquant l'arrest de Parlement d'Aix, avec inhibition de n'obéir au sieur de Vins, ny bailher entrée aux gens du Prince de Savoye, employés par ayde, et après ceux sont allés à Manosque tenir leur Court, dequoy le peuple est arrivé ne voulant obéir à un Roy hérétique.

Du vendredy 17 novembre, a esté tenu conseil délibéré de rompre les maisons qui touchent les murailles de la ville jusques à plain pied des maisons.

Le dimanche 19, M. Mata a faict sermon touchant la victoire faicte auprez de Mallemort, et que les enseignes sont en l'église, à l'imitation de ce que faisaient les anciens, et qu'il falloit abatre une maison pour faire une chapelle de sainct Martin, en mémoire que le dict jour sainct Martin, fut bailhée victoire.

Le 23 novembre 1589, nouvelles vrayes du sieur de Vins, mort en afustant l'artillerie au devant Grace, tué d'un coup de mousquet. Le dimanche, 29 du dict moys, M. Mata a faict entendre le décedz du dict sieur, avec grande complainte. Le mardy, 28 du dict moys, toutes les églises de cette ville d'Aix ont faict les funérailles et prières du dict sieur avec grande solemnité, et à l'église Sainct-Saulveur y estoient MM. les Consuls et grand peuple, ceux qui faisoient l'office avoient les ornements royaulx. Le jeudy 22 février 1590, on a porté le corps du dict sieur de Vins dans l'église des Carmes, et les pénitents blancs et tous les couvents sont allés au dict et à Sainct-Lazare.

Le dict jour fut prins le juge des Mées, Donary et aultres, allant à Allenc, au proche de Sainct-Cannat, en nombre de quatre, par ceulx de la Vallete, et menés à Rognes.

Le 29 novembre, ont mené capitaine Romany prisonnier, qui avoit fait beaucoup de mal, et l'ont mis en prison dans le palais, et estoit capitaine de la Vallete, et du mercredy 20 décembre, le dict Romany, par arrest a esté tranché la teste, et son bien confisqué.

Le mercredy 6 décembre, le camp, conduit par le sieur Dampus avec trois canons, sont allés à Trez, tenu par la Vallete, et se sont retournés avec les dits canons sans rien faire.

Le jeudy 22 décembre, le vice-légat d'Avignon est arrivé en ceste ville d'Aix, mandé de Notre Sainct-Père le Pape, pour pacifier, comme on dict, mais ce n'estoit que pour sçavoir la volonté de la Court, à ce que l'Eglise Catholique Romaine soit maintenue; et ayant eu réponse, le lendemain s'en est retourné.

Le tiers jour des fêtes de Noël, 27 décembre 1589, a tombé neige que le froid et pluye a duré jusques au 17 janvier 1590, jour de Sainct-Antoine, que le soleil s'est appareu, et a faict beau temps, et les gens de guerre n'ont pas peu camper.

1590. En l'an 1590 et le 5 janvier, le camp qu'estoit à Grace, conduit par le feu sieur de Vins, et après son décéds par capitaine Beaumont, et après par capitaine Agar, conseiller en la Court, commissaire à ce député, est venu en ceste ville d'Aix, avec les compagnies étrangères du sieur Prince de Savoye, le tout faisoit de neuf cents montés et le reste à pied, environ dix mil hommes, estant aparent chef M. le comte de Carces au lieu du sieur de Vins.

Le sieur de la Vallete est allé à Digne pour s'en saisir, a esté suivy du dict comte de Carces avec six cents chevaulx.

Le dict de la Vallete s'est osté au-devant Digne, et est venu à Manosque.

Le dict sieur comte de Carces s'en est retourné pour aller saisir Trez, tenu par la Vallete, et deux jours après l'ont délaissé et désamparé.

Le mercredy 10 janvier, à Marseille, y a eu sédition entre eux ; car s'estant remis dans la ville le sieur de Penes, Villages, Davene et aultres tenants le party du sieur de la Vallete, auroient assemblé gens allant par ville, criants hors hérétiques et savoyars, et auroient tué deux prétendants estre du party contre, et les Consuls ayant assemblés gens contre les sus dicts. Le sieur de Penes a esté mis en prison, et les aultres s'en sont fuys, et la Court y a mandé commissaires, sçavoir M. Piollenc, président et sept conseillers, lesquels par leur arrest du jeudy premier mars au dict an, ont condamné plusieurs, même trois ont esté pandus et ont esté exécutés le dict jour, hormis un en luy mettant la corde au col est échapé.

Le mardy 17 janvier 1590, sont venues nouvelles que le sieur de Bricamand et aultres de Forcalquier tenants pour la Vallete, sont allés pour prendre par force et entrer dans le lieu de Cuers, et avec les petards et ayant icelluy mis, après l'avoir faict tirer, sont sortis les gens de Sainct-Evêque estant au dict lieu et ont tué le dict Bricamand, dix ou douze dudit Forcalquier, et aultres.

Le 20 janvier 1590, tout le camp, sous les mains de la Court, estant commissaires MM. Soumat et Agar conseillers, estant chef le sieur comte de Carces, sont allés à Sellon avec cinq canons, ont assiégé et tiré contre le dict lieu, et après estre entré à la bourgade et d'illec battu la ville et chasteau, mais entendant le secours de la Vallete venir, et enfin que les volontés ne prissent aulcun mal, estant au nombre de trois ou quatre mille, le camp a désemparé du dit Sellon, l'artillerie mise à Saint-Chamas, du premier fevrier 1590. Aussy Berre a failli d'estre prins par la faute du sieur Saint-Marc, comme on dict, et capitaine Nadan y a esté blessé, et depuis remis l'artillerie à Aix.

Le dict jour premier fevrier, Montaud, pour le dict Vallete, passoit auprès d'Aix avec deux cent chevaulx et gens à pied, allant pour secourir Sellon ou avitailler Berre, a tué et blessé quelques pauvres gens travailleurs, et aultres sont menés à Rognes avec leur bestail.

Du dict jour, venant la compagnie du feu sieur de Vins, chef le sieur de Lamanon, ont rencontré M. Buysson et aultres du sieur de la Vallete, lequel Buysson a esté tué et un sieur de Nepere du dict Vallete, Martin de la Bastide at aultres.

Du dimanche 3 février, allant le sieur de la Vallete avec quatre cent chevaulx, le sieur Dampus et sieur Alexandre de Vitelle, entre Pelissane et Sellon, les ont battus et tué cinquante de l'avant-garde du dict Vallete et de ses gendarmes, et ont osté le butin qu'ils menoient.

Du vendredy 10e fevrier, fust tenu conseil pour emprunter bled, et commis gens pour déclarer qui sont bigarras ou suspects pour les mettre en un lieu séparé et aller prendre le bled au chasteau de Saint-Marc, lequel on disoit qu'estoit cause que Berre ne s'estoit prins.

Notre Sainct-Père le Pape a mandé un jubilé durant quinze jours pour prier Dieu et faire ses pasque, afin d'avoir paix, ce qui a esté faict par la plupart d'Aix, et a fini le dimanche 18 du dict mois, et durant le temps après à tenir le précieux corps de Notre-Seigneur aux églises, tellement qu'on n'a point faict de carême prenant, ains le peuple a esté en grande dévotion.

Le 22 février, les députés qui sont le sieur évêque de Riez, le sieur Dampus, procureur du pays, Maître Bourrillon pour la Noblesse, Mossa et aultres sont des partis et allés vers le Prince et Duc de Savoye.

Le dict jour trouvant les enfants de la ville qu'un italien, ingénieur faisoit trasse au-dessus de Sainct-Estropy pour faire une citadelle, a esté le tout rompu y ayant eu grande altercation.

Et pour pacifier le tout on a faict enroller cent hommes sous la charge de chaque capitaine de la ville; qu'ils sont cinq compagnies tous payés de doublons d'Espagne de la petite croix valant quatre escus et demi la pièce pour la garde de la ville d'Aix, et se seroient mis en armes dans la Court par arrest du 25 février 1590, a faict inhibitions de ne prendre les armes sans son authorité, et se sont retirés.

Le jeudy premier mars 1590, a esté tenu conseil sur un extrait de l'édict vérifié par les conseillers estant à Manosque, faict, comme dict le Roy de Navarre, que pardonné à tous tenants contre luy en se retirant dans six semaines, aultrement déclarés rebelles, lequel extrait estoit mandé par Bonfils, lieutenant, délibère de faire bouter tel édit, continuer la vente des biens des Bigarrats absents, faire revenir le prince de Savoye, et continuer les fossés sans citadelle; et du dimanche 4 mars, M. Mata a publié monitoire faict à la requête de M. l'advocat général pour reveller les biens des Bigarrats absents.

Le dict jour, entre Chasteau Reynard et Noves, les compagnies du sieur de Pons et du sieur de la Barben ont combattu les gens du sieur de la Vallete, et a esté tué et deffaict environ soixante de ceulx de la Vallete, tant à cheval que gens à pied.

Le dict jour sont venues nouvelles d'une grande bataille baillée en France, et que le Roy de Navarre se disant Roy de France, succédant après le Roy Henry mort, a esté coupé en pièces avec le comte de Soysson, fils du prince de Condé, et y sont morts environ quinze mille hommes d'un côté et d'aultre, et la victoire est demeurée au sieur de Mayenne.

Et du samedy 10 mars, frère Carbonassy prêchant le Caresme à l'église Saint-Saulveur a déclaré la mort dudit Roy de Navarre, confirmée par aultres nouvelles que sont véritables au moyen d'une autre bataille donnée le 14 dudit mois.

Le jeudy 15 du dict mois, a esté faicte une sédition populaire que aulcuns gardoient le palais, y estant Messieurs assemblés, tous estants catholiques disant vouloir soutenir la Court, seroit que le sieur de Meyrargues, avec quelques troupes de gens catholiques, et M. Soumat sieur du Castelar, plus aulcuns conseillers avec le consul Danize et plusieurs de la ville, ont faict mettre deux canons à la place des Prêcheurs pour tirer contre le palais, et ont mis feu à la porte du dict palais, et sont entrés en grande faveur, dont ceux qui y estoient ont eu assez affaire se saulver, ayant esté mis en prison Maître Vinety, procureur au siège, capitaine Estacy, Langlois, Boyer, lesquels par arrest du 29 du dict mois sont esté condamnés en gallères, et ont faict amende honorable, le procureur Bonfils, Jancelme et aultres sont fuitifs, et par le dict arrest est porté de les poursuivre, et a esté tué capitaine Bastin, blessé capitaine Fanchon, l'huissier Tempe et le fils capitaine Beraud, et deux jours après ledit Fanchon et Beraud sont morts, et du lendemain sont esté mis en prison plusieurs de la ville qu'on doutoit; on disait la question estre advenue parce que M. Dincistellar auroit eu question avec les sieurs de Tourtour et Chasteauneuf, conseillers. Le jour auparavant, dans la chambre, et que les uns vouloient la dame comtesse de Sault, les aultres le sieur comte de Carces, cependant tout va mal.

Et du lendemain 16 du dict mois, a esté mis en prison M. Agar, M. Tourtour, M. Chasteauneuf et M. Désidéry disant qu'ils estoient cause de sédition pour avoir mis garnison au palais, et que c'estoit trahison qu'ils vouloient faire.

Du lundy 19 mars, Peyrolle tenu par la Vallette a esté reprins par escallade par le sieur de Meyrargues. et la compagnie du capitaine Bomparis et plusieurs aultres de la Vallete se sont noyés en Durence.

Le 27 mars, le sieur Dampus, premier consul, et le sieur de Lagremuze sont arrivés l'un du prince de Savoye et l'autre de Paris, le dict sieur Dampus dit que Son Altesse viendra avec trois mil hommes à cheval et à pied; et à Pâques, le dict Lagremuze a porté édict pour faire vendre les fruits et meubles de ceulx qui suivent le Roy de Navarre, sans briser les maisons fors de ceulx qui le tenoient par force.

Le 29 mars 1590, les dictes lettres sont esté publiées en audience, et l'arrest contre Maître Vinely, procureur, capitaine Facy, l'Anglois, capitaine Boyer et son frère, lesquels sont condamnés en gallères perpétuellement, et on faict amende honorable avec une torche ardente, teste et pieds nuds, le quel arrest dict de poursuivre les absents, sçavoir le procureur Bonfils, capitaine Nandy, Jacques Jancelme et aultres.

Le 3e avril au dict an 1590, nouvelles du combat de deux armées de France au-devant Dreux, et défaicte qu'on dit de l'infanterie du sieur Duc de Mayenne, et défaicte de la cavalerie du Roy de Navarre, le quel Roy de Navarre, prince de Condé et aultres y sont morts, comme on dit la victoire demeure au Duc de Mayenne, et la bataille fust donnée le 14 mars au dict an.

Le dict jour sont esté mis dans l'archevesché les sieurs présidents, conseillers, advocats et bourgois qu'on dit Bigarras, pour prison, sçavoir M. Chaine, président, M. Aymar, M. Thoron, la Coste, conseillers, Dufort, advocat.

Le vendredy 6 avril, le sieur Dampus, entendant que le régiment de Chambaud pour la Vallete estait à Sainte-Tulle, il y seroit allé avec ses gens et les a combattus à tant que par le vouloir de Dieu, le dict sieur Dampus a eu victoire contre eux, et a prins cinq enseignes et les gens d'environ trois cents en partie tués et les aultres prisonniers.

Le dimanche, 8e du dict mois, le dict sieur Dampus est arrivé à l'église de Saint-Saulveur où a esté dict un *Te Deum laudamus*, et a laissé les dictes cinq enseignes à la dicte église, lesquelles n'ont point de croix, montrant qu'estoient hérétiques, lesquels estoient venus des Cevèdes et disoient qu'ils se vouloient aller joindre avec la Vallette à Thollon. Le chevalier de Monmeyan et aultres du sieur Dampus, environ vingt-cinq y sont morts, et si le dict Chambaud y fust esté, seroit esté prins, comme les aultres. Le samedy 14 du dict mois, a esté fustigé sept des dicts soldats de chambaud.

Le mardy 17 avril, pour ce qu'il y avoit un Demont Laur, de Marseille, accusé de trahison, condamné par le lieutenant à mort, lequel estoit appelant, et ne l'ayant voulu mener à Aix, la Court y seroit allée, ayant faict au péralable arrest que M. Piolenc, président estant à Marseille, n'assisteroit au jugement, et lendemain, par arrest, a esté pendu au dict Marseille et son bien confisqué, qui valoit environ vingt mil escus. M. Soumat préside.

Le 18 du dict mois, suivant le commandement faict, ceulx qui estoient à l'éresché sortir hors d'Aix, M. Chaisne, président, est allé au Chasteau d'If, du quel capitaine Bausset, son beau-père, estoit gouverneur, M. de Sainct-Jean, président, est allé en Avignon, et M. Aymar, ses enfants y sont allés aussy, et M. de la Corse.

Le mardy 24 avril, le sieur Dampus est allé assiéger Saulvecane avec deux doubles canons, et ceulx de la Vallete se sont rendus à discrétion.

Le 26 du dict mois, et pour doute qu'on disoit y avoir la peste, les ont mis dans une hôtellerie, et après les ont tués ou noyés à Durence, environ trente.

Le jeudy 26 avril est arrivé six charges de doublons mandés par Son Altesse, conduits par le sieur Dise et le général de l'artillerie de Son Altesse : on dict y avoir quatre-vingt mil escus.

Le dict jour sont venues nouvelles de la prise du sieur colonel Alphonse et aultres au-devant Vienne.

Le dimanche sixième may, on a sortis cinq gros canons d'Aix.

Le camp s'est assemblé allant à Riez, comme on dict, chef M. Dampus, et au lieu de Riez sont allés à Barjols.

Le lundy 7 du dict mois, on a mené à Meyrueil les sieurs

conseiller Agar, Chasteauneuf, Désidéry et Tourtour, gardés par compagnies de gens de guerres.

Le dict jour sont arrivés cent cinquante mulets chargés de munitions pour l'artillerie venant de Son Altesse.

Le dimanche 13 du dict mois de may, après avoir tiré cent cinquante coups de canon contre Barjols sont venus en composition moyennant trente mil escus, et le camp est entré dedans Barjols, et lendemain les soldats de Vallete, en sortant, sont esté tués environ 400 après Aups, Lorgues, Pignan et aultres lieux de l'environ se sont remis en l'obéissance de la Court, et le camp est allé devant Brignolle.

Le mardy 29 may 1590, on a tué M. d'Estampe, qu'estoit prisonnier de guerre de la Vallete, prins par le sieur Dampus à Tarascon, on dict qu'avoit payé sa rançon, et M. de Bezaudun l'a tué et luy a donné le premier coup à la place des Prêcheurs, et a esté parachevé par plusieurs aultres : on dict que c'est pour question de paillardise.

Le camp ayant demeuré au Val près Brignolle, environ quinze jours s'est départy, et est allé au Luc, et icelluy prins par force, et tous ceulx de l'ennemy tués sans suport, et Rougnes s'est rendu, et aussy Draguignan.

Le 6e juin 1590 sont arrivées aux isles de Marseille dix-sept galères du Roy d'Espagne, chargées de gens, or et argent pour secourir le Duc de Mayenne en France, la Provence et le Daulphiné.

Pluye qu'a continuée depuys le départ du camp, 7e may, jusqu'au dix de juin, jour de la Pentecoste, lequel jour a faict si grands tonnerres et tombés grande quantité de gresle et pluye qui estoit insuportable.

Le vendredy 10 juin 1590, par arrest, trois qui se trouvèrent à Rougnes pour la Vallete et brigardèrent, par arrest, celuy qu'estoit de Rougnes, fils d'un teysseur de toile, a esté pendu, et les aultres fustigés et condamnés en galère.

Le dict jour, nouvelles que le dict Panisse a deffaict et tué environ vingt ou vingt-cinq du sieur de la Vallete, gendarmes, qu'estoient le reste de la compagnie du sieur d'Estampe.

Le dict jour, nouvelles que le sieur de la Barben a déffaict et tué neuf ou dix soldats de la Vallete, venants de Berre.

Le samedy 16 juin, le sieur de la Bouvoye, de Fayence, prins au dict lieu, tenant pour la Vallete, et mené au dict Aix prisonnier, a esté, par arrest de la Court, condamné la teste tranchée, et a esté exécuté le dict jour.

Le dict jour, arrest de saisie sur les fonds et rentes des absens du barreau.

Le lundy 18 juin, nouvelles que le sieur de la Vallete s'est mis en campagne et a prins Peyrueis et Montagnac, et auroit trois pièces d'artillerie mise dans Riez, et ses compagnons estoient Lesdiguières, Gouvernet, Blacon, bref, tous les hérétiques du Daulphiné et Languedoc, et est allé vers Thoulon assiéger Solliers.

Notre camp suit toujours de près le camp de la Vallete, et notre artillerie a esté mise à Forcalquier.

Les dits camps sont forts et craignant venir au combat.

Le jeudy 29 juin, le sieur d'Istre, prisonnier à la maison du sieur de Vins, s'est saulvé par un trou et avec cordes est descendu des murailles, et est allé au Puech.

Le samedy 7e juillet 1590, sont venues nouvelles que le sieur Doize conduisant trente ou quarante maîtrés entre Vidauban et Pignan, seroit esté rencontré par le sieur de Buous, le sieur de Ponet conduisant semblable troupe de la Vallete, et se sont entrebatus, le dict sieur de Ponet mort, et de l'aultre part capitaine Teissier mort et quelques blessés.

Le dict jour a esté découverte et déclarée par Messire Adam, prestre, qui se fegnoit estre du party de la Vallete, une terrible trahison prompte à exécuter, conduite par M. François Reynaud, advocat en la Court, fils du conseiller Reynaud, lequel avoit entreprins faire une mine à la maison du feu cabiscol, proche de la muraille de la ville, et le jour d'exécution se devoit faire desseins dans la ville, et mettre feu aux bleds estant dans la dicte ville et dehors, et les ennemys devoient entrer par la dicte mine, et mettre tout à feu et à sang, et par le vouloir de Dieu s'est trouvé de lettres, et celuy que les portoit a esté mis en prison.

Maître Reynaud le traicteur estoit en prison par debtes a esté ouy en confession la trahison et déclaré ses compagnons dont le dimanche Claude de Saint-Jacques, maître Rolluendy, adjoint, maître Maurelly, notaire Guillaume Lambert, et tous sont esté relaxés fors le dict Reynaud et Saint-Jacques et plusieurs aultres sont esté constitués prisonniers.

Le lundy 9 du dict mois de juillet, le dict maître Reynaud a esté condamné par arrest avoir la tête tranchée, cinq cents escus envers le dict maître Adam et son bien confisqué, et le dict jour a esté exécuté ayant esté gené, lequel avoit accusé le sieur de Saint-Jean président, et aulcuns religieux des capucins, Maurelly et aultres, lesquels a deschargé, comme on dit, en l'exécutant à mort.

Le mardy 10 du dict mois, à Marseille, par arrest, a esté tranchée la tête à une dame de Bronges, et pandu trois pour avoir faict la fausse monnoye, et il y avoit aultres aussy condamnés et exécutés.

Le dict jour, ceux de la Vallete avoient assiégé Pignans et ayant faict brêche, auroit le dict Pignans enduré deux assauts, se seroient rendus au dict Vallete.

Le vendredy 13 juillet 1590, Claude de Saint-Jacques, accusé par Reynaud de la trahison, a esté pandu par arrest de la Court, son bien confisqué, et n'a accusé que des grands de la Noblesse tenant le party contaire.

A esté faicte procession généralle le dimanche 15 du dict mois pour délivrance de la dicte trahison.

Le mardy 17 du dict mois, conseil général que maître Perriny a esté destitué de la procuration de la communauté d'Aix, et a esté mis en sa place maître Borrelon, procureur en la Court, comme sont esté déclarés par le dict Saint Jacques, et a esté délibéré qu'ils sortiroient d'Aix, et aultres suspects, et de l'entrée du sieur de Mons, conseiller, suyvant les lettres obtenues du sieur duc de Mayenne, a esté receu par la Court.

Nouvelles de la mort du Roy Charles, cardinal de Borbon, décédé de maladie par vieillesse.

Le vendredy 19 juillet, à cinq heures après midy, le sieur de Panisse, avec sa compagnie de gens d'armes et cinquante hommes à pied, sont allés à Trez, et entre Peynier et Trez, auprès de la bastide de Fouerit, ont rencontré environ cent cinquante de l'ennemy à cheval, estant chef M. de Bellot, environ minuit, lesquels se sont entrebatus de telle fureur que ledit sieur Panisse en a tué et blessé plus de cinquante, et ont amené trente-cinq chevaulx de l'ennemy et des prisonniers dont un d'iceux appellé Abram-David de Porcil a esté pandu par arrest de la Court, le lundy 22 du dict mois, et a accusé le fils du sieur de Porcil de la trahison qu'on vouloit faire à Aix, et on a prins sa servante que sçavoit le tout, et a esté accarée au dict Abam avant que l'exécuter.

Le sieur de Martinenc, avec quatre cent lanciers, et huit cent de pied mandés par Son Altesse, se sont joint avec le camp dressé par la Court, et du 25 juillet ont prins Signe, et les ennemys s'en sont fuys.

Le 5 aoust 1590, le camp a assiégé Saint-Maximin avec cinq canons, et du lundy 6 du dict mois, ont commencé de battre ayant auparavant le camp, faignoit ne aller à Trez, ceux de Saint-Maximin auroient fait sortie, desquels le sieur de Lamanon en a défait soixante ou quatre-vingt des dicts de Saint-Maximin, et du lundy 13 du dict mois, d'aultres venant un secours de six vingt hommes chargés de poudre et armés, mandé par la Vallette, venant de Trez, conduits par les capitaines Violete, Besson et un piémontois, pour entrer au dict Saint-

Maximin, venants du cartier que le comte Martinenc et piémontois gardoient, le dict secours a esté deffaict par le sieur Dampus et Lamanon, auprès du dict Saint-Maximin, ayant prins les poudres environ six ou sept quintaux et tué et pandu cent et plus du dict secours, le reste fuy à Trez.

Et du jeudy 16 du dict mois, ayant plu beaucoup, le dict Chambaud gardant Saint-Maximin, a fait sortir de ces gens sans armes de feu, et sont venus à la tranchée tuer des gens du camp, et ont prins quelques prisonniers qui estoient dans la dicte tranchée, le mercredy 22 dudict moys, le camp a délaissé Saint-Maximin; le 23 et 24 du dict mois, l'artillerie, monition, le comte de Martinenc, sieur Dampus et tous les gens de guerre sont arrivés en cette ville d'Aix.

Le dernier aoust 1590, la compagnie de M. de Suze, conduite par le mareschal de logis, M. de Beconne, joints avec M. de Cucuron, qui fit l'entreprinse, a défaict la compagnie du sieur de Cadenet entre Villelaure et Pertuys.

Le septième septembre 1590, le sieur Combe, Martinenc et aultres sont allés faire le dégast des vignes de Sellon et de Berre.

Le dixième septembre au dict an, la chambre des vaccations, en audience, a condamné capitaine de Camps rendre le bestail qu'il avoit prins à un de Saint-Maximin, fait inhibition à tous gens de guerre de ne prendre le bestail de qui que ce soit, à peine de mort.

Nouvelles que le 24 aoust 1590 y a deffaite en France contre le Roy de Navarre, et mort 12,000 hommes, et que y est mort plusieurs Princes et Mareschaux, même le mareschal du Mont qu'avoit tué le Duc de Guise, le Roy de Navarre retiré à ses troupes blessés, et la ville de Paris qu'estoit assiégée y avoit six mois, vivant de chair de chevaulx et en grande extrémité de vivres, a esté délivrée par le siège de Navarre osté et levé.

Aultre nouvelle que le 27 du dict mois d'aoust, Nostre Saint Père le Pape Grégoire est décédé.

Du dict mois et de septembre, la contagion et peste estant à Rougne, au Puy, Aups, et aux environs d'Aix, enfin plusieurs d'Aix en sont esté atteints, même la maison de M. Jorna, advocat en la Court, et M. Murot Mazargues dont le dict Murot est mort.

Le 26 septembre 1590, estant à sa bastide, et au moyen de ce, le 27 du dict mois, a esté ordonné par le bureau que nul ne se changera des maisons.

Le 29 septembre 1590, a esté créé et faict les Consuls d'Aix, le sieur de la Fare, capitaine Fabrot, capitaine Anzac, accesseur M. Barcillon, trésorier Antoine Beaufort, marchand.

Nouvelles de la création du Pape nommé Castagne, et aultrement appellé Paulus Quintus, et huit jours après est décédé.

Le 5 octobre 1590, les sieurs de Castellar, Spagnet, conseillers et commissaires, le sieur Evesque de Riez, MM. les Consuls, Seguiran, Danize, l'accesseur Guiran, capitaine Martinenc et toutes les compagnies de gens de guerre à cheval, sont allés querrir Son Altesse.

Le 6 du dict mois, la compagnie du sieur Dampus estant à Rians est allée auprès de Riez et a prins butin de bestail, et ayant passé le pont de Quinson, le sieur de Noronte estant gens à pied et à cheval du party de la Vallete, venants de Riez, ont combatu, et la dicte compagnie du dict sieur Dampus a deffaict l'aultre.

Le mercredy 16 octobre, le sieur Panisse estant en garnison à Sault, allant voir l'ennemy près de Montbrun, a esté deffaict et sa compagnie, et le dict sieur Panisse y a esté tué et dix ou douze de ses gens.

Le 22 octobre 1590. Nouvelles de la deffaite du Roy de Navarre et ses gens qui sont fuis en Normandie, et par ce Paris estant délivré, on dit que le Roy de Navarre ayant déclaré vouloir vivre à l'hèresie, plusieurs Princes et gens catholiques l'ont délaissé et se sont retirés au duc de Mayenne, et duc de

Palme, et voyant l'armée estre grande, ledit Navarre et aulcuns de ces gens se sont retirés d'effroy.

Le dict jour 28 octobre 1590. Arrest d'un de Peylobier qu'avoit obtenu lettres d'appel addressantes au lieutenant Bonfils, au siège de Pertuys, en audience les lettres sont esté déchirées, et le dict lieutenant ordonne seroit pris au corps, et le greffier de Peylobier qui avoit obtenu les dictes lettres adjourné en personne.

Le 23 octobre 1590, le sieur Dampus est allé à Trez et s'est battu avec la compagnie du capitaine Boyer et tenant le party de la Vallete, et en a esté tué sept ou huit et prins de chevaulx du dict Boyer, et le chevallier du Biosc de la part du dict sieur Dampus y a esté blessé.

Nota que le jour de tous les Saints, les Consuls n'ont prins le chaperon, parce que le sieur de la Fare, premier consul et accesseur sont avec l'Altesse, et le vendredy 9 novembre 1590, M. Fabric et capitaine Auzac, consuls ont juré et tous les conseillers et moy aussi comme conseiller, et a esté délibéré que les privés du chaperon seront oustés, et que par aprez y aura estimateurs des honneurs qui seront aux Consuls qui sortiront de charge.

Le 16 du dict mois, M. de la Fare, premier consul, et M. Barcillon sont arrivés et ont prêté le serment et ont prins le chaperon de consul.

Le dimanche 18 novembre 1590, le prince de Savoye dit l'Altesse est arrivé à Aix et a faict son entrée, ou tous les cartiers y sont allés au devant, MM. les Consuls, court de Parlement, court des Comptes avec cinq cents enfans crians Vive la Messe et l'Altesse, y avoit deux cents mulets devant portant l'artillerie de Son Altesse, deux mille gendarmes tant siens que du pays, vingt-cinq pages habillés jaune, cinquante gentilshommes habillés de cazaques de velours bordées de passemens d'or; après venoit un page portant un haume d'argent, le dict sieur venoit après les timbres et timbales, monté sur un cheval blanc, la cazaque satin blanc garni d'argent, grands panaches blancs, un chapeau garny d'une couronne de perles; après venoit la Court, son advant garde estoit de cent suisses jaunes et violet et cents potentats tous jaunes, est entré par la porte des Augustins, y avoit une belle entrée de plusieurs histoires et de quatre planètes et ayant deux hommes et deux femmes, Jupiter et Mars et quatre Pyramides fort hautes.

Au horrologe et à Saint-Sauveur autre entrée ; M. d'Aix et M. de Riez et chanoines l'ont receu à la dicte église comme en procession, ayant les habits d'archevesque et évesque, avec toute la musique, orgues, et de là est allé à l'archevesché ou a a faict son logis, tout garny de draps d'or et d'argent, bref a esté faict toute solemnité requise à un Prince, lequel en venant en cette ville a prins Monts par force et en a fait pendre douze et vingt-cinq en galère, et pour éviter le saccage Monts a payé vingt mil escus. Plus a prins Torretes avec huit cent charges de bled, et a faict démolir les chasteaux lesquels tenoient pour la Vallete, n'a pas Son Altesse voulu aller au-dessous du paly, ains est allé après disant qu'apartenoit à Dieu ou au Roy catholic.

Monsieur Dufort luy a déclaré l'entrée, et l'a faite jouer devant l'Altesse en six personnages.

Le vendredy 23 novembre 1590, le dict Altesse est au palais et assis à main droite de la Court en audience, estant la Court en robbe rouge, ayant prononcé l'arrest que le dict Altesse est gouverneur commandant en Provence pour la couronne de France, présidoit M. du Castellar; après a esté plaidé que les Anglois avoient prins un navire de Provence et demandoient représailles ; et sur ce les parties ont été apointées à escrire et à droit. Le dict Altesse estoit habillé de satin blanc, en un raban violet semé d'or et perles et diamans, son cheval de même suivy de grande noblesse, et a esté publié au siège.

Le dimanche 25 novembre, l'Altesse a fait baptiser le fils de M. Rabasse qui estoit auparavant accesseur, avec la dame Comtesse de Sault, en l'église de Saint-Sauveur, où a esté faicte grande solemnité.

Le lundy 26 du dict mois, Rougnes s'est randu, et l'Altesse a baillé une compagnie de cavalerie à M. Salles, gouverneur de Rougnes, qui avoit toujours tenu pour la Vallete, et les deffences du chasteau sont esté démolies.

Le vingt-septième, l'Altesse a faict bloquer Sellon et faict conduire les pièces d'artillerie, a dressé son camp et faict ses offices, le sieur comte Martinenc, général de l'armée ; le sieur de Bezaudun, maître de camp ; le sieur Dampus, colonel de l'infanterie ; M. de Meyrargues, grand maître de l'artillerie, M. Doize, commandant au cartier de Draguignan ; MM. Guirans, Fabrèque et Rabasse retenus pour conseil à Son Altesse.

Le 28, a fait règlement sur l'art militaire, de ne nier Dieu, dérober, violer, les soldats de ne laisser leurs capitaines, que les compagnies seront complétées, et a esté crié à trois trompetes par toute la ville.

Son Altesse et tout son train est departy d'Aix le vendredy, jour de Saint-André, dernier novembre 1590, est allé à Pellissane, qu'est une lieue proche Sellon. et d'illec est allé à Sellon avec le camp.

Le samedy et dimanche, premier et 2 décembre, le camp a fait ses aproches du dict Sellon avec 12 pièces de gros canons, ceulx de Sellon sont sortis avec fureur et ont endommagé le camp, lequel les a rembarrés.

Le lundy 3 décembre, les canons ont batu la bourgade de Sellon, et le dict jour, à deux heures du matin, le camp est entré en la dicte bourgade, et le dict jour, sur le soir, Sellon s'est rendu à composition, parce que, par le vouloir de Dieu, quarante canes de muraille de la ville sont tombés par terre sans les toucher, le sieur de Meyrargues est gouverneur à présent du dict Sellon.

Le mercredy 5 décembre, ceulx de la Vallete tenants Trez, sont allés prendre butin à Rians, et les gens du dict Rians sont sortis et ont reprins leur butin, et tué cinq, et prins prisonniers deux ou trois du dict Vallete.

Le jeudy 6, le camp est allé de Sellon à Miramas, et ceulx de Miramas, après avoir fait sortie et endommagé ceulx du camp, ne pouvant résister aux forces du dict camp, le samedy, jour de Notre-Dame, 8e du dict mois, s'est rendu à Son Altesse par composition.

Le dixième décembre 1590, le camp est allé vers Pertuys et a passé auprès de Cadenet avec douze canons, est tout arrivé au dict Pertuys le 13 décembre 1590, et l'Altesse a suivy.

Le 11 du dict mois, M. Dampus a prins la Tour-d'Aigues.

Le 13 décembre 1590. Délibération du conseil de suplier l'Altesse de ne accorder rien aux gentilshommes tenans le party contraire, comme est le sieur Cadenet, sieur de Gramboy et aultres, ains de faire exécuter contre iceulx les arrests de la Court, a esté députté sur ce M. le consul Auzac, accompagné des plus aparents de la ville, pour faire un don à Son Altesse de deux mulets chargés.

Le 14 du dict mois, les dits députés sont despartis d'Aix et allés trouver l'Altesse au camp.

La ville d'Apt et la Bastide des Jourdans rendus à Son Altesse.

Le 17 décembre 1590, Son Altesse faisoit semblant de batre Pertuys, a faict passer les canons et en a mis six au dict Gramboys avec le camp, et après avoir fait tirer trois ou quatre cens coups de canon et baillé quelques assauts ; enfin le samedy 22 du dict mois, le camp de Son Altesse y est entré, s'estant les aultres sauvés de nuit, le lieu a esté saccagé et le sieur de Gramboy prisonnier, et la veille de Noel en a fait pandre six.

Nouvelles que du dict mois a esté créé un Pape nommé Grégoire XIV, lequel quelques jours après est décédé.

1591. Le 3 janvier 1591, grande neige et grand froid, et ayant l'Altesse mis le camp au dict Pertuys avec douze canons prets à tirer, au moyen du froid et gelées on a esté contraint laisser Pertuys et metre le camp par garnisons, et y est mort de froid environ mil soldats que gendarmes.

Le lundy 7 janvier 1591, ayant le sieur Dampus intelligence pour entrer à Tarascon au moyen de quelques jacobins et aultres, le sieur y seroit allé avec sa troupe, et le mardy au soir, ayant ceulx de la ville descouvert l'entreprinse et prins de ceulx qui en estoient cause, et faict déclarer les signes qu'ils devoient faire eux ayant aposte deux ou trois cens mousquetaires, auroient fait les signes que les aultres devoient faire, et ledict sieur Dampus y seroit allé, lequel seroit esté frapé de coups de mousquet, dont il en seroit mort, dans Tarascon, ayant fait comme on dit son testament, et a esté trouvé cinquante ou soixante mil escus qu'il avoit gagné à cette guerre dans deux ou trois ans.

Le samedy, douzième du dict mois, l'Altesse est arrivée en cette ville d'Aix.

Ceulx de Pertuys ont donné sur la queue et ont prins environ quarante chevaulx de charrettes et des prisonniers.

Nouvelles comme Lesdiguières avoit prins Grenoble, et depuis aultres nouvelles que a esté reprins par le sieur Amédée, frère de l'Altesse.

Ayant l'Altesse nouvelles que Gouvernet descendoit et que les pièces d'artillerie estoient à Gramboy, le dict sieur, du vendredy 18 du dict mois, il seroit allé à la Tour-d'Aigues, et a faict passer les pièces et sont à Peyrolles.

Du samedy 19 du dict mois, le frère du sieur de la Barben a esté tué auprès du Puech par les ennemys du dict Puech, à faute qu'il y estoit allé sans estre armé, et est mort d'un coup de pistolet, lequel conduisoit une compagnie de gendarmes.

Le lundy 21 janvier 1591, sont arrivées quatre pièces d'artillerie et l'Altesse y estoit toujours, et après sont arrivées jusques à douze pièces même à la place des Prescheurs.

I — 11

Le mardy 22 janvier 1591, jour de Saint-Vincent, en mémoire de la nativité de Son Altesse, et comme il a trente ans, a fait habiller trente pauvres enfants mâles, jeunes de dix à quinze ans, de cette ville d'Aix, de drap couleur violet, et leur a baillé une bourse au col avec un escu dedans, et est allé à l'église de Sainct-Saulveur d'Aix, les dicts enfants allant au devant, où a esté dite grande messe avec grandes cérémonies, et deux aultres venant, et Son Altesse estoit sous un paly, avec grande révérence luy faisant donner la paix, luy disoient l'Evangile, et quatre pages habillés de velours jaune, avec grandes frèzes blanches estoient au dict autel, faisoient grandes révérences, et Sa dicte Altesse a offert et donné quinze doublons d'or, et a donné à disner aux enfants, et le soir on a tiré toutes les pièces de l'artillerie, et on dit que c'est la coustume que autant d'années qu'il vivra autant habillera de pauvres, comme il a faict toujours, dont ayant baillé à un chacun le chapelet de patenostres noirs ayant la croix.

Le mercredy 23 du dict mois, Son Altesse a faict dire une grande messe à l'église Sainct-Saulveur, ayant fait assigner les Etats à la sale de l'Evesché, Son Altesse a faict la proposte, et le dict jour sont entrés aux Etats, au couvent des Prescheurs, à la coustume, et ont esté finis le 9 février 1591. Résolu que le siège de Brignolle viendra à Aix, celui de Forcalquier à Apt, la Cour des Comptes, conseillers du siège et enquesteurs abollis, et demander aux Etats Généraux les chasteaux rasés, et les sieurs ne les gardent.

Le dimanche, 27 du dict mois a esté tenu conseil de continuer les fossés faire sortir les femmes que leur mary est avec l'ennemy, avoir de bled pour éviter la famine, que Son Altesse sera franc de reve de vin.

Le mercrey 30 du dict mois de janvier 1591, à deux heures du matin, aulcuns sont allés mettre le pétard à la porte de l'estable du logis de la Magdeleine, couchée hors la porte Sainct-Jean, pour prendre les mulets de Son Altesse, et ayant rompu la porte, se sont saulvés pour avoir esté découverts.

Le lundy 4 février 1591, a esté prins deux capitaines venant du Languedoc, et entre autres le fils du capitaine Mazin, qu'on disoit voulant faire quelque trahison ou avoir soldats pour le Languedoc, sont esté mis prisonniers.

Le mardy, cinquième du dict mois, tenant la Court du sieur Lieutenant, a esté leu en jugement le pouvoir de M. Henry Rabasse, advocat en la Court, a un bail ce par Son Altesse, estant auditeur de son armée et l'artillerie, et a pouvoir de condamner à mort.

Le jeudy 14 et 15 février 1591, a esté tenu conseil et résolu fortifier la ville d'Aix, les 4 conseillers prisonniers seront gardés à Meirueille à leurs dépens, sera crié par les lieux voisins, ceux qui porteront bled au dict Aix auront un teston pour charge outre le prix, mander à Marseille de ne faire payer à ceulx d'Aix l'impôt qu'ils ont mis.

Le samedy, 16 du dict mois, Madame la Comtesse de Sault est allée à Marseille pour accommoder quelques différents d'importance, sous prétexte d'aller au mariage de la fille du capitaine Cazal, on disoit qu'aulcuns de Marseille avoient rompus à coup de pierre le faneau de la gallère de Son Altesse, et faict aultres excès.

Le lundy 18 février 1591, ceux de Marseille ont demeuré entre eux en guerre le dict jour et le lendemain, car le cartier de Cauxillon vouloit l'Altesse, et ceulx de Sainct-Jean au contraire, et y a eu de blessés et de morts.

Le mercredy 20, Me Darbon, procureur au siège, et Madame Martin sont décédés.

Le jeudy, 21 du dict mois, la dame Comtesse de Sault est départie de Marseille avec grand mescontentement et effroy qu'elle a eu au dict Marseille, et est arrivé au dict Aix, et incontinent après son départ, estant demeuré au dict Marseille, capitaine Cazal tenant le party de Son Altesse, se seroient entrebatus, ayant tiré les pièces d'artillerie contre ceulx du quartier de Sainct-Jean où il estoit assiégé, enfin le capitaine Cazal s'est rendu maître.

Le samedy, 23 du dict mois, la Court a député M. Flotte, Sainct-Marc, conseillers, et M. Laurens, adjudant général, lesquels sont allés au dict Marseille pour informer, et y a eu arrest contre maitre Grassery et aultres.

Arrest du dernier février 1591, donné par la Court des Comptes, par lequel est prohibé à tous thrésoriers et tailliers de prendre bestail aerrant.

Le vendredy premier mars 1591, ceulx de Trez sont venus à deux heures du matin bailler le pétard à Fouveau, où y avoit deux compagnies de cavalerie de Son Altesse, et y sont entrés et ont tout tué ou prins prisonniers et amené cinquante ou soixante chevaulx, dix ou douze mulets de la compagnie, estoit d'Albane, ayant faict grand butin, le tout amené à Trez, sans avoir faict aucun mal au dict lieu; on dit que aulcuns du dict lieu y tenoient la main et y estoient consentis.

Le dict jour, la dame comtesse de Sault est allée à Marseille voir si Son Altesse y seroit assuré.

Lendemain samedy 2 mars 1591, l'Altesse est allée au dict Marseille et y a esté bien receu, et de là s'en est allé en Espagne, on dict pour avoir de moyens et doit estre de retour dans un mois, M. de Fabrèque et M. de Créqui, fils de la dicte dame Comtesse, sont allés avec l'Altesse.

Le dict jour, à six heures de matin, a esté veu une comète au ciel ayant une longue lance sanglante tirant de levant au ponent, qui présage quelque grands cas des royaulmes.

Et sur le sère a esté vue une croix blanche tenant tout le ciel.

L'Altesse n'est party du Martegue avec deux galères pour aller en Espagne pour le mauvais temps, et sa demeure sur mer près la tour de Bouc a esté bonne, car a prins deux nefs chargées de trois ou quatre mil charges bled, mandées tant à Marseille qu'à Aix et aultres parts.

Le lundy 18 mars 1591, a esté dict un *Te Deum laudamus* à l'église Sainct-Saulveur, et toute l'artillerie estant à la place des Prescheurs, a tiré et a rompu toutes les vitres de M. de Perrier, de l'église des Prescheurs et aultres circumvoisins, et a esté faict pour la victoire de ce que le sieur Amédée, frère de Son Altesse, a deffait au Daulphiné huit ou neuf cens hommes de Lesdiguières.

Le 20 du dict mois, la femme du capitaine Berbinque de Trez, demeurant en ceste ville d'Aix, a faict cinq filles, se tenant à la maison rue Droite.

Le 25 du dict mois, une pauvre femme de Manosque, se tenant en cette ville d'Aix, à sa maison, a faict un enfant mort, ayant deux têtes, n'ayant point de cœur, ni foye.

Le 28 mars 1591, les troupes de l'Altesse sont allées à Berre cuydant le prendre par intelligence, mais y avoit contretrahison, et s'en sont retournés.

Le mardy 2 avril 1591, l'Altesse est allée en Espagne avec deux galères et doit estre de retour dans un mois. Le sieur de Créqui est revenu à Aix pour estre malade.

Le dict jour, au siège ont esté publiées lettres du sieur Duc de Mayenne, général des Etats de France, inhibition à tous gens de guerre prendre bestial de travail, paysans, porcs, meubles et aultres travailleurs, donné le 2 décembre 1590.

Le dimanche 7 avril 1591, Lesdiguières et Gouvernet ont prins Aureou et l'ont saccagé, et poursuivoient avoir Simiane, le tout du sieur comte de Sault, et menoient une pièce d'artillerie, prétendant se venir joindre avec la Vallete qu'estoit à Riez.

Le dict jour, la Court a mandé le consul Martin au sieur de la Vallete pour accorder de ne faire mal, ny prendre les travailleurs et bestial accompagné du capitaine d'Anne, lequel d'Anne en passant la rivière de Durance s'est noyé. On dit que le sieur de la Vallete a accordé les lettres du sieur de Mayenne.

Le mercredy 10 du dict mois d'avril, le fils de maitre Lambert, notaire, commissionnaire du sieur de Rougnes, allant à Mallemort pour coutribution et ayant prins bestail, a esté tué par ceulx de Mallemort à la rivière entre Rougnes et Mallemort.

Le Vendredy-Sainct, 12 du dict mois, a esté veüe au ciel une neüe sanglante et rouge comme de sang.

Le 14 avril 1531, jour de Pasques, les troupes de Lesdiguières et Gouvernet venant à Syeies près de Digne, sont esté repoussés, et y sont morts aulcuns, tellement que ont délaissé Syeies ; après sont venus à Vinon et ont prins le chasteau par composition faite par capitaine Marin qui y estoit dedans, et tout ont prins et saccagé et bruslé, et se sont joints ave ceulx de la Vallete qu'estoit à Riez et sont venus pour prendre Rians, mais le comte Martinenc y estoit et a détourné que ne l'ont prins.

Les troupes du dict Lesdiguières, Gouvernet, Blacon et la Vallete on dit estre de deux mil hommes à pied et mille chevaulx.

Les troupes du comte Martinenc, sieur de Bezaudun, Lamanon et aultres tenans le party de l'Union et des Princes sont de mil ou douze cens chevaulx, et quelques gens de pied, la dicte cavallerie plus forte que les aultres, mais les aultres forts de gens à pied.

Le lundy 15 avril 1591, la compagnie du sieur de Bezaudun et Lamanon estoient à Esparron environ trois cens chevaulx, lesquels venant pour se joindre avec les troupes Martinenc à Rians, avoient à my chemin rencontré les troupes de l'ennemy en gros lesquels, en grande fureur, auroient donné l'effroy à la compagnie du dict sieur Bezaudun et aultres qui se seroient mis en fuite, et y est mort environ vingt-cinq gendarmes, le dict sieur Bezaudun et capitaine Cabassol sont arrivés après minuit en cette ville d'Aix et ont porté les nouvelles, et ayant changé de chevaulx s'en sont retournés à Rians trouver les troupes, et quant aux troupes tant des gens à cheval qu'à pied, environ mil hommes soubs le régiment des sieurs de Cucuron, Vitelli et Saint-Roman, capitaine de Berre et aultres qui auroient reculé à Sparron de l'allières incontinent seroient esté assiégés par Lesdiguières, Gouvernet et la Vallete, à tant que nul des troupes qu'estoient à Rians ne leur pouvoient donner secours.

Et le mardy 16 du dict moys, les gens de pied du sieur de Saint-Roman, Cucuron et Vitelli avoient faict sortir et avoient tué des aultres environ trois cens, mais parce qu'ils n'avoient aulcuns vivres, seroient esté contraints se rendre, parce qu'on dit que le sieur d'Esparron les avoit trahis, ayant faict entrer Lesdiguières à son chasteau duquel faisoient grand mal aux troupes qu'estoient au village, dont le lendemain mercredy, 17 du dict moys d'avril, se seroient tous rendus au sieur de Lesdiguières, et non la Vallete, par composition, que leur vie serait saulvée, et en telle qualité les a tous prins et sont envyron deux cens chevaulx qu'ont prins et aussy les armes, et le dict sieur Vitelli, Cucuron, Saint-Roman, Belarque et aultres capitaines et huit cens soldats tous prisonniers, et le sieur de Magnan blessé et prisonnier, et le dict jour, le sieur comte Martinenc et les restes des troupes sont arrivés en cette ville d'Aix, et ce n'a pas esté sans grande plainte et douleur, et tous les pauvres gens des chasteaux et bastides ont porté tout leur ménage au dict Aix, pour doute tomber entre les mains des ennemys, capitaine Nandon, beau-frère du sieur de Magnan, Jean Sauvecane, marchand, sont morts et aultres, on dit qu'a esté cause de la séparation, et que le sieur de Bezaudun n'ont voulu combattre, cela est advenu.

Le 20 avril 1591, nouvelles que Messire Alexandre de Conianis, archevêque d'Aix, est décédé Rome le 21 mars audit an, comme est vray.

Les troupes de Lesdiguières et la Vallete sont allées à Vitrolles, Berre et Tholon et ont passé à Gardane, Sainct Pons, qui ont beu le vin et espanché le reste en aucunes parts, et passant à Sainct-Paul, ont gasté partie des brusçs des abeilles au sire Claude Bastety, gasté une terre de dix ou douze charges bleds semés et tout le jardin, et un grand cheval y est mort, on dict que les abeilles l'ont tué, et la fenière de Bordon a esté brustée.

Après passant par Grans aulcuns ont descendu et ont tué aulcuns.

Après, ceulx de la Vallete ont mis le pétard et ont tout faict mourir.

Après, les gens de Lesdiguières et ses troupes ont passé le Rhosne, et est allé secourir le sieur de Montmorency au Languedoc contre le sieur de Joyeuse, tenant le party des Princes, et la Vallete et ses troupes ont passé la Durance vers Noues et sont allés vers Lormarin, et après Lesdiguières s'en est allé à Aurenge et de là au Daulphiné, et ont prins Mervoillon, et la Vallete est allé à Pertnis et à Manosque.

Le jendy 2 may 1591, par arrest de la Court, une femme nommée Beguyne de la val de Saint-Marcel, femme de Jean Yeardon, a esté pendue pour avoir faict tuer le dict Yeardon, son mari, à un Pierre, lequel a esté aussy pendu, et a confessé l'avoir tué, et que la dicte de la Val l'avoit pressé soubs prétexte d'épouser son frère, et que les fairoit tous riches, et qu'une fois allant à Marseille, n'avoit eu le cœur de ce faire, et ayant davantage esté pressé de la dicte de la Val, le dict Pierre avoit donné à entendre au mary de la dicte Val, vouloir aller avec luy prendre un Bigarrat, et estant ensemble à un lieu qu'il n'y avoit personne, le dict Pierre lacha un coup d'arquebuze au dict mary et le tua, et l'ensevelit, et après 16 jours une femme révéla avoir veu aller le dict mary avec le dict Pierre et les parents l'auroient faict prendre et faict désenterrer le mort, et iceluy faict passer au dict Pierre, lequel mort, par le vouloir de Dieu, auroit sorty sang de sa personne et ouvert sa bouche, tellement que le juge d'Aubagne les auroit condamnés à estre pendus, après sont esté exécutés par arrest, pendus.

Nota que d'un mal faict secret a esté révélé par le vouloir de Dieu : *Et sic veritas omnia vincit.*

Le 8 may 1591, de mariniers de la Ciotat ont prins sur mer une frégate venant du Duc de Florence, y ayant dedans deux grands personnages allant en Turquie pour ambassadeur, pour faire venir les forces des Turcs pour empêcher la venue de Son Altesse, et ont dict qu'ils venoient du Roy de Navarre, mais Dieu a faict prendre la dicte frégate, parce qu'elle allait quérir gens d'aultre foy contraire à la nostre ; aultre prinse a esté faicte de bleds par mer.

Le vendredy 10 may 1591, ayant le sieur Cabane, receveur, homme vieux et veuf, ayant esté institué Roy de Bazoche, et estant absent, la Court, par son arrest du dict jour 10 may, l'a déchargé du dict royaulme, et que Maître Citrany, roy de l'année passée en mettroit un aultre, et du dimanche 12 du dict mois ont institué roy Albert, qui l'a accepté.

Le 25 may 1591, le comte Martinenc est allé aux environs de Berre et y a faict un fort près des portes de Berre, environné de l'eau de la mer, par moyen duquel ceulx de Berre ne peuvent avoir secours.

Le 25 may 1591, arrest que Brignolle, Barjols, et tous les lieux qu'estoient du ressort d'Aix avant la création du siège de Brignolle, retourneront au siège d'Aix, et les aultres à Draguignan.

Le 19 juin 1591, le sieur Alexandre Vitelli et le sieur de Saint-Romans, détenus à Sisteron prisonniers par le sieur de la Vallete, sont arrivés à Aix eschapés par le vouloir de Dieu, sans rançon, comme aussi le sieur de Magnan détenu à Orenge moyennant rançon, a esté relaxé, et sont des prisonniers prins à Esparron.

Le dict mois nouvelles assurées de la mort du Duc d'Espernon, frère du sieur de la Vallete, et aussy de la mort de la femme du dict sieur de la Vallete et de la femme du lieutenant Bonfils.

Le dict mois le sieur de Montaud, pour la Vallete a prins Pignans par force et a tué aulcuns soldats et faict beaucoup de mal.

Le 22 juin 1591, le comte Martinenc cuydant prendre Trez, y seroit allé et ont prins quinze de l'ennemy trouvés en ambuscades, mais le lieu de Trez n'a pu estre prins.

Le 23, Madame la Comtesse de Sault, le sieur Martinenc et les pages de l'Altesse sont allés à Marseille pour attendre son Altesse.

Le samedy 6 juillet 1591, l'Altesse est arrivée à Marseille avec quinze galères chargées de gens et argent, et bled, dont les gens sont allés descharger à la Ciotat.

Le 8 du dict mois sont arrivées quatre gallères au chasteau dict du duc de Florence, lesquelles ont mis cent barrochaux poudre au dict fort, estant gouverneur capitaine Baussel, dont Marseille y a prins jalousie, et y a eu quelque inimitié entre eux.

Le mercredy 10 juillet 1591, l'Altesse est arrivée dans cette ville d'Aix avec le thrésor, les cartiers, Princes d'Amour, Consuls et plusieurs d'Aix y sont allés au devant, a logé à l'Evesché.

Le 11, Son Altesse a mandé gens au devant Puech parce que nouvelles sont arrivées que capitaine Cotrec, lieutenant de Sigaudy, gouverneur, avoit tué le dict Sigaudy, comme est vray; mais le dict Cotrect s'est saisy du dict Puech pour la Vallete, et les gens s'en sont retournés.

Le lundy 15 du dict mois de juillet, l'Altesse est allée au fort de Berre et y a faict faire une tranchée à l'entour, tellement que Berre ne peut avoir secours.

Le vendredy 19, l'Altesse, entendant que la Vallete et Gouvernet venoient avitailler Berre, et doutant que ne vinssent mettre le feu aux bleds qu'estoient à l'entour d'Aix, est arrivé à Aix avec grande troupe de gens, et a assemblé le camp et leur a faict faire montre le 21 et 22 du dict mois, dont s'est brûlé deux gerbiers que estoient dans le fossé joignant les murailles près la porte des Frères Mineurs, faict par soldats en escarmouchant.

Le 23 du dict mois, l'Altesse et tout le camp est allé à Gardanne, et lendemain au fort de Berro avec quatre petites pièces d'artillerie.

Le 24 du dict mois ont mis en prison deux pauvres gens de guerre qui prins auprès la Durance près Cadenet, qui portoient de bled à Berre venants du dict Cadenet.

Le dimanche 28 juillet, le camp de la Vallete et Gouvernet, environ six cent cheveaulx et mil hommes sont passés au terroir de Puyricard et sont allés à la foire et au fort voir le camp de l'Altesse et ont prins tout le bled et envoyé que ont trouvé net et bestail.

Le lundy 29 du dict mois le dict sieur de Vaucluse ayant cent chevaulx et mil hommes de pied venant du cartier de Grasse, sont passés auprès d'Aix, et sont allés au fort pour l'Altesse.

Le camp de la Vallete, voyant qu'il ne pouvait brécher le camp de Son Altesse pour aller avitailler Berro, se seroit osté de la Fare et a passé auprès Ventabren, et a mis feu aux bleds qu'estoient en gerbière du sieur de Peiresc et Bompard, y ayant cinq cent charges bled bruslées, autant en a faict d'aultres, et est venu le mardy 30 du dict mois de juillet se parquer à Aiguilles, au plan d'Aillane et Picricard et quelques cens chevaulx sont venus courir jusques à la bastide de Théric, et ont tué trois suysses de la garde de Son Altesse qu'alloient au fort, ont tué et blessé de Seytres et aultres qui portoient vivres au camp, prins et ravagé gens et bestail, et ont prins leur chemin vers le Puech, ; et estant à la Tour, une pièce d'artillerie a tiré de la ville d'Aix qui les a fait oster; du lendemain mercredy sont encore retournés aux dictes Tours et désiroient venir brusler les bleds à l'entour d'Aix, dont y avoit grande garde.

Du dict jour, environ onze heures de nuit, les compagnies

du sieur de Meyrargues, Saint-Marcellin et aultres arrivoient, dont y avoit grande allarme cuydant que ce fust l'ennemy.

Du jeudy premier aoust 1591, le sieur de la Vallete a changé de gouverneur au Puech, et y a mis le sieur de Saint-Canat et a prins la Tour-d'Aigues et Saint-Michel. Le camp du dict Vallete s'en est allé à Pertuys, est passé par Venelles et a mené grand butin, a assiégé la Tour-d'Aigues et y est entré par force, comme aussy a reprins Saint-Michel ; Son Altesse et son camp sont toujours à l'entour de Berre.

Et du mardy 13 aoust 1591, sont départis huict gros canons de cette ville d'Aix, et sont allés à Berre, arrivés au camp le dict jour.

Le 15 du dict mois, jour de Notre-Dame, encore y sont allés quatre gros canons. Le mardy 20 aoust 1591, les dicts de Berre se sont rendus, après avoir enduré deux jours que les dicts canons les ayent battus et foudroyé une partie de Berre devers les salins, ayant tiré mil trente-sept coups, enfin se sont rendus par composition, que ceulx qui voudroient sortir avec armes et bagages sortiroient ; le lendemain 21 du dict mois, Mesplès, gouverneur, est sorty avec environ quatre-vingts hommes tant à cheval qu'à pied, avec femmes et enfans, et y estoit entre aultres capitaine Berre, Madame Arbaude et aultres, tellement que le 20 tout Berre est à nous.

L'an 1591, le jour de Saint Bernard, l'Altesse, sans perdre un homme, a prins Berre à Bernard.

L'Altesse, prince begnin, a remontré à ceulx qui s'en alloient de Berre retourner à leurs maisons et vivroient en paix ; les aultres on dit s'en vouloir aller, lors le Prince l'y a répondu « Allez que vous n'y rentrerez jamais, » et passant tous parmy le camp, les a faict accompagner jusques au Puech ; on disoit que le dict Altesse avoit baillé au dict Mesplès quatre mil escus, mais n'a eu aulcun argent, ains a eu un beau cheval barbou de Son Altesse pour mémoire et en récompense de certains prisonniers qu'il détenoit relaxés.

L'Altesse Prince a faict venir au-devant luy tous ceulx de Berre qui vouloient demurer et ceulx qu'estoient absents et qui vouloient rentrer, a prins le baston de viguier et l'a remis aux mains du viguier du dict lieu, les a admonestés demurer en paix, disant « Je vous laisse la paix et la justice, » et y a laissé le sieur de Saint-Roman pour gouverneur et ses troupes environ cinq ou six cents personnes, et ont changé de Consuls. On dit que toutes les gabelles sont remplies de sel valloit cent mil escus, et y a quatre gros canons qu'estoient dedans.

On dict que ceulx de Berre estoient constitués en famine et faisoient de fogasses de grain de lin avec d'huile dont j'en ay veu qu'estoient fort noires.

Le camp de la Vallete s'est assemblé à Tarascon avec les gens de Montmorancy qui ont passé le Rosne, et le sieur Alphonse avec Blacon et aultres en nombre de quinze maîtres et cinq mil hommes après et avec quatre canons, et sont entrés à la Barben, et ont assiégé Graveson, et après avoir fait bresche, y ayant dedans quatre compagnies, sçavoir capitaine Toty et aultres, et après avoir enduré trois assauts y sont entrés par composition et les gens de guerre estoient prisonniers de guerre, et toutefois en rompant leur foy les ont menés liés à Tarascon, et on dit qu'on les mène au dict Montmorancy.

L'Altesse, après avoir donné conduite à Berre, tout le camp est allé à Orgon pour garder le passage de l'ennemy où il est encore.

Ceulx du Puy, environ vingt maîtres, sont venus faire courses et ont ravagé gens et bestail et menés au dict Puy, et ce par tous les environs d'Aix, tellement que le 22 aoust 1591 ont prins plus de vingt-cinq mulets qu'alloient quérir bled pour le sieur de la Fare de la Saint-Laurens.

Le 23 du dict mois, veille de Saint Barthélemy les dits sont venus prendre aux hières du Chapitre au-dessous l'église des Capucins, M. Buzan et M. Salla et aultres, et les ont menés au dict Puy, et aultres prinses et ravages ont fait continuellement.

Le 27 du dict mois d'aoust 1591, aulcuns gendarmes de Son Altesse, environ quatorze, sont allés auprès Pertuys, et ont amené bestail; et ainsy de toute part ne se fait que mal, et mesme au pauvre laboureur.

Lesdiguières, accompagné de trois cents maîtres et mil hommes, avec canons, est allé assiéger Lurs, et par famine se sont rendus avec semblable composition qu'a esté faite à Berre, le dict Lurs est fort et garde le passage de Sisteron et montagnes, qu'est grand dommage; cela a esté fait le premier septembre 1591.

L'Altesse et son camp alloit pour secourir Lurs, mais a esté trop tard, et est allé vers Digne pour éviter que l'ennemy ne le prit.

Le jeudy 5 septembre 1591, à l'église Saint-Sauveur, en présence de la Court de Parlement, des Comptes, Consuls et aultres, a esté dict un *Te Deum laudamus* des nouvelles assurées que le fils du feu sieur de Guise, appelé M. de Joinville, est évadé de ses ennemys et arrivé à Bourges, ayant descendu des murailles des tours, le jour de Notre-Dame d'Aoust, chose que Dieu l'a faite.

Le samedy 6 septembre 1591, a esté tenu conseil général que la bourgade sera abattue au fort Saint-Jean, qu'on fortifiera la ville, et à ces fins qu'on cottisera 1600 maisons, que les vingtaines se continueront, MM. Beaumont, du Villars, Joussant, Pocaumont sont surintendants, M. Chamguot, notaire-thrésorier pour la cotte de 30 mil.

Le dict jour, le sieur Alexandre Vitelle a esté prins prisonnier en venant d'Orgon par le sieur de Buous, a esté mené à Tarascon, et depuis a eschapé.

Le camp du sieur de Montmorancy et aultres de l'ennemy est venu camper auprès d'Arles cuydant entrer dedans, mais Son Altesse y a mandé le sieur de Lumanon, Saint-Roman et aultres qui sont entrés dedans Arles, quoy voyant, le camp de l'ennemy a passé le Rosne pour secourir Carcassonne, à cause que M. de Joyeuse l'avoit assiégée, et a mené grand bestail d'Arles.

L'Altesse estant à Sellon a eu requeste de ceulx de la bourgade pour garder de ne se rompre, et de ne faire la cotte pour la forteresse, suivant le conseil tenu le 6 septembre, et a mandé lettres pour surseoir, et mande de faire garnir de bleds et avoines, et pour raison de ce, le mardy 16 septembre 1591, a esté député le sieur de la Brillane, Fabrèques, Rabasse, Seguiran et aultres, tant pour le pays que de la ville d'Aix, pour faire remonstrance à Son Altesse contre le dessein des contredisant, et le requérir venir oster le Puech, qui ne fait que ravager à l'entour d'Aix, a esté répondu que prins le Baron auprès d'Irvac, luy reviendroit avec son camp.

Le Baron a esté prins, Fourques et aultres lieux pour Son Altesse.

Le jeudy 26 septembre 1591, ceulx qui ont vignes à la Lauze faisant vendanger ceulx, du Puy ont ravagé tout leur bestail et mesme maître Concorde, et du dict jour, estant sortis aulcuns d'Aix à cheval, ayant ceulx du Puy fait embuscade, ont prins Motonet et tué capitaine Fabry et blessé plusieurs.

Le samedy 28 septembre 1591, M. de Meyrargues, M. Porcil, sire Leotard, M. Rabasse, accesseur, sont esté faits Consuls d'Aix, et Meyronet thrésorier.

Le dimanche 29 du dict mois, a esté tenu conseil et député gens pour aller faire venir Son Altesse et par mesme moyen faire cotte de bleds pour la gendarmerie.

Le 9 octobre 1591, jour de Saint Denys, l'Altesse a mandé le camp au-devant du Puy, aussi les canons de l'artillerie.

Le vendredy 11 octobre 1591, a esté tenu conseil tout le jour pour avoir moyen à nourir l'armée, suivant le mandat de Son Altesse, et ne trouvant aulcun pour ne se vouloir obliger, les Consuls et aultres, les uns pour les aultres, on a esté contraint cottiser tous ceulx d'Aix, hormis les pauvres, en bled, argent et vin, celuy qui est cottisé une charge de bled, paye cinq escus et une meilherole vin, et ainsy de tous les aultres : je suis esté cottisé demi-charge bled, deux escus et demy, demy-meilherole de vin, que j'ay pavé.

Le dict jour a esté raporté au dict Conseil comme y avoit quelque bruit de trahison en ceste ville d'Aix, et sont esté mis en prison maître Pollat, procureur des pauvres, l'huissier Tampe et sieur Detz, et tout cela n'a esté que pour nous mettre en diverse tragédie de l'ennemy et adherans, dont on a demuré en sûre garde.

Le lendemain, 12 du dict mois, la Court a fait arrest de informer, et inhibitions de servir aucunes paroles qui ne sont véritables et qui ne viennent à sédition ; on dit que Madame la Comtesse de Sault en estoit commise, car estant cause d'avoir fait venir l'Altesse, parce que vouloit remettre la justice et le sieur comte de Carces en son estat, elle vouloit remuer le tout et chasser Son Altesse.

Au dict mois d'octobre, le chasteau-fort d'If dans la mer, estant auprès de Marseille, dont le capitaine Bausset est gouverneur, estoit en dissention tellement que gardoit le trafic du dict Marseille par la mer, au moyen que Marseille le tenoit comme Bigarrat, pour avoir, prins des monitions et vivres du duc de Florence, et M. le président Chaine, sorty d'Aix par force estoit dedans, et Marseille avoit emprisonné sa mère du dict Bausset, ses parents et tous les Florentins qu'estoient au dict Marseille ; et après avoir parlementé et baillé d'ostages d'une part et d'aultre, dont M. de Bezaudun et M. de la Verdière estoient des ostages et aultres.

Du dict jour 14 octobre, a esté accordé que les échangés estant dans le dict fort le vuideront, le dict capitaine Bausset gardera le dict fort au Roy catholic françois, que sera crié que le dict Beausset et sa famille aura libre entrée à Marseille et le dict sur Chaine, qu'il laisse trafiquer et passer tous par mer, auprès du dict fort, lequel accord a esté un grand bien pour tous.

Le camp de Son Altesse estoit au-devant du Puy, Son Altesse a eu notice de la trahison d'Aix et qu'on le vouloit chasser.

Le mardy 15 dudit mois, seroit venu du Puy avec cinq ou six cents chevaulx et gens à pied, et est entré de la porte des Frères Mineurs, à cause que la porte Saint Jean estoit fermée, et à la porte des Augustins y avoit une grande garde, les aulcuns criant : « Vive Son Altesse, fore Madame la Comtesse », et un hoste du logis de la Lance, lieutenant du capitaine Garon, à la porte des Augustins, ayant dit : « Vive Madame la Comtesse », a esté... et aultres mis en prison, du Villar, capitaine Buous, M. Guiran a esté mis chez M. de Magnan et y a eu grande rumeur ; mais enfin par le vouloir de Dieu a esté apaisé, et l'huissier Tampe gardoit les clefs de la porte de Bellegarde et d'aulcunes aultres, et a esté mis garde à Madame la Comtesse ; M. Fabrègue, Rabasse et aultres ne se sont montrés et sont allés à Marseille.

Le mercredy 16 du dict mois, Son Altesse est entrée en la Court, a déclaré son vouloir, qu'il estoit venu pour remettre la justice a son état et réunir le peuple.

Le dict jour conseil général a esté tenu à la maison de la ville, résolu faire venir MM. les conseillers détenus à Meirueil et autres absents qui n'ont assisté ny porté les armes pour la Vallete et faire autre nouveau état des Consuls et autres, et de bailler requeste à la Court, ce que a esté faict, et de faire rendre compte aux administrateurs ; et quant à la cotte, Son Altesse en seroit administrateur.

Le dict jour, les sieurs conseillers Agard, Châteauneuf, Tourtour et Desidery, qui estoient détenus au chasteau de Meirueil puis le 7ᵉ may 1590 jusques à présent, sont esté relaxés et sont entrés dans Aix, comme aussy sont venus Vinety, Stacy et Bochiors qui estoit en galère.

Le jeudy 17 octobre 1591 sont esté faictes cries par villes à trois trompetes de payer la cotte, et ceux qui payeront ont assignation pour se rembourser sur le sel de Berre.

I — 12

Le vendredy 18 du dict mois, a esté tenu conseil général suivant l'arrest de la Court, et sont esté faict consuls M. de Lamanon, M. Duranty et capitaine Denys Brueys, M. Audibert, et thrésorier Jean Garin, capitaine de Magnan des Frères Mineurs, M. Chastueil des Augustins, capitaine de Mimeta de Bellegarde, capitaine Rogier de St-Jean, capitaine Alpherany du Bourg, lesquels capitaines ont levé gens du cartier et sont allés au Puech le dimanche 3 novembre 1591, où le dict sieur de Rogiers allant à l'assaut y est mort.

Le lundy 21 octobre 1591, l'Altesse est allée au camp qui est au-devant le Puy, et a laissé le sieur de Rogiers et de ses gens pour la garde de Mme la Comtesse de Sault, et que nul ne luy parloit.

Le mardy 22 du dict moys, la dicte dame Comtesse tenant le lit, feignant d'estre malade, sur le soir auroit faict mettre sa garce dedans le lit, et elle avec son fils nommé le sieur de Créqui, seroient sortis déguisés en accoutremens de savoyards, et sont allés comme on dit à Marseille. Le sieur de Lamanon, cuydant venir voir Mme la Comtesse, comme avoit accoustumé tous les soirs, a trouvé la garce au lit dont y a eu destonnés, et sont accourus les trompetes par ville et sont allés gens à cheval et à pied mais ne l'ont pu avoir, on dit qu'un gendarme, moyennant deux mil escus, a faict la tragédie et est arrivé à Marseille.

Le mercredy 23 octobre 1591, capitaine Jacques Bordon a esté mis en possession de Viguier par M. Arnaud, conseiller en la Court, dans la maison de la ville, assemblé le conseil, à la charge qu'il ne mettra son lieutenant qu'il ne soit reçu par le conseil, lequel lieutenant ne précédera point les Consuls.

Le lundy 28 du dict mois 1591, l'Altesse a faict battre continuellement le Puy avec neuf canons, et a faict deux batteries et a continué le 29 et 30, lequel jour, environ une heure, a esté baillé un assaut qui a duré jusques à la nuit, et sont allés jusques aux fossés et sont esté repoussés, et y est mort de la part de l'Altesse des capitaines espagnols, deux enseignes et le baron de Montfort, et plusieurs blessés, tellement que s'est reculé.

Le lendemain, dernier du dict mois, a esté continuée la baterie.

Le dimanche 3 du dict mois a esté baillé un assaut depuis midy jusques à la nuit, où y a esté tué le sieur de Rogiers et aultres et plusieurs blessés, tellement que, ayant mis les eschelles pour monter sur le rocher, sont esté repoussés, et au moyen de ce, retirés au camp le lendemain et mardy 4 et 5 du dict mois, a esté continuée la baterie, tellement qu'on a brisé et tombé presque toutes les maisons du dict lieu du Puech.

Le dict jour, sur le soir, ayant nouvelles que la Vallete et Lesdiguières avoient assiégé Digne avec canons qu'il avait fait descendre de Sisteron, d'ailleurs que le sieur de Montmorancy avoit assiégé le fort qu'on avoit auprès d'Arles, et, doutant d'une surprise, auroient faict oster les canons et tout le camp au-devant du Puech, et le tout arrivé en cette ville d'Aix.

Le lendemain, 6 du dict mois de novembre 1591, et bien a esté faict le dict délogement du camp, car jeudy et vendredy, 7e et 8e du dict mois, n'a faict que faire grandes pluyes, et si encore le camp fut esté au Puech ayant égard qu'estoit terre argileuse, et que la Vallete y est incontinent après arrivé, les canons y eussent demeuré et plusieurs du camp, à cause que n'estoit un lieu propice pour se battre.

Le dict jour, mercredy 6 novembre 1591, nouvelles que Digne s'estoit rendue à la Vallete, comme est vray, estant gouverneur le sieur de Sainct-Janet.

Lauris rendu à la Vallete.

Le samedy 9 novembre 1591, le sieur Combe de Carces est venu en cette ville d'Aix, accompagné du marquis de Trans et aultres gentilshommes et de cent hommes d'armés, a prins logis à la maison du consul du Villar, où MM. du Parlement, des Comtes et Consuls le sont allés voir.

Le dict jour et dimanche 10 du dict mois, l'Altesse faict faire montre aux gens de guerre et en a mandé partie à Arles et partie à Cucuron, à cause que la Vallete le vouloit assiéger, et le reste à l'entour d'Aix en garnison aux villages.

Le 11 du dict mois, la Court a fait arrest d'adjourner personnellement Mme la Comtesse de Sault, prise de corps contre capitaines Perrinet, Roux et aultres, et a faict mettre en la conciergerie ou chambre des Cameaux MM. Guiran, Fabrègue, du Villar, et a mandé l'arrest à Marseille pour l'exécuter; mais y a eu grande rumeur et tumulte tant que les portes sont esté fermées deux ou trois jours.

Le sieur de Mevoillon, capitaine de Notre-Dame de la Garde, s'est saisy du monastère Saint-Victor, Son Altesse a mandé quérir la monition de guerre qui y avoit faict porter à ses galères, et luy ont refusée, les muletiers retournés sans rien.

Le samedy 16 novembre 1591, Son Altesse est entré à la Court et a fait entrer MM. les conseillers Agar, Chauvet, Désidéry et Tourtour, qui ont presté le serment à M. de la Coste, tenant lieu de président, lequel estoit entré trois jours auparavant avec M. Thoron, lesquels estoient absantés par force, ayants demeurés en Avignon, et ont députés commissaires pour aller à Marseille.

Le dict jour, MM. Flote, Vento, Demons, conseillers commissaires, et M. l'advocat général Laurens avec deux ou trois compagnies de gens à cheval et à pied sont allés pour entrer à Marseille, mais leur ont refusé les portes et se sont retirés à Aubagne, et M. de Mévoillon, gouverneur de Notre-Dame de la Garde, s'est saisi de Sainct-Victor, et d'illec les sieurs commissoires ont mandé quérir le consul Canet et aultres principaux pour faire exécuter l'arrest contre la dame Comtesse de Sault, sieur de Bezaudun, Cazal premier consul et aultres, lesquels ont demandé délay à répondre pour assembler leur conseil, ce qu'ils ont faict et ont répondu, ne pouvoir faire exécuter le dict arrest, et de là se sont mis en armes prenant un prétexte que l'Altesse se voulait saisir de Marseille, combien que fut au contraire, car l'Altesse ne faict qu'user par justice.

Et ont les dicts de Marseille assemblés dix ou douze bons canons doubles et ont battu et tiré contre l'église et monastère Sainct-Victor, estant M. le comte de Carces et les dicts commissaires au dict Sainct-Victor avec quelques compagnies de gens de guerre, commencé le dict ouvrage le dimanche au soir, et a duré tout lundy, mardy et Mercredy, car le Parlement qu'avoit esté faict estoit tout le dimanche et lundy 17 et 18 novembre.

Et voyant le sieur de Mévoillon, gouverneur de Notre-Dame de la Garde, les dicts de Marseille avoir commencé la guerre et le dommage que faisoient au dict Sainct-Victor, auroit tiré dans la ville et droict des moulins tout le mercredy 30 du dict mois, tellement que l'un tiroit contre Sainct-Victor et l'autre contre la ville. D'ailleurs Son Altesse faisoit aller tout son camp à l'entour de Marseille, et d'une part auroient faict grande bresche au dict Sainct-Victor et tué deux ou trois personnes, et de la ville on avoit fait grand dommage tant dedans que par les bastides, outre ce que les gens de guerre consumoient de pain, vin, et brusloient toutefois le tout et payant au dict St-Victor; quoy voyant le peuple estre en la famine pour n'y avoir de bleds, que Arles tenoit pour l'Altesse, luy avoient refusé de bleds, crioient de sortir Madame la Comtesse de Sault et aultres.

Le jeudy 21 novembre 1591, seroient venus à Parlement les uns avec les aultres, à tant qu'ayant les sieurs commissaires faict quelque ordonnance, et ayant les religieux projet de sursoyer, seroient esté dressés articles entre le sieur de Mévoillon et le sieur de Bezaudun et consul Cazal, par lequel est porté que la justice sera obéye, les arrests exécutés et la ville gardée au Roy catholic, que nul estranger n'entrera au dict Marseille, et le monastère remis aux dits religieux, et Messieurs s'en sont venus, et du lendemain Marseille a mis garnison au dict monastère Sainct-Victor.

Le 29 novembre 1591, arrest et cries par la ville d'Aix de n'entreprendre rien sur la justice, et maître Cabanes, advocat, mis en protection, à cause que maitre Darbes, procureur, l'avoit voulu chasser sous prétexte d'hérétique.

Du dict temps a esté tenue assemblée des Estats en ceste ville d'Aix, sont esté chassés maître Isnard, greffier des Estats, y a esté mis maître Suverins, procureur aussy; maître Bonnet, procureur du pays, et à son lieu maître Baudoin a esté mis; maître Donnat, solliciteur, a esté mis hors, et à son lieu maître Bastier.

La dicte assemblée a député M. Laurens, advocat général, M. l'évêque de Riez et les commissaires Forbin et Croze pour aller en France à la condition du Roy, et sont despartis le mercredy 4 décembre 1591.

Le dict jour 3 décembre, M. Chaine, président, qui avoit demeuré au Château-d'If, est arrivé, et le lendemain M. Mazargues, conseiller est venu de Porrieres.

Le dict jour 4 décembre 1591, la compagnie du sieur de Barben a prins le fils du sieur de Venèles, et aultres gendarmes du Puy, lesquels auparavant avoient ravagé et prins et tué soldats qui venoient de Peyrolles.

Du mardy 10 décembre, le sieur de Lamanon avec pétard a essayé prendre Sainct-Maximin, mais a esté impossible et la failly.

Sur la trahison d'Arles, ayant Son Altesse fait remettre le lieutenant et tous les prisonniers par devant la Court, le mardy 3 décembre 1591. La cause s'est commencée à plaider en audience, tenant M. de la Coste lieu de président, maître Thomassin, advocat, pour Durand, a plaidé du mercredy 4 décembre, maître Félix pour Bruchet, et maître Bonnet pour Tavernier. Le jeudy 5, maître Dufort a plaidé pour d'Anthonelle, le sieur de Beaujeu, le sieur de Bochon et autres gentilshommes d'Arles détenus à l'arrest. Le samedy 7 décembre a plaidé maître Chartras pour Henry et Jean Bibious, tous appellants en procédures, emprisonnements et questions baillées à Durand, Bruchet, Tavernier, Bibious, lesquels par force et violence auroient confessé la trahison de vouloir rendre Arles au sieur de Montmorancy et à la Vallete, et avoient accusé faussement tous les aultres, dont en audience ont révoqué le tout.

Et de Laure ayant accusé le lieutenant d'avoir fait demeurer sept heures pendus à la question, les ayant plantés devant Corpus Domini en l'église, d'avoir fait mourir deux ou trois blessés par sédition populaire, ayant fait chasser et mettre hors la ville tous les nommés par rolle du dict lieutenant, d'avoir attempté ayant mis lettres d'apel d'Antounelle, qui n'avoit rien confessé par la question sous les pieds contre l'arrest de la Court, et qu'il estoit un renieur de Dieu et avoit mis les sergents en prison et aultres excès au contraire.

Le mardy 10 décembre a plaidé pour maître Chapus, procureur du Roy au dict Arles, prins par les appellants en partie formelle.

Le mercredy 11, a playdé le lieutenant en propre par la permission de la Court au barreau, tête découverte, ayant sa playdoirie tenu trois heures, ayant déclaré la vérité de la trahison et de la procédure.

Le jeudy, l'avocat du lieutenant a playdé, a prins conclusions par lesquelles a soutenu sa procédure bonne et conclud avoir esté mal prins en partie, et estre appelant comme d'abus de monitoire contre luy faite l'ayant nommé; conclud à bon apel.

Le dict jour ont playdés maîtres Esmenard, Lannel et Gigos, avocats de Cuaud, Boucicaut et Romany, qui avoient suivy le lieutenant et fait ses commandements pour estre élargis des prisons.

Le vendredy 13 décembre, M. Fabry, advocat des pauvres, au lieu du sieur advocat général, a conclu que Durand, Bouchot et Bibious n'estoient recevables appelants ny à révoquer les confessions par eux faites, et contre eux d'avoir esté fait procès; quant à Tavernier, n'y ayant aucune procédure, conclud mal avoir esté procédé par le lieutenant quant à Anthonelle, Beaujeu et aultres, estre informé ensemble contre le lieutenant; quant à Cuaud, Boussicaud et Romany, Chapus, procureur du Roy, conclud avoir esté prins en partie.

La Court, par son arrest faict le samedy 14 décembre 1591, en audience, assistant toutes les parties, avant faire droit, ordonne que sera informé par commissaires sur tous les faits; que seront dressés briefs interdits par le procureur général du Roy, tenant Durand, Bouchet et Bibioux la consergerie du palais, et Cuaud, Boussicaud et Romany détenus aux Crotons le large de la Consergerie, le lieutenant tenant l'arrest de cette ville d'Aix, et tous les autres relaxés partout, fors de la ville d'Arles, en cautionnant, inhibition d'aller au dict Arles, à peine d'estre atteints de crime à eux imposé, et, faite l'information, leur prévoir sur le tout.

Le dict lieutenant a acquis grand honneur d'avoir bien dict sans passion.

Le dimanche 15 décembre 1591, l'Altesse, avec les sieurs comte de Carces, marquis de Pescare et aultres, avec deux canons, sont départis d'Aix et allés à Vinon, pour ce que Mesples, qu'avoit esté gouverneur de Berre, s'en estoit saisy environ la fin d'octobre 1591, se fortifioit au dict Vinon, et après avoir faict tirer plusieurs coups contre le chasteau du dict Vinon.

Du mardy 17 décembre audit an, la Vallette et Lesdiguières sont venus attaquer le camp de l'Altesse et ont combattu de la rivière de Verdon, et à cause que tout le camp n'estoit assemblé, pour estre partie de la rivière et l'autre de la Tour, le gros de l'ennemy auroit donné à tant que la place de Vinon seroit demeurée avec les deux canons à la Vallette, et l'Altesse auroit quitté.

Des morts de la part de l'Altesse est le comte Vice-Guerre et vingt-cinq de ses gens. De l'ennemy, le lieutenant de Gouvernet et plus de cinquante de ses gens, et l'Altesse en propre a combattu vaillamment.

Le dimanche 22 décembre 1591, l'Altesse est arrivée avec le sieur comte de Carces et marquis de Pescare.

La ville d'Aix ayant nécessité de bled, a esté tenu conseil le   du dict mois, par lequel trente se sont obligés pour en prendre deux mille cestiers de la ville d'Arles pour les débiter au dict Aix, et du prix en payer celui de qui on prendra le bled, a esté commis maître Jacques Jancelme, pour aller prendre le dict bled, lequel ayant faict mettre dans les barques six cents charges conduites par le Rosne dans la mer, ceulx de Marseille se monstrant ennemys de la ville d'Aix, avec frégates armées, auraient saisy le dict bled, icelluy mené à Marseille avec le dict Jancelme, et ont débité le dict bled.

Le vendredy 27 décembre 1591, tenu conseil pour raison du dict bled, mander à Marseille, mais n'y a point eu réponse pertinente, si n'est qu'ils ont retenu le bled.

La dicte année 1591, a esté si contraire que l'Altesse n'a eu que de pire, car a perdu deux rencontres, l'une d'Esparron et l'autre de Vinon, avec deux canons, a failly Sainct-Maximin et aultres lieux de la Vallete. La famine a esté si grande que le bled s'est vendu jusques à soixante florins la charge, le vin quinze florins la meilleirolle, la chair et le poisson trois sols la livre, un œuf un sol, les solliers trente sols la paire, un caulet deux liards la pièce, et *sic* des autres choses, tout cher.

Des maladies si grandes que la veyrolle a esté aux petits enfants, fièvre pestillantielle aux grands, dont y a eu grande mortalité de gens, même d'Espagnols qu'estoient venus pour l'Altesse et couchoient dans le fumier par les rues. Bref, tout malheur a esté la dicte année. Dieu nous veuille augmenter en bien l'année prochaine.

En ladicte année, y a eu grande quantité d'huile seulement. — Fin de 1591.

ANNÉE 1592

Heureuse pour les Chrétiens du décès de la Vallete,

ennemy capital de la ville d'Aix.

Le samedy 4 janvier 1592, entendant l'Altesse que le Martègue et Sainct-Chamas avoient refusé ses gens, il y seroit allé à Berre, et de là en Arles pour voir de recouvrer Fourques, le sieur comte de Carces est allé à Draguignan, le sieur de Ligny est demeuré en cette ville d'Aix avec la compagnie du sieur de Lamanon.

Le lundy, 6 du dict mois, jour des trois Roys, le conseiller Flotte et Mademoiselle de Tulles ont faict baptiser à l'église de Sainct-Saulveur un Turc âgé de trente ans, lequel se tient avec le sieur de Ligny.

Le sieur de Carces a prins Trans et a tué une compagnie de cavalerie de la Vallete au capitaine Dampus.

Le 9 janvier au dict an, deux sergens, l'un de la porte des Augustins et l'autre de la porte de Bellegarde, ayant volé le bouclier de Son Altesse qui alloit à Berre, sont esté pendus.

Le 12 du dict mois, un brigand appelé Madame, qui avoit esté autrefois foëté, a esté pendu par arrest.

Le 1er février 1592, l'Altesse estoit en Arles, a mandé trois cens charges de bled.

Le troisième du dict mois, ayant la Vallete assemblé environ deux cents bœufs pour tirer l'artillerie passant par Vaulx, le sieur comte de Carces, le sieur de Paris et du Biosc les ont prins avec l'artillerie et monition.

Le 8e du dict mois, pour ce que Marseille s'estoit rendu rebelle contre iceulx, et Son Altesse ayant prins bled et monition, le sieur Alexandre Vitelle, gouverneur de Berre, a prins quantité de marchandises venant de Lyou au dict Marseille.

Le mardy, dernier jour de caresme prenant, 11 février 1592, sachant le dict sieur comte de Carces que la Vallete avoit faict venir de Tholon, par mer, quatre gros canons pour prendre Roquebrune, proche de Fréjus le jour et aultres lieux, le jour auparavant le dict sieur Comte auroit mis dedans Roquebrune deux cents hommes de guerre, et ayant le dict la Vallete avec son camp assiégé le dict lieu, et faisant tirer l'artillerie contre le dict lieu, et faisant le dict la Vallete adresser un des dicts canons, et luy avisant si estoit bien affusté, par le vouloir de Dieu, un auroit tiré un coup de mousquet du dict Roquebrune, environ sept heures du matin, duquel coup la Vellete a esté atteint à la teste, duquel coup, environ onze heures, est mort dans Fréjus, où il avait esté porté, et fut atteint à la teste d'un semblable coup comme M. de Vins, et aussy y sont morts son page, fils du sieur de Gramboy, Mesples qu'avoit esté gouverneur de Berre, et aultres en grand nombre, mesme le chevalier Boysson.

Le 16 du dict mois a esté faicte procession généralle.

Le camp du dict Vallete fut effrayé; mais après avoir faict bresche au dict Roquebrune, fit semblant de changer la batterie, après avoir baillé deux assauts, sur quoy ceulx du dict Roquebrune, ne sachant la mort du dict Vallete, se seroient rendus à composition, de sortir avec leurs armes et bagages et tambours battants; après le dict camp s'en seroit allé à la Durance, tout par pièces et en desbandade.

Le dict jour, le sieur de la Coste, conseiller, lequel présidoit en la Court, est décédé.

Le sieur comte de Carces, avec trois canons, a reprins Roquebrune, Figanière et Lorgues.

Le 12 du dict mois de février, des pauvres gens venant de la Durance, portant de bled en cette ville d'Aix, seroient esté prins par ceulx du Puy, et les conduisant au dict Puy, le chevalier de Meyrargues, avec ses gendarmes, y seroient allés après, et les auroient prins, en ayant tué sur la place sept, et trois qui les auroit mandés par-devant la Court, et le bled en ceste ville, entre lesquels trois prisonniers y avoit un Jean Saumet, qu'alloit au Puy avec un asne quérir du bois, et seignoit le bestail de la bocherie, et l'avoit fait prendre quelques jours auparavant, sont esté foëtés et condamnés tous trois le 24 février 1592.

Le 13 du dict mois, le capitaine du Villan et sa compagnie a deffaict quinze du Puy, et en a amené sept prisonniers; comme aussi le sieur Biosc a deffaict une compagnie de l'ennemy qu'alloit à Vinon, et en a tué vingt-sept.

Le jour de Saint Mathieu, 24 février, l'Altesse, venant d'Arles, est arrivée en ceste ville d'Aix, a porté nouvelles de la bataille donnée en France, et qu'il avoit acheté sept milles charges de bled pour secourir Aix et aultres villes et lieux tenants le parti des Princes en ce pays.

Le dict jour, y a eu deux pans de neige et grelle.

Les nouvelles de France sont que le duc de Mayenne et le duc de Mercœur ont deffaict trois ou quatre mil hommes du Roy de Navarre et ont prins plusieurs canons.

Le 26 février 1592, Gouvernet, lieutenant de Lesdiguières, a eu question avec le sieur de Monbrun, son beau-fils, et se sont tués l'un l'autre.

Le dict mois de février a esté de 29 jours à cause du bicest.

Le dimanche 1er mars 1592, est arrivé l'argent de Son Altesse, où y avoit dix-huit charges, accompagnées par les sieurs Alexandre Vitelles, Carnavas et de Magnan.

Le vendredy 13 mars 1592, dans Arles y a eu question et sont esté tués MM.   , premier consul, et trois aultres; la cause de la question est….

Le 14 du dict mois, le sieur Chayne, président, est entré à la Court pour présider.

Le dimanche 15 du dict mois, l'Altesse y a mandé le sieur de Lamanon avec sa compagnie, et le lieutenant d'Arles, lequel estoit à l'arrest de cette ville d'Aix, commandé par l'Altesse d'y aller, lequel n'estant entré dans la ville et s'estant retiré à son mas sive bastide, ses ennemys ont tué le dict lieutenant, qui s'appelait maître Bio.

Le 18 du dict mois, ceulx du Puy ont prins Peyrolles, auquel lieu n'y avoit aucuns gens de guerre.

Le jour de Nostre-Dame 25 mars audit an, sont sortis quatre gros canons et le camp pour assiéger le dict lieu, et estant de-là Venelles, nouvelles sont arrivées que les ennemys ont rendu Peyrolles et sont retournés au Puy, et les dits canons retournés en ceste ville.

Le Jeudi-Saint, 26 du dict mois, l'Altesse a habillé 13 pauvres auxquels a donné à disner leur ayant fait porter à chacun son plat garny de vivres ; la dicte Altesse et ses gens les servaient, ayant la teste descouverte, et après disner leur a faict porter le reste de leur viande, et a baillé un escu à chacun.

Le jour de Pâques, 29 du dict mois, dans l'église Sainct-Saulveur, à la grande messe, l'Altesse a faict un agneau tout rosty et en a mangé un morceau, et le reste a mandé aux Capucins.

Le lundy 30 mars 1592, l'Altesse a prins congé de la Court et s'en est allé à Nice voir l'infante et doit revenir dans deux mois, et a mené tout son attirail et gendarmes, fors le sieur Vitelle, lequel est gouverneur de Berre, lequel y a faict porter quantité de poudres et armes.

Le lendemain, dernier du dict mois, le sieur comte de Carces est party à la suite de Son Altesse.

Le dimanche 5 avril 1592, a esté tenu conseil général à la maison de ville, contenant reiteratif jurement de garder l'union faite du vivant du sieur de Vins, a esté crié par la ville le dimanche 12 du dict mois.

Le dimanche 10 du dict mois d'avril, ceulx du Puy ont prins l'Agasse, pasticier, et son fils au-dessus de Sainct-Estropy, et ont blessé des travailleurs.

Le dict jour Bras-d'Asse a esté prins par Lesdiguières par surprise et par trahison du lieutenant de capitaine, et y a eu cinq tués.

Le 11 du dict mois, ceulx de Sisteron ont mandé M. Bermond, conseiller et aultres pour parler de trève, et est arrivé à Pertuys, lequel a mandé une trompette à la Court, laquelle a mandé à Pertuys le sieur de Gréolx.

Le 14 avril, allant le capitaine Franchon, lieutenant du sieur de Magnan, conduire de sercleris au-dessus Sainct-Estropy, a esté tué par ceulx du Puy.

Le 15 du dict mois 1592, conseil tenu de moyenner la trève, et se prendre garde de la trahison de ceste ville d'Aix.

Le samedy 25 du dict mois, les convoqués pour les Etats pour résoudre de la trève, se sont assemblés le dict jour, jour de Sainct-Marc, en ceste ville d'Aix, et pour doute de trahison; les cinq capitaines de la ville ont faict enroller soixante hommes pour chacun, suivant le bureau tenu le jour auparavant, et sont esté députés le sieur de Cucuron et le sieur de Lamanon pour sçavoir le lieu et la volonté des ennemys, où se devoient assembler M. Doïse, M. de Crose, Rollin, Barthin, sieur de Saincte-Croix, le sieur de la Fare, pour la Noblesse, le sieur évêque de Sisteron, le vieux de l'évesché de Marseille pour l'église; le sieur de Lamanon et sieur accesseur Audibert pour le pays; les communes d'Apt, Draguignan, Barjols et Aups, lesquelles ont tout pouvoir conclure la trève.

Cependant ceulx du Puy ont faict plusieurs ravages et faicts prisonniers auprès d'Aix, et le cavalier d'Eyglun, conduisant gens de pied et deux canons, sont esté défaicts entre Pignans et Carnolles par le sieur de Montaud.

Le 27 d'avril 1592, les paysans de Rougnes ont tué le frère

du sieur de Selles, ont prins le fort et un beau butin, environ trente mil escus et deux cents charges bled.

Le dit jour, le sieur comte de Carces est allé au dict Rougnes, sans entrer au fort, accompagné de plusieurs.

Le cinquième may 1592, le sieur Comte de Carces a esté déclaré général de l'armée, et tel pouvoir comme avoit Son Altesse, et c'est par arrest donné le dict, et lendemain ont esté faictes cries de luy obéir à l'absence de l'Altesse.

Le 8e du dict mois a esté tenu conseil général, ayant entendu la réponse des ennemys, mesme du sieur de Lesdiguières, venu à Valansolle avec les forces, qu'ils ne vouloient point de trève, ains paix généralle, et que pendant à faire la conférence, les armes soient exploitées, a esté résolu de n'apointer avec l'hérétique et de se préparer pour se défendre et mander à Son Altesse ; y est allé capitaine Beaumont.

Le mardy 12 may a esté tenu conseil de entretenir deux cents maîtres et six cents hommes de pied pour se défendre contre Lesdiguières.

Du dict 15 may, Lesdiguières a prins Beynes, lieu fort, moyennant six mil escus qu'il a baillé au chevalier Mories, gouverneur du dict lieu.

Aussy a prins Barjols, Fayence et aultres lieux qu'il fait contribuer comme Rians, Jouques et aultres.

Le 19 du dict mois de may, ceulx de Gramboy ont tué capitaine Codonel, gouverneur du dict lieu, en doute que le dict Gramboy ne soit à l'ennemy comme est, car le sieur du dict Gramboy y est dedans.

Le 20 may 1592, conseil général où le frère du sieur de Lamanon estant venu de Sisteron, a dict la vollonté et réponse de la Court du dict Sisteron, que si Aix veut recognoistre le Roy de Navarre, qu'ils entreront en conférence pour faire la paix et non aucune trève ; le conseil a délibéré, comme le précédent conseil, de se défendre, faire une cotte, et a esté commis gens pour ce faire et de mander à l'Altesse.

Le mardy 26 du dict mois, sont partis MM. Flotte de Tulle, conseillers, M. Matta, M. Bruy, consul, et M. de la Molle, et maître Siméon, greffier des Etats, lesquels sont allés à Nice pour faire venir l'Altesse, et sont allés par mer.

Nouvelles de France que la peste s'est mise au camp du Roi de Navarre, qui a délaissé Roan qui estoit assiégé de long temps, le dict Roy de Navarre est allé à Dieppe. Les Princes et gentilshommes chrétiens l'ont délaissé pour ce qu'il vouloit demeurer à son hérésie et bailloit les Etats aux hérétiques, comme au vicomte de Torène et aultres, et le gouvernement de Provence l'a baillé au prince de Soysson, qu'esteit de la race de Condé, et la lieutenance au sieur Alphonse, qui a esté receu à Sisteron.

Le mercredy 4 juin 1592, ceulx du Puy ont amené beaucoup de bestail et gens qui travailloient au cartier de Peyblanc, et ont tué Lautier, cordonnier, et un fils d'un fustier.

Le jeudy 5 juin 1592, ceulx du Puy seroient venus au Plan d'Aillane et auroient prins et ravagé gens et bestail et la femme de Claude Bastety, et les conduisant au Puech, le sieur de Lamanon, accompagné d'aulcuns y seroient allés et auroient ôté le butin et prisonnier et se seroient battus, et de la part du sieur de Lamanon, a esté tué Bastide et prins prisonnier capitaine Claude de Cuges, et de la part de l'ennemy a esté tué capitaine du Pré, lieutenant du sieur de Sanson, gouverneur du Puy et aultres, et mené prisonnier en ceste ville d'Aix capitaine Carrion, de Sainct-Cannat, fort blessé, qu'estoit de l'ennemy.

Le 7e juin 1592, le premier dimanche dudit mois, jour de Sainct-Maximin, a esté publié le jubilé et a esté faicte procession générale, y estant les trois compagnies des Pénitents, ceulx des Carmes alloient les premiers, ceulx des Frères Mineurs les seconds, et ceulx de l'Observance derniers, portant le précieux corps de Notre-Seigneur.

Le dict jour a esté mandé lettres de Son Altesse, qu'il mandera gens et argent.

Le dict jour, nouvelles que capitaine Gasqui, gouverneur du fort Bregançon, a prins la galliote de Toulon, et a relaxé les prisonniers prins à Esparron.

Le dict jour, Sainct Barnabé, 11 juin 1592, M. Flotte et aultres députés sont venus de Nice et ont porté la volonté de Son Altesse et Infante de nous secourir, et ont porté argent pour payer les gens de guerre nécessaires pour la défence d'Aix, et requis que la ville d'Aix écrive à M. de Mayenne, luy faire avoir lettres de gouvernement, et au Roy d'Espagne bailler moyens comme avoit faict par cy-devant, et y est demeuré le consul Bruys et maître Siméonis, greffier des Etats.

Le dimanche 14 du dict mois, a esté tenu conseil général de se défendre contre l'hérétique, et mander au Roy d'Espagne et duc de Mayenne, suivant la réquisition de Son Altesse.

Le mercredy, 17 du dict mois, a esté pendu par arrest sergent Meyssonnier d'Orgon, et Antoine Aurias, atteints de la trahison d'Orgon, et son fils du dict Meyssonnier a esté relaxé.

Le jeudy 25 juin 1592, le Muy s'est rendu par composition à Lesdiguières, il y avoit trois canons, comme aussi s'est rendue la Cadière et aultres lieux où il a passé, et au-devant de Biot on luy a tué plusieurs, mesme le sieur Sainct-Saulveur, frère de Lesdiguières, et on disoit que c'estoit le dict Lesdiguières.

Le mardy 14 juillet 1592, le dict Lesdiguières, après avoir ravagé, faist rançonner les lieux où il a passé, menant butin et prisonniers, a plus de deux cents mil escus, ayant notice que le prince de Nemours ayant son camp estoit entré en Daulphiné, ayant prins Vienne, Vallence et Romans, il s'en seroit retourné et passé par Porrières, Rians, Peyrolles, allant vers Sisteron et de là au Dolphiné, et a laissé garnison à Fuveau, Peynier, Porrières et aultres lieux.

Le sieur de Lesdiguières estant à Porrières sur la nuit fust prins un grand cheval vallant mil escus par un capus Tomalserse, et l'amena en ceste ville d'Aix, lequel fut achepté par le sieur de Magnan deux cents escus, et le lendemain la trompete du dict de Lesdiguières arriva en ceste ville d'Aix pour recouvrer le dict cheval, lequel luy fust rendu au moyen de l'arrest donné par la chambre des vaccations, au moyen que c'estoit un larrecin, et aux fins que le public ne fut endommagé.

Le samedy 19 juillet 1592, arrest en audience entre maître du Puy, commis du greffe de sénéchal, querellant contre François Margarit, appartenant au lieutenant, qui l'avoit condamné en 200 livres d'amende envers le dict du Puy, pour l'avoir voulu outrager et tirer en hayne, qu'il avoit écrit au conseiller tenant la Cour de l'Ordre. La Cour a mis l'appellation au néant, condamne le dict en 100 livres envers du Puy, 25 livres en réparation de oster les fourques du Pré Batailler, et les mettre au lieu où sont les pendus, et aultres amendes aux églises, et le dict du Puy mis sous la protection et sauvegarde du Roy et de la Cour.

Le dimanche 20 juillet 1592, a esté mis Corpus Domini en l'église Sainct-Saulveur, en rendant grâces à Dieu de ce que n'avons des troubles à la récolte des bleds par Lesdiguières, hérétique et ennemy capital.

Le lundy 21 juillet 1592, M. Désidéry, conseiller, est décédé, est celuy qu'avoit esté prisonnier à Meyrueil.

Le mardy, 22 du dict mois de juillet, ceulx du Puy et Pertuys sont venus pour ravager au Plan d'Aillane, et, menant un grand butin, y seroient allés d'Aix une vingtaine de gendarmes de M. le Comte, les conduisant MM. de Mazan et de Riez, lesquels auroient reprins le butin, et poursuivant ceulx qui l'auroient prins qu'estoient quinze, les auroient menés à l'ambuscade de l'ennemy qu'estoient environ soixante, et auroient faict prisonnier le dict Mazan et six aultres.

Le mardy 28 juillet 1592, M. Thomassin, conseiller en la

Cour, est décédé ayant délaissé sept enfans mâles et quatre filles, et le premier fils ayant la survivance a esté receu le dict jour conseiller, et le lendemain a esté ensevely à l'église des Frères Mineurs.

Aussy le dict jour, nouvelles du décès de M. Fabry, greffier en la Cour de Parlement, décédé en France, et sont esté faites ses funérailles.

Le dict jour, M. le Comte de Carces a dressé son camp, environ quatre cens chevaulx et quinze cens hommes à pied, conduits par le sieur de Saint-Roman, sieurs de Suze, Lamanon, et ont reprins Fuveau, Peynier et Porrieres sans canon, et ont chassé ceulx qu'avoit laissé Lesdiguières, les quels faisoient porter les grains de récolte à Saint-Maximin et Trez, et endommagèrent la ville d'Aix.

Le lundy 3 aoust, ayant M. le Comte intelligence pour entrer à Marseille, ou pour avoir capitaine Cazau et aultres complices ses adhérans, le dict sieur faict aller le sieur Sainct-Roman avec trois cens hommes de pied, et se sont logés à un petit bastidon près de Marseille, environ une arquebuzade, et le sieur Comte et gendarmes estoient à part.

Et du lendemain mardy, 4e du dict mois, sur la nuict, les soldats bailloient la poudre l'un l'autre, un soldat ayant la mèche auroit mis feu à la poudre, tellement que s'en seroit bruslé environ deux cens, et on est demuré de morts sur la place environ sept ou huit, ceulx de Marseille ont prins deux des bruslés, le lieutenant du sieur Saint-Roman et ont faict cries au dict Marseille que faisant inhibitions à tous ceulx de Marseille venir et fréquenter au dict Aix, aultrement condamner chacun à 500 écus, et à ceulx du dict Aix, de n'aller au dict Marseille, à peine d'estre pendus, tellement qu'a esté conceue une grande inimitié par Marseille contre Aix, combien que Aix, ny la Cour ne sçavoient rien de la dicte entreprise.

Le samedy, jour Notre-Dame, 15 du dict mois d'aoust, Jean du Bour, escuyer d'Aix, est décédé d'un catarre, et lendemain, jour de Saint Roch, a esté ensevely à l'Observance, accompagné de toute la ville, ayant eu grandes plaintes pour estre homme de bien, ayant esté consul d'Aix et bon exemplaire.

Le dict jour, nouvelles de l'Altesse qu'il a prins la ville d'Antibes par force et par assaut, ayant tué, saccagé, et prins le fort par composition.

Le samedy 22 aoust 1592, veille de Saint Barthélemy, environ dix ou douze chevaux de l'ennemy sont venus jusques à la Taulière et ont tué maître Jean-Antoine Bœuf, procureur au siège et un Bouchier, et ont blessé maître Marrot, advocat, le fils de maître Rive et maître Fauton, notaire; maître Antoine Bœuf a esté receu procureur au lieu de son oncle par résignation, et lendemain le dict maître Jean-Antoine Bœuf a esté ensevely aux Frères Mineurs; on dit que c'estoit le cadet de Meyrargues.

Le mardy 25 aoust 1592, le sieur Vitelle, gouverneur de Berre, estoit sorty avec aulcuns de ses gens, un sieur cavallier estant à Sellon, serait allé avec quelques soldats au dict Berre, et a tué le sergent-majeur, et après s'est saisy des portes, icelles fermées, et revenant le sieur Vitelle pour y entrer, on lui a refusé l'entrée, et incontinent a faict entrer gendarmes envers les salins au dict Berre, et ont chassé les aultres, et tué quinze ou seize des dits soldats, et faict arquebuser le dict cavalier, les habitans de Berre n'ont rien esté compris en telle trahison qu'on vouloit faire de prendre Berre.

Le 30 aoust, le sieur d'Epernon, frère du sieur de la Vallete, est arrivé à Pertuys, venant de la part du Roi de Navarre; il n'a aporté que vents qui ont gasté tous les fruits.

Le 30 aoust 1592, conseil général que la cotte ne sera exigée à cause que le peuple estoit en divorce, et sera mis une reve sur les boulangers qui voudroient avoir permission de faire pain blanc, pour fournir et payer le bled.

Le jeudy, 3e de septembre 1592, nonobstant que la compagnie du sieur de Sainct-Marc fust à Sainct-Marc, ceulx du Puy auroient amené le bestail chargé de bled que venoit de Sainct-

Jullian, et les ont amenés au Puech en nombre de huit, et y en avoit quatre charges de Isabeau, ma niepce, tout confisqué.

Du dict moys, s'est mis feu au bois du sieur de Meyrargues, et s'en est bruslé partie au moyen des vents.

Le 15 septembre 1592, le sieur d'Epernon, avec son camp estant allé au cartier de Draguignan avec deux canons, a assiégé Montauroux, et icelluy battu y seroit entré où y estoit le régiment du sieur de Venasque, et deux ou trois cens hommes à pied, et a faict mourir les chefs et les soldats saulvés, mis avec le sieur d'Epernon, lequel a prins plusieurs aultres villes et lieux.

Le samedy 19 du dict mois de septembre, la chambre des vaccations, par son arrest, a condamné douze particuliers d'Aix appelés bladiers, sive dardaniers, qui mettoient la cherté au bled et aultres choses à la place du marché, tellement qu'à un marché acheptoient le bled à neuf escus, et l'aultre marché le mettoient à dix escus, l'huile trente livres le quintal, et sont esté condamnés à amendes, et un nommé André Achard avec un aultre, ont faict amende honorable et ont demeuré au pillier le dict jour de marché.

Le samedy 26 septembre 1592, a esté procédé au nouveau estat des Consuls d'Aix, et y a assisté M. le comte de Carces comme grand sénéchal, MM. de Furieau et Arnaud, commissaires, ayant faict publier l'arrest donné par la chambree, contenant faire sortir de la maison de la ville tous ceux qui n'estoient de la ville et qui portoient les armes n'estant point de la qualité.

Et sur la nomination faicte par M. de Lamanon, premier consul, de la personne du sieur Châteauredon, qui est le frère du sieur de Bagarris, a esté faict, avec un paterle noir et une agrène blanche au lieu de la fave, en nombre de 75 personnes et sans contredit, le dict sieur a esté faict premier consul, et après, M. Gobert, assesseur, M. du Perier, 2ᵉ consul, et M. Chavignot, notaire, tiers-consul; Jehan Michel, trésorier; Claude de Cuges, capitaine de Sainct-Jean; le frère du sieur Chasteuil, capitaine des Augustins; maître Guiran, capitaine des Frères Mineurs; maître Guérin, capitaine du Bourg; capitaine Lango Escoffier, capitaine de Bellegarde; les Consuls, Accesseur et thrésorier ont esté favés et non les aultres. Je suis sorty du dict conseil pour y avoir demuré deux ans conseiller.

Le dernier septembre 1592, conseil tenu par lequel a esté député M. Audibert, accesseur, M. Duperier, M. de Lobat et capitaine Beaumont, pour aller quérir l'Altesse, et pour se trouver le dict du Perier malade, a esté commis M. Chavignot, et la Cour a député M. Espagnet, conseiller.

Le semedy 3 octobre 1592, les dits députés sont départis d'Aix pour aller à Nice.

Le 4e du dict mois, la muraille vieille d'entre la ville et villeneufve a été commencée de rompre pour bastir la nouvelle, mais le peuple a crié et a faict cesser de rompre la vieille, attendu que l'ennemy estoit proche.

Le dict jour le camp du sieur d'Epernon est arrivé à Peynier, qui l'a prins par composition, et le capitaine Beoulaigue sorty est arrivé à Aix.

Après, le camp est venu à Porrières, Peyllobier, Rians, et ont prins tous les bleds, et iceulx ont faict porter le bled à Sainct-Maximin et à Trez.

Le 9 du dict mois, le dict camp est venu de Vauvenargues et ont prins et amené tout le bestail.

Le lundy 12 octobre 1592, a esté descouverte une trahison qu'on vouloit faire en ceste ville d'Aix, inventée par frère Balthezard Constans, religieux du couvent des Augustins, par le moyen de Madame la Comtesse de Sault, estant venu de Lormarin où est la dicte dame, et un homme retournant le cheval seroit esté prins et mis en prison le dict frère Balthezard, une sienne putain trouvée dans sa chambre, un inspaudon, une femme de Mathieu Roux, et la Cour fait leur procès.

Et le dict frère Balthezard, par arrest donné le 6 de novembre audit an, a esté condamné avoir la teste tranchée, et a esté exécuté ayant esté dégradé par M. de Sisteron, et sa putain foëtée par ville lendemain jusques à efusion de sang.

Le jeudy 15 octobre 1592, arrest de maître Combeforte, procureur au siège, et une fille de Maure, enceinte, sous promesse faicte par le dict Combeforte de la prendre en mariage, ne l'ayant voulue espouser, et a esté dict qu'il sera ouy sur les informations, et passera le quichet, et là fournira cinquante escus à la dicte Maure, et sera mise en sequestre, et capitaine Demineta adjourné en personne.

Le dimanche 18 octobre 1592, conseil général pour faire monnoye en ceste ville d'Aix; le 1ᵉʳ décembre 1592, on a commené à faire monnoye à Aix.

Du mardy 20 octobre 1592 a esté prins quinze muletiers, chargés de poisson et vivres, venants de Marseille, qu'alloient à Pertuys et à Manosque.

Du mercredy 21, venant le sieur de Beaujeu de Sellon vers la Fare, l'ennemy luy a prins son fils et aultres, et seulement le sieur de Beaujeu et un aultre sont eschapés, arrivés en ceste ville d'Aix.

Le jeudy 22, un capitaine Bertrand Vincens dit Rabeton, curatier d'Aix, estant venu sur le soir à la bastide du greffier de Rians, ayant mis une ambuscade pour se saisir de Meyrueil; mais dedans estoit capitaine Grandjean; le Bouchier gouverneur du dict Meyrueil, qui avoit prins le dict Rabeton; et du lendemain vendredy seroit esté amené aux prisons d'Aix.

Nota que le dict Rabeton estoit au meurtre de maître Bœuf, et avoit faict beaucoup de larcins à l'entrée d'Aix; le dict Rabeton a esté pendu le 7 novembre 1592.

Le dict jour sont esté fustigées par ville trois femmes putains et larronnes, et accueilloient le larracin.

Le dict jour, suivant un arrest donné par la Cour, une fille du sieur de Reauville, âgée de quinze ans, qu'avoit esté mise au monastère Sainte-Claire ayant l'âge de sept ans, et y ayant demuré sept ans, seroit esté mise en la maison du sieur Saincte-Croix pour voir de la divertir du dict monastère, à cause que son père et sa mère n'avoient d'autre enfant; tout ce nonobstant, elle avoit persisté vouloir vivre et mourir au dict monastère, ayant épousé Jésus-Christ, et après avoir demuré trois jours en la dicte maison, ne l'ayant peu divertir, estant remplie de toute beauté et grâce, on l'a remise au dict monastère pour montrer qu'il ne faut tenter une personne contre sa volonté et promesse.

Le mardy 27 octobre a esté remise au dict monastère, y estant MM. Tulle et ......, conseillers et commissaires, députés par la Cour, lesquels, avec la dicte nonain, auroient ouy messe à l'esglise, et frère Blèze a faict un sermon sur la fermeté et chasteté de la dicte nonain, laquelle portoit un rameau de laurier, enseigne de victoire contre la tentation du monde.

Le dict jour, mardy 27 octobre 1592, la compagnie du sieur Vitelle et Mazan se sont rencontrées avec la compagnie du sieur Sainct-Cannat, et se sont entrebatus et y sont demurés cinq de l'ennemy sur la place et beaucoup de blessés, et après morts; et si l'ennemy se fust retiré à Rougnes, estoit tout dépêché; le lieutenant du sieur Vitelle a esté blessé et un aultre mort.

Le dict jour sont esté baillés les prix faicts pour achever les murailles de Villeneuve, et a esté commencé rompre les murailles vieilles de la ville de ce costé, et à bastir les dictes murailles et trépadour, faict en façon de ponts, de Villeneuve, et ont faict le corps de garde près de la porte neuve du dict Villeneuve.

Le mercredy, jour de Saint-Simon, 28 octobre 1592, à Marseille ont faict les Consuls et ont confirmé pour premier Consul capitaine Cazal, ce que jamais ne s'est veu, ont aussy faict consul second un sien beau-frère, maître Boery accesseur, et tiers consul ......, lesquels ont faict sortir les religieux de Sainct-Victor et sont allés à la Ciotat.

Le dict jour, nouvelles de la mort du sieur de Joyeuse qui s'est noyé en passant le pont sur la rivière de ..... avec ses gens, estant poursuivis par le sieur de Montmorancy.

Le premier novembre 1592, nouvelles que tous les députés sont assemblés à Reims, à Soysson, pour créer un Roy catholic, et a esté mandé lettres par M. le duc de Mayenne, et M. Laurens, député.

Le dict jour, les Consuls et accesseur d'Aix et capitaines ont prins possession, fors M. Chavignot, pour estre vers Son Altesse, et tout le dict jour de tous les Saincts a pleu, qu'estoit le dimanche, et M. Gibert, accesseur, a faict harangue pour estre unis.

Le samedy 7 novembre 1592, cinq brigans du Puy auroient prins du butin vers Tholonet, et les travailleurs les ont prins et tués.

Le dict jour, 7e novembre, arrest de la Cour portant inhibitions de fréquenter les ennemys, ny aller aux lieux où ils sont sans licence des Consuls ou de la Cour.

Le lundy 9 novembre autre arrest contre capitaine Querelasse et Tampe de ne faire sédition et cryes, de ne mettre la main à l'épée. Dans la vile on disoit que cela estoit advenu pour avoir voulou parler contre le sieur de Taillade, lequel estoit icy pour parlementer de faire trêve de part le sieur d'Espernon.

Le jeudy 12 novembre 1592, sont esté fustigés cinq brigants par ville, et condamnés en galère par le sieur Prévost.

Le dimanche 22 novembre 1592 a esté tenu conseil pour faire trêve, ayant mandé la comté de Venise un gentilhomme nommé M. de Béjouac, a esté député gens pour parlementer de la dicte trêve.

Le jeudy a esté tué quatre brigants près de Meyrargues, entre lesquels estoit un Imbert qu'estoit le larron de bestail des bouchiers d'Aix, et a esté mandé la teste du dict Imbert en ceste ville d'Aix, et a esté mise aux Fourques.

Le dict jour, nouvelles de la deffaicte des gens de Lesdiguières par l'Altesse, dans son terroir auprès de Verqueyras.

Députation de gens pour la trève de la part d'Aix, sont M. de Sisteron, le Prêcheur frère de Vermine, MM. Arnaud et Thoron, conseillers en la Cour, MM. de Croze, Sainct-Roman et Lamanon, gentilshommes; M. de Gallice, conseiller aux Comtes; M. Gibert, accesseur, et M. du Perier, Consul et procureur du pays.

De la part du sieur d'Espernon, son frère Pompée, évesque d'Apt; MM. Suffren et . . . ., conseillers en la Cour; M. de Buous, M. l'auditeur Garron et Sainct-Martin, procureur du Roy de Forcalquier, et sont assignés à Sainct-Maximin, en baillant pour ostage dans Aix MM. Franchiscon, Maria, Ramefort, et au 15 janvier prochain, et dilayé jusques à mercredy 21 du dict mois, qui sont partis.

Le 23 décembre 1592, arrest, les chambres assemblées, que les chasteaux de Meyrueil, Cabriès, Sainct-Marc, seroient démollys; lequel chasteau de Meyrueil a esté démolly.

Le dict jour aulcuns de la compagnie du sieur de Suze, se sont battus entre Rougnes et le Puy avec la compagnie du sieur de Sainct-Cannat, et capitaine Urban Michellon dit Barbasse est mort, et aultres.

Vendredy 25 décembre 1592, jour et fête de Noë, grand froid.

La veille du jour de l'an, nouvelles asseurées que l'ennemy devoit entrer dans Aix lendemain jour de l'an, et qu'il y avoit une porte à son commandement, à quoy la Cour a faict faire cries que grands et petits eussent à se trouver à la garde, et mettre lumière aux fenêtres, ce que a esté faict, et les rondes à cheval et patrouilles par la ville le dict jour de l'an, ayant notice de trahison.

ANNÉE 1593

Le samedy, second janvier, le Conseil délibère de faire des vinteniers et centeniers, en confirmant M. le comte de Carces, général de l'armée, dont la Cour l'a approuvée, pour se défier d'aulcuns capitaines, et les portes sont esté fermées trois jours, fors la porte de Sainct-Jean.

Le dimanche 3 du dict mois, la Cour s'est assemblée et a procédé à la nomination des vingteniers et centeniers, et a baillé arrest pour l'assurance de la ville.

Le dict jour sont esté faites cries de ne faire masques et danses, et aux hôtes du ne loger aulcun de la ville, ny les estrangers sans billete.

Le mardy, veille des Rois, 5e janvier 1593. Nouvelles de l'assemblée de la création d'un Roy à Paris, et la Cour a enteriné les lettres de gouverneur pour le Roy en ce pays, obtenus par M. le Comte de Carces, grand sénéchal.

Le dict jour, le jeudy 7e du dict mois, les dictes lettres sont esté publiées en audience.

Le jeudy 21 janvier 1593, MM. Franchisio, Maria, le sieur de Chaupal et Sovernac, gouverneur de Toulon, sont arrivés pour ostages, et par même moyen, les députés sont allés le dict jour à Sainct-Maximin pour procéder au fait de la trève, et lendemain a esté faicte procession généralle, priant Dieu pour faire la dicte trève, et continué durant neuf jours, demurant le précieux corps de Nostre Seigneur en l'église Sainct-Esprit.

Le dict jour, 21 janvier 1593, sont esté prins constitués prisonniers un capitaine Raganeau de Cadenet, se tenant à Peyrolles, Vincens de Magnin d'Aix, le sieur de Chastueil et aultres, le dict Raganeau, Vincens et aultres, accusés de la trahison d'Aix, voulant faire entrer l'ennemy dans Aix par la porte Notre-Dame, ayant esté le dict Raganeau et Vincens à Aurenges deux fois, et composité avec M. Blacon, hérétique, et auroit le dict Vincens receu cent livres.

Le jeudy, 28 du dict mois, les dicts Raganeau et Vincens, par arrest de la Cour, sont esté déclarés atteints de la dicte trahison, condamnés à estre pendus et étranglés, et après leurs testes tranchées, et sont esté exécutés et faict amende honorable en Audience, et la teste du dict Raganeau, de Peyrolles, a esté mise à la porte Sainct-Jean, et l'aultre à la porte des Frères Mineurs, et un d'Avignon, qu'estoit des complices, a esté condamné en gallère, lesquels, à l'exécution ont confessé ce que dessus, mais qu'ils en avoient adverti M. de Lamanon.

Iceluy Vincens estoit estimé un grand crocheteur et rompeur de portes, et le dict Raganeau avoit une compagnie par acte de la Cour, estimé ingénieur et conducteur à passer rivières. Dieu a faict grande grâce d'avoir découvert la dicte trahison, car le dict Raganeau, duquel on se fioit, vouloit faire entrer gens à la dicte ville, et un soir auroit mis sédition à la ville, et le dict Vincens, avec engins, eust ouvert la porte Nostre-Dame où les ennemys fussent entrés, et se fussent saisis de l'église Sainct-Saulveur. O quelle désolation !

Le dict Raganeau à la question avoit accusé capitaine Reynier, lequel incontinent fut mis en prison, et ouy et accusé, et lorsqu'on l'exécutoit, le dict Raganeau déchargea le dict Reynier.

Le vendredy 29 du dict mois, Estropy, savoneur d'Avignon, habitant d'Aix, a esté par arrest pendu et estranglé pour la dicte trahison, et a déchargé le dict capitaine Reynier de ce qu'il l'avoit accusé.

Le dimanche dernier janvier 1593, ceulx qui estoient venus pour ostages s'en sont allés à Sainct-Maximin, et les députés pour la trêve qu'estoient au dict Sainct-Maximin sont arrivés en ceste ville d'Aix, n'ayant encore rien faict de la trêve, s'estant retenus huit jours à repondre, si on doit quitter l'étranger qu'est l'Altesse, lequel s'estoit rendu protecteur de Provence, et même de ceste ville d'Aix. Le sieur Bleama, médiateur de la trève, est allé à Sainct-Maximin.

Le mercredy 3 février 1593, a esté tenu conseil sur la trève de ne quitter l'union des Princes; que les absents ne se retireront en cette ville pendant la trève, en attendant un Roy catholic.

Le mardy 9 février 1593, M. d'Espernon a mandé lettres à la Cour et MM. les Consuls, qu'il vouloit entrer dans la ville d'Aix, et pour son asseurance luy délivroit à son pouvoir Noves, la tour de Bouc, Sellon, le Martigue; et comme chose impossible, le conseil tenu le dict jour a délibéré se préparer pour se défendre, et par ainsi ne pouvoir faire trève.

Le jeudy 11 février au dict an, arrest en audience de M. Guiran et aultres prisonniers, plaidant maître Lance, geollier, contre MM. Agar, Chasteauneuf et Tourtour, conseillers, qui auront empêché la relaxion des dicts prisonniers, a esté dict qu'il se pourvoiront au conseil d'Estat, et Massoneau, pour avoir exécuté les lettres du sieur de Mayenne, sans les montrer à la Cour, condamné en dix escus d'amendes.

Le dict jour, la Cour a sursoy les audiences.

Le vendredy 15 février 1593, conseil général assemblé au réfectoir des Augustins par arrest de la Cour, délibère que sera faicte une cote esgalle tous généralement entreront, et sera mise à un coffre ayant trois clefs qui seront gardées l'une par la Cour de Parlement et l'autre par la Cour des Comptes, et l'autre par les Consuls, lequel argent sera employé pour la guerre.

Le sixième du dict mois, le sieur de Montmeyan a amené prisonniers les Consuls de Manosque, capitaine Verdache de Sisteron, maître Boyer, procureur en Parlement et aultres prins auprès Sainct-Julien, venans de Manosque, allans à Brignolle, à l'assemblée du sieur d'Espernon.

Le mois de février et mars n'a esté fait que de prinses les

uns contre les aultres, et faict plusieurs prisonniers et meurtres, ayant les lieux de Lambesc, Sainct-Cannat esté prins par le sieur d'Espernon ou ses gens nommés Escarrabins par le moyen du sieur de Saint-Cannat.

Le .... M. Ollion, jadis procureur de Parlement, homme de bien, est décédé ensepvely en l'église des Carmes.

Le samedy, 3e avril 1593, les Escarrabins ont prins Gardane par le moyen du sieur du dict lieu.

Le dimanche 4e avril, les dicts Escarrabins ont deffaict la compagnie du capitaine Bastin à Roquefavres en allant à Vellaus.

Le mardy 6 du dict mois, Auriol a esté assiégé par le sieur d'Espernon avec sept canons, et commencé à tirer le mercredy 7e du dict mois et à l'armée du dict siège ; les dits d'Auriol, conduits par capitaine Motte, Audibert et aultres ont faict sortie, et ont tué le sieur de Sainct-Pol, fils de l'admiral, avec 25 ou 30 et plusieurs blessés, depuis ont continué à tirer cinq ou six cens coups, sont venus à parlementer, dont le capitaine Motte, le fils du capitaine Berlan, Blanc et Audibert, sont sortis et sont esté pendus, et est le sieur d'Espernon entré au chasteau et prins des prisonniers le samedy 10 avril 1593.

Le jour 6 du dict mois, entreprinse de trahison à Sellon par aulcuns de la ville, et doutant aussi de trahison au Martegue, M. le comte de Carces y est allé et est revenu ayant assuré le tout.

Le vendredy 9e avril 1593, conseil général d'emprunter argent pour la guerre, faire cotte de demy escu pour cent sur tout le bien, marchandise, industrie et debtes, et que le sieur comte de Carces faira battre la monnoye et en faira vente à la ville, et qu'on mandera M. Fabry à Son Altesse.

Arles s'est accommodé avec le sieur d'Espernon, duquel a obtenu patente, sive sauvegarde de ne courir son terroir, cependant et sous prétexte de ce, il leur a fait prendre Trinquetaille, qui est toute la déffense de son terroir; on dict que M. de Montmorancy l'a prins.

Le samedy, 10 avril, le dict sieur d'Espernon estant à Gardane avec quatre cents chevaulx seroit venu ravager par le long de l'Arc, et a prins de lecives, et de mesme a faict au terroir de Marseille, et a prins bestail et prisonniers ; M. le Comte estant sorty aulcuns de ses gens se sont battus avec aulcuns de l'ennemy, et ont tué de chevaulx et blessés aulcuns, comme aussy l'ennemy a blessé capitaine Martin, gendarme, et a eu son cheval.

Le lundy 12e avril 1593, le dict sieur d'Espernon, cuydant avoir Marseille, a faict donner sur le soir deux coups de pétards à la porte du dict Marseille, appelée la porte d'Aix, ayant enfoncé deux hormis le pont levis, et incontinent Marseille s'est mise en armes et le garde que l'ennemy ne y eust entré.

Du mercredy 14e du dict mois, après la procession, a esté dict à l'église Sainct-Saulveur *Te Deum laudamus*, car Marseille prinse, Aix estoit de même.

Le mardy 13 avril 1593, M. de Sainct-Roman, gouverneur de Sellon, faisant venir de bled du Comtat au dict Sellon entre Mallemort et le Vernègue, l'ennemy est venu pour le prendre environ cent cinquante hommes, le dict sieur de Sainct-Roman qui estoit en ambuscade a tout deffaict et tué plus de 120, et le reste prisonniers ou eschapés.

Les jours suivants, y a eu prinse de bestail, bled et gens.

Le jour de Pâques, 18 avril 1593.

Le second jour des fêtes de Pâques, 19 avril, Roquevaire assiégé par le sieur d'Espernon avec les canons qu'il avoit au-devant d'Auriol, et avec grande furie l'a faict battre, et le 21 du dict mois a esté prins par assaut et par force, et le tout pillé, bruslé, et a faict pendre capitaine Bordon, gouverneur, et trente des autres et plus.

Le dimanche 24 avril 1593, les ennemys ont couru par le

terroir d'Aix, et ont tué un pauvre homme appellé Jacques Hermelin, et le jour auparavant avoit esté tué auprès de Fuveau, dix-huit ou vingt Escarrabins de l'ennemy.

Le jeudy 25 avril 1593, a esté pendu et bruslé par arrest de la Cour un nommé Sallebert de Pézenas, qui avait esté au sieur d'Espernon, et prins prisonnier de guerre et à cause des meurtres qu'il avoit faict, après avoir payé sa rançon, fust prins par le prévost Bonfils et mené au palais, et dans deux jours lui a faict son procès et a esté pendu comme brigand et bruslé comme hérétique.

Le dict jour, 29 avril 1593, le camp du sieur d'Espernon est venu aux bastides du prieuré de Sainct-Jean, Beauvezin et aultres devers l'Arc, et faisoit bruit venir donner du pétard aux portes d'Aix, le dict jour on a renforcé les portes de terre et les gens du cartier des Frères Mineurs ont commencé faire un autre pont-levis.

Le samedy premier may 1593, tout le camp du sieur d'Espernon est venu de la tour de Las Ajades, et est venu devers la bastide de Téric, et a esté tiré une pièce du cartier des Frères Mineurs, et a donné au milieu du dict camp tirant le chemin doit; après sont venus attaquer M. le Comte, le sieur de Lamanon, le sieur de Magnan et les gens de pied, dont l'escarmouche a duré depuys midi jusques à cinq heures.

Après le camp faisoit semblant d'aller à Gardane, a passé le Pont de l'Arc pour venir au Pré Bataillier, environner les gens de la ville, et au Moulin-du-Pont y estoit la compagnie du capitaine Rastin, qui les ont salués de telle fureur qu'ils ont tout tué le maître du camp des Escarrabins et aultres. Le sieur d'Espernon a mandé aprocher une colobrine qu'ils conduisoient et ont tiré quinze coups contre le dict Moulin, tellement qu'a esté tué le capitaine Balthezard, enseigne de la dicte compagnie, et un aultre, et en prins sept ou huit, lesquels le sieur d'Espernon a tous faict pendre aux fenêtres de la bastide du sieur Fabrègues, où estoit le fils de maître Claude Chays, sergent de la dicte compagnie, et puis s'en sont allés M. le Comte ayant mandé sa trompète à M. d'Espernon, et veu le massacre et réponse, y avoit sept prisonniers escarrabins, lesquels du dict jour les a tous fait pendre aux arbres proches du Pré Bataillier, à la veüe du dit camp de l'ennemy, qui est allé à Aiguilles et de là à Saint-Cannat; on dit que du dict camp de l'ennemy y est mort ou blessé à plus de trente.

Le dimanche 16 may 1593, les gens du cartier se sont assemblés au couvent des Frères Mineurs par dit M. Mazargues, conseillers en la Cour, M. Guiran, conseiller aux Comptes, et M. de Perier, consul, a esté résolu curer les fossés du dict cartier des Frères Mineurs, et suivant l'ordre de ceulx des Augustins.

Le 29 may audict an, la Cour a faict arrest contenant contrainte d'assister les vingteniers aux fossés, et à tous de payer la cotte.

Le 17 du dict mois, par commandement de M. le comte de Carces, gouverneur, le reste de la bourgade des Frères Mineurs a esté commencée à rompre.

Le 25 du dict mois continué, y assistant le dict sieur Comte et Viguier.

Le lundy 17 du dict mois, cries de par M. le comte, gouverneur, de ne refuser les monnoyes. C'est les pinatelles que sont, ne pesant que 158 les testons pour cinq florins, l'escu d'or pour 4 l. de pinatelles, la realle pour 3 l. de pinatelles, tellement que les marchandises sont à plus haut prix que ne se vendoient, car le bled est à 18 ou 20 l.; l'huile 30 l.; le cordeillat 36 s. le pan, le cadis 30 s. le pan, la chair 10 s. la livre, les solliers 1 l., et sic des autres choses au quadruple, plus ne se vendoient auparavant, tellement que tout revient au premier prix, ayant esgard que les espèces ont multiplié quatre pour un.

La Cour a donné arrest à la barre le 29 may 1593, entre Michel Murot, demandeur en rachept d'une terre d'une part, et

Imbert Bertrand, par lequel le reçoit au rachept en payant à la monnoye courant, ores que l'acte fut de 1577 et la collocation de 1591, avant l'augmt des monnoyes.

Le 4e juin 1593, la compagnie du sieur de Montmeian a mené gens, bled et bestail qu'alloient à l'ennemy.

Le lendemain 5 juin, veille de la Pentecoste, l'ennemy est venu au Devent et ravagé gens et bestail, et entre autres ont prins Balthezar Bonau dit Nicolin, et amené à Saint-Cannat et Lambesc, estant deux cents chevaulx, dont ceulx de M. le Comte ne les ont osé attaquer, le dict Nicolin est revenu le dimanche 11 juillet 1593.

Le vendredy jour de Sainct Barthélemy 11 juin, à minuit, sont arrivés M. le consul Chavignot et aultres députés avec argent, venus de Son Altesse avec le sieur évesque de Vence, ayant charge de la distribution des deniers.

Le mardy 15 du dict mois, le pastron qu'estoit larron d'un party et d'aultres ravissant gens et bestail, a esté pendu et exécuté à mort.

Le jeudy, jour de la feste de Dieu, 17 du dict mois 1593, l'ennemy est venu avec son camp assiéger Aix, et n'a empesché de faire la solemnité de la feste de Dieu, comme procession à la coutume, banquets et dances, dont chez le sieur de Peyresc, prince d'amour, a esté fait grande réjouyssance, où y estoit M. le comte de Carces, madame sa femme et aultres, consuls et noblesse d'environ cent cinquante hommes, et de matin au soir tous voisins et aultres.

Le dict jour, l'ennemy s'est saisy de la bastide du capitaine Denize et de la tour d'Entremont ruinée, et s'y sont barriqués, et ce pour moissonner et prendre les grains semés.

Le vendredy 18 du dict mois 1593, quatre gendarmes de M. le Comte sont allés prendre un gendarme de l'ennemy qui faisoit sentinelle à la dicte tour d'Entremons rompue, et l'ont amené à Aix avec son cheval et armes, et celuy qui l'a prins est M. de Montfort et trois aultres.

Le dimanche 20 juin 1593, des soldats sont allés à la dicte tour et ont tué un cheval de l'ennemy.

Le mardy 22 juin 1[...] le gros de l'ennemy est descendu de la montagne de la dicte tour d'Entremons, venant droit pour se saisir du couvent des capucins et de l'hospital, le sieur de Mesples conduisoit l'infanterie de l'ennemy avec grande fureur, et combien que l'alarme eut sonné par diverses fois, toutefois le peuple n'estoit pas guère prest, mesme qu'estoit avant diner environ neuf heures du matin; toutefois à l'hospital y avoit deux compagnies qu'ont soutenu la charge; après les compagnies de la ville, conduites par le sieur de la Salle et M. de Lamanon, sont sorties et ont si bien combattu qu'on a faict retirer l'ennemy de là où estoit venu, et en est mort ou blessé plus de cent; le combat a duré depuis neuf heures du matin jusques à quatre après midy; on a dit que de l'ennemy est mort des chefs le sieur baron de la Roche, et de notre part est mort ou blessé sept ou huit, et des chefs a esté blessé capitaine Bastin, et ont tué une femme qui bailloit à boire aux soldats de la ville, et sont esté blessés Arnaud, sergent, et Benoit Mouton.

Et parce que l'ollivète du sieur de Meyrargues et aultres olliviers proches de la ville endommageroient ceulx de la dicte ville, le mercredy 23 juin 1593 sont esté faictes cries d'aller tout couper, ce qui a esté faict, et a esté tout prins par ceulx qui ont voulu, et les pauvres ont tout prins.

Le dict jour 23 juin 1593, l'ennemy, environ deux cents chevaulx sont venus de long de l'Arc et ont prins moissonneurs et les dails, et ont pandus quatre des dicts moissonneurs aux arbres, et ont prins à moy une asnesse et trois aultres bestes chargées de bled que j'avois louées, et y avoit un mulet et deux asnes, le bled l'ont jetté par terre que à esté partie prins par pauvres de la ville et le reste ay mandé quérir par gens à trente sols par homme pour chaque voïage, le mulet et asne apartenoient à un muletier appellé Nas de Roy, et l'autre asne apartenoit à Jean Roux dict Nas de Roy, estant prins Michel Allard nostre vallet et aultres gens et bestail, et ont tout mené au camp dessus la dicte Tour.

Le dict jour 23 juin 1593, les procureurs du siège, estant syndics M. Bermond et Rimet ont consenty à ceux decedants et tués à cause de cette guerre, les héritiers pourront faire à leur profit de leurs ofices sans estre empeschés; et M. Remilzat plus aultres conseillers au siège dans la chambre assistoient les conseillers et MM. les gens du Roy ont autorisé le dict conseil, et ordonné estre enregistré au greffe.

Le jeudy 24 juin 1593, jour de Saint Jean et jour de l'octave, à cause de la pluye, on a différé faire la procession jusques au dimanche prochain, et l'ennemy a faict venir de Lambesc deux canons au-dessus Saint-Estropy.

Le vendredy 25 juin 1593, l'ennemy est descendu de ladite montagne d'Entremons vers Saint-Estropy avec grande fureur, lequel a esté repoussé par les gens du sieur comte de Carces, et le combat a duré depuis huit heures du matin jusques à huit heures du soir, et y a des morts et blessés d'une part et d'autre et plus de l'ennemy.

On dict que de l'ennemy est mort un frère de M. de Buous, un corsson chef qu'on a mené a Aix et la trompete François Figuière l'a despouillé et a eu les anneaux d'or et aultres choses, son cheval, et aultres gens de l'ennemy, et plus de cent sont morts; et des gens de M. le comte est mort capitaine Baron, un serviteur de Beotrier, et blessés environ quinze mis à l'Observance pour les guérir. L'ennemy s'est logé à la bastide du sieur de Tourtour.

Le samedy 26 juin 1593, l'ennemy a coupé beaucoup d'arbres et s'est barriqué avec ses pièces à Saint-Estropy, et sur le soir a esté faicte une grande escaramouche et y est mort plusieurs de l'ennemy et Mesples et aultres blessés, et de M. le comte de Carces en est mort deux, l'ennemy tiroit des Mousquetades que venoient dans la ville, et vers Nostre-Dame de l'Accès est venue une troupe de l'ennemy qui venoit vers l'Arc, et ont tué un fripon, homme vieux, et un de la dicte troupe s'est escarté donnant entendre qu'il estoit de ceulx de M. le Comte, et a blessé une femme et trois petits enfants, par le vouloir de Dieu a esté prins et son cheval est blessé dont est mort; dans la ville on disoit qu'estoit trompète, mais la contre-faisoit portant une trompète, ains estoit un maulvais gendarme de l'ennemy.

Du dimanche 27 du dict mois, sont esté faictes deux escaramouchades, l'une environ vespres, et les gens de M. le Comte sont allés assortir l'ennemy au-dessus de Saint-Estropy, où y est mort de l'ennemy le sieur de Montaud et le sieur de Fraissocière, lieutenant du sieur Escaravache, gouverneur de Riez, et plusieurs aultres morts et blessés, et de ceulx de M. le Comte est mort un Daqui, enseigne du capitaine Stacy, anglois, un laquay du sieur de Thourame, et l'autre escaramouche sur le soir commencée par l'ennemy, à laquelle n'ont rien faict.

Le dict jour, grosse pluye.

Du lundy 28 juin 1593, l'ennemy a faict un fort fossé de long et du côté Sainct-Estropy, faisant moissonner de ce côté, et a faict tirer quelques coups de mousquetade dans la ville et a blessé quelqu'un, même un clerjon de Saint-Saulveur.

Le dict jour est venu une trompète de l'ennemy, disoit qu'il y avoit paquet venant de Rome, et on y a mandé un aultre tambour pour quérir le dict paquet; cependant l'ennemy a prins des moissonneurs et femmes vers Sainct-Laurens et les ont menés au camp, l'ennemy a mis un régiment au claus du sieur Reuzat, de la ville leur a esté tiré quelque coups de canon et a esté moissonné au Devens et Tholonet, et faict porter les gerbes dans la ville en dépit de l'ennemy.

Le dict jour, le sieur de Sainct-Roman, gouverneur de Sellon, a coureu vers la Durance et a prins poudre, cordes, pain, gens et bestail qu'alloient au camp de l'ennemy.

Le mardy 29 juin 1593, jour de Saint Pierre, l'ennemy en grande troupe est venu de long de l'Arc, qu'on disoit que venoit de Sellon, et traversant vers Nostre-Dame de l'Accès auprès Saint-Laurens, a esté tué le fils du sieur Dupont, et plusieurs moissonneurs sont esté blessés ou tués, et aultres avec les bestails menés au camp, de même faict un autre troupe de l'ennemy venant devers Meyran long de la Torse, le bled jeté par les chemins, et après les pauvres de la ville le ravissoient, tellement que le maître à qui appartenoit le bled en avoit bien peu, et Merindol, fermière du disme de M. d'Aix, ayant mandé quérir deux charges pour le disme de mon bled de la terre du Devens, les asnes lui sont esté prins et le bled jetté par terre, lequel l'a mandé puis après quérir. Bref grande désolation.

Le dict jour est arrivé du camp un que disoit venir de Rome et alloit en Avignon pour estre recteur, mandé par le dict d'Espernon pour voir de pacifier.

Le mercredy, dernier jour de juin 1593, l'ennemy a ravagé gens et bestail et a donné escaramouche lorsque le dict recteur est retourné du camp de l'ennemy en ceste ville pour voir de pacifier, l'ennemy a tué le cheval de M. Arlaud, gendarme de M. le Comte, le dict sieur Comte a permis aux soldats prendre le bled que l'ennemy moissonnoit et en faire son profit, ce qui a esté faict du costé de la dicte tour d'Entremont, et a esté tué cinq ou six de l'ennemy, ayant de la ville esté tiré sur le soir quatre ou cinq coups de canon, dont le neveu de M. Valerozat, gouverneur de Sainct-Maximin, a esté tué.

Le dict jour, la ville a emprunté argent de tous les marchants de la ville, et le cousin François Girard a prêté 100 l., acte pris par maitre Joseph Borrély, greffier de la ville.

Du dict jour, sont départis quinze gendarmes de M. le Comte et sont allés vers Sainct-Maximin, lesquels ont rencontré une compagnie de gens à pied et moissonneurs qui venoient au camp de l'ennemy et portoient chambons, fromages et aultres chose, dont le tout a esté prins et tout par les dicts gendarmes et mené tout à Aix, et maitre Reboly de Brignolle blessé.

Du jeudy premier juillet 1593, la Cour et le dict sieur comte de Carces s'est assemblé, ayant ouy le dict recteur de Carpentras qui disoit avoir esté mandé par Nostre Sainct-Père, au moyen que Sa Saincteté avoit veu les articles de la trève refusés par le sieur d'Espernon, et qu'il avoit lettres de créance pour pacifier le tout, et avoit la carte blanche du dict sieur d'Espernon pour accorder tout ce que demanderoient. La dicte Cour et le dict sieur Comte luy ont faict réponse que le dict sieur d'Espernon retirasse son armée, et après qu'on luy répondroit, et n'estoit que finesse de d'Espernon, car cependant on continuoit le fort ou l'ennemy estoit logé.

Du dict jour, cries de ne porter rien à l'ennemy, et dire mal à M. le Comte.

Du dict jour, l'ennemy a ravagé gens et bestail, et tué pauvres gens qui moyssonnoient.

Le dict jour a esté faicte escaramouche du cartier de la bastide du sieur de Revest, et l'ennemy blessa quelques soldats, et prins prisonniers un gendarme nommé Jean Achard; et sur le soir, vers la tour d'Entremont, a esté faicte aultre escaramouche dont l'ennemy a eu de pire, car de l'église de Sainct-Saulveur a esté tiré quatre ou cinq coup de canon, qui sont allés au milieu de l'ennemy, qui se mettoit en garde, et en a tué quantité de gens, outre qu'a esté mis feu aux fiasques des soldats de l'ennemy, qui en a bruslé beaucoup, le dict Achard fut sauvé tout en chemise, qu'on le vouloit pendre.

Du vendredy 2 juillet 1593, l'ennemy a blessé un gendarme nommé capitaine Perrin estant à une terre de Louis Laubon, qui faisoit moissonner; autre exploit de guerre n'a esté faict du dict jour, si n'est que, sur le soir y a eu allarme que l'ennemy venoit du terroir de Marseille et menoit gros butin; le dict Perrin est décédé ensevely le dimanche 11 juillet.

Le samedy 3e juillet 1593, le dict sieur d'Espernon a faict réponse qu'il vouloit estre recogneu pour gouverneur et entrer dans Aix à la fin de trois mois, et pour asseurance vouloit avoir la tour de Bouc, Saint-Remy, Noves et Sellon. M. le Comte ne luy a répondu rien, ainsi les voyant assemblés, leur a mandé un coup de canon qui a tué deux.

L'ennemy a faict escaramouche et ravagé; mais lui ont tué quatre ou cinq, deux au dessous d'Entremont, un après Nostre-Dame de l'Accès, et l'aultre au Pré-Batailler, prins cheval et armes, et estoit habillé de velours ayant casaque noire.

Le dimanche 4 juillet 1593, a esté faicte la procession de l'octave de la feste de Dieu.

Le dit jour ont esté mis des faissines au clochier de l'église Sainct-Saulveur, et l'ennemy ayant sept canons en a tiré trois ou quatre coups sur le soir, dont deux coups sont allés vers la dicte église, et l'aultre près la maison de M. Pellicot; sur le soir on a faict un fossé dans Villeneuve; les bollets sont esté benis dans la dicte église.

Le dict jour, la Cour et le sieur Comte ont député MM. Thoron, Tulle, conseillers, et M. de Gréoulx pour aller parler au recteur de Carpentras à Pertuys, y sont allés et n'ont sceu rien advancer.

Du lundy 5 juillet 1593, l'ennemy a tiré tant de jour que de nuit vingt-cinq coups, et par le vouloir de Dieu n'ont faict aulcun mal, le soir l'ennemy a tué moysonneurs et prins gens et bestail, et a tué Jaume le fou.

Du mardy 6 juillet, l'ennemy a tiré vingt-cinq ou trente coups n'ayant faict aucun dommage, si n'est que rompre deux dents à une femme et quelques tuiles, et ont ravagé gens et bestail; de la ville leur a esté tiré quelques coups que les a endommagés, et environ onze heures du soir, M. de Lamanon leur a baillé l'allarme devers la Torse et de l'hôpital, dont plusieurs prisonniers se sont saulvés.

Le mercredy 7 juillet, l'ennemy a fait escaramouche vers l'hôpital, et est venu en gros de Sainct-Laurens, dont est mort trois ou quatre d'iceux de M. le Comte, et blessé M. Relhanete, Chermas et aultres qu'estoient sans armes comme s'apartient;

de l'ennemy est mort et blessé aulcuns, mesme par le moyen du canon tiré de la ville contre l'ennemy.

Du jeudy 8 juillet, M. de Saint-Roman, environ cent maîtres et deux compagnies de gens à pied, sont venus de Sellon, entrés dans Aix, nonobstant les ambuscades de l'ennemy qui ne l'ont osé attaquer.

Le dict jour de matin, après l'arrivée du sieur de Saint-Roman, l'ennemy a mandé un tambourin pour parlementer, et estre arrivé au-dessous l'hospital, aulcuns se seroient assemblés pour entendre ce que vouloit dire le dict tambourin, et incontinent l'ennemy a tiré un coup de canon qu'a coupé les jambes au capitaine Brignot, et Sperit Marrot blessé et aultres incontinent, on a tué le dict tambourin par le bon jour, l'ennmy a prins et tué des pauvres gens, mesme un nommé Magnan ; le dict capitaine Brignot est décédé le 23 juillet 1593, et ensevely en l'Observance.

Du vendredy 9 juillet 1593, l'ennemy a tiré des coups de canon contre les canons qu'estoient près l'Evesché, et a tué Denis Bouquet, bonbardier, M. le Comte avoit advertissement lorsque ces pièces tiroient, que d'Espernon se tenoit à une tente qu'il avoit fait mettre auprès et au côté de ces canons. Incontinent M. le Comte a fait tirer un et deux coups de canon droit à la dicte tente, et un coup a esté si bien tiré que par le vouloir de Dieu, M. d'Espernon a esté blessé, et aultres grands personnages qu'estoient à la dicte tente.

Incontinent un tambourin est descendu de la baricade, qui a porté nouvelle de la mort du dict d'Espernon, aultres sont venus auprès du camp, qu'ont confirmé la mort du dict d'Espernon, blessé au flanc envyron deux heures après midy.

Du dict 9 juillet 1593, M. de Saint-Roman est allé au-dessus l'hôpital, et trouvé que l'ennemy tenoit bonne mine ayant la mort du dict d'Espernon, et auroient triplé les sentinelles, et n'ont pas cessé tirer quelques coups de canon et de mousquet, cuydant couvrir la mort du dict d'Espernon; le dict jour, l'Eglise faisoit solemnité de l'octave de Notre-Dame de l'Accès.

Du samedy 10 juillet 1593 a esté mandé un laquay pour sçavoir la vérité de la mort du dict d'Espernon, a esté rapporté que sa garde pleuroit, montrant qu'il estoit mort, ores que par le camp se disoit avoir esté blessé jusques à la mort, et le dict camp n'a cessé tenir bonne mine et tirer quelques coups de canon, comme aussi la ville de même, et le dict d'Espernon s'estoit gardé de quatre ou cinq cents personnes, n'ayant la blessure esté veüe par vivant, tellement qu'incontinént qu'il fut blessé, il décéda.

Le dimanche 11 juillet 1593 matin, M. de Crozes est arrivé avec quatre-vingt chevaulx.

Le dict jour a esté rapporté à M. le Comte comme le corps du sieur d'Espernon auroit esté porté à Pertuys, et qu'il fut blessé du coup de canon au flanc, le vendredy 9 juillet 1593, envyron deux heures après midy, et décéda le lendemain à cinq heures du matin; et furent tués avec luy trois aultres grands personnages qui estoient avec le dict d'Espernon, nommés les sieurs Monpezat, du Puil et Saint-Vincens, outre plusieurs aultres qui furent blessés du dict coup. Est à louer Dieu de la mort du dict d'Espernon, homme de mauvais vouloir, qui n'avoit jamais voulu venir en accord et qui avoit ruiné la France et vouloit ruiner la Provence, même ceste ville d'Aix, qui la vouloit mettre à feu et à sang.

Le dict jour, adverty que le camp avoit fait deux chefs, l'un M. de Passages et l'aultre M. de Chastillon pour la cavalerie et gens à pied, et ont mis une enseigne blanche au bord de la tranchée, et une potence, et la ville a mis l'image de Notre-Seigneur à la tour de Bellegarde, et à la tour de Luque.

Le dict jour, dimanche 11 juillet 1593, après vespres, estant M. le consul Chavignot au cimetière de Saint-Saulveur, faisant monter des saques de laine au clochier, où estoient les canons, l'ennemy auroit fait tirer un coup de canon à la vizette où y estoient les sieurs conseillers de Châteauneuf, Michaélis, et Fabry et aultres, et le coup a atteint la dicte vizette de laquelle a arraché un degré et est tombé sur la tête du sieur Chavignot, duquel coup est décédé et a esté enseveli à l'Observance.

Du lundy 12 juillet 1593, sont arrivées deux compagnies du sieur Drize, et n'y a eu aultre exploit de guerre à cause de la pluye. D'un côté et d'autre a esté tiré quelques coups de canon.

Le dict jour, cries de ne vendre l'avoine que 40 livres la charge, et le foin 40 sols le quintal.

Du mardy 13 juillet 1593, l'ennemy avoit mis garnison au chasteau de Saint-Marc, et le sieur de Saint-Marc, ennemy, adhérant au dict d'Espernon, faisoit moissonner des paysans, et aultres qu'estoient en ambuscade les ont tué, qu'estoient en nombre de vingt-cinq ou trente.

Le dict jour après-diner, M. le comte Saint-Roman et aultres ont assorty le camp de l'ennemy de deux ou trois parts, sçavoir M. le Comte devers l'hôpital, le sieur de Saint-Roman devers le jardin de M. Remezat, a tant que le dict sieur Saint-Roman a gagné le dict jardin et celuy du sieur de Bargemont, et a tué 25 ou 30 de l'ennemy, et en faisant les escaramouches a esté tiré plusieurs coups de canon de la ville qui en a tué beaucoup, l'ennemy en a aussi tiré, mais n'a fait aucun dommage; l'escaramouche a duré puis dix heures du matin jusques à sept heures du soir. On dit estre mort ou blessé de l'ennemy à plus de cent, et de ceulx de M. le Comte sept ou huit, l'ennemy s'est retiré à leur tranchée.

Le mercredy 14 juillet 1593, n'a esté fait aultre exploit de guerre sinon que s'est tiré quelques coups de canon, et ceulx de ville ont moysonné, et a esté faite montre et payé l'infanterie.

Du jeudy 15 juillet 1593, ceulx de la ville ont moysonné et la cavalerie a batu l'estrade, dont plusieurs grains sont esté portés dans Aix, l'ennemy a tiré quatre coups de canon, dont l'un est venu sur M. de Peyresc, sans faire mal à personne.

Le dict jour, l'ennemy a tué ou prins prisonniers dix ou douze gendarmes qu'estoient allés vers Meyrargues.

Du vendredy 16 juillet 1593, et samedy 17 du dict mois n'a esté fait aultre exploit de guerre, si n'est que quelques coups de canon.

Le dict jour, 17 juillet est venu du camp un M. de Valleron, accompagné du fils de maître Malbequy, et a parlé à M. le Comte le dict Malbequy disoit que le dict d'Espernon estoit en vie, ce qu'est faux, dont le peuple le vouloit tuer, et s'en sont retournés incontinent.

Le dimanche 18 juillet 1593, M. Mata, en son sermon, a confirmé la mort de d'Espernon.

Le dict jour on disoit que M. de Vallevoyre et M. d'Antragues se devoient combattre eux deux de certaine question qu'ils avoient, mais de ce n'en a rien esté; mais estant la cavalerie sortie, M. de Saint-Roman, accompagné du sieur de Lamanon, du sieur Magnan et aultres, sont allés dans la barricade de l'ennemy près de leurs canons, et ont tué les sentinelles et aultres de l'ennemy environ vingt-cinq ou trente, et s'en retournant, le gros de l'ennemy, environ six cent chevaulx, les ont attaqués et poursuivis, tellement que M. le Comte et tous ont combattu, et son tailleur y est mort, et un sieur Demante, italien, maréchal du sieur de Magnan, M. de Mories blessé; Jean d'Alles, mort, et aultres en nombre de sept ou huit, et de l'ennemy en est mort cinq ou six gendarmes de qualité et aultres blessés, on dit que M. de Perault a esté blessé et beaucoup de chevaulx. Le choc a duré deux heures, après se sont retirés.

Le dict jour, l'ennemy a baillé autre escaramouche où le sergent Honorat y est mort, les canons de l'ennemy n'ont fait aucun dommage à personne.

Du lundy 19 juillet 1593, a esté tiré quelques coups de canon faisant dommage aux galleries et couverts des maisons;

cependant on a moissonné au Devens et au Plan-d'Aillane, porté dans Aix à la veüe de l'ennemy.

Le dict jour, M. de Vence et M. Flote, conseiller, sont allés à l'Altesse pour avoir secours, et ne sont allés qu'au Martègue.

Du mardy 20 du dict mois, l'ennemy a tiré quelques coups de canon, a tué un garçon à une gallerie.

Le dict jour, les gens de M. le Comte ont prins M. de Montclaire, et ont tué trois ou quatre vers Aiguille.

Le mercredy 21 juillet 1593, le coup de canon de l'ennemy a tué un gendarme au logis de Marsset; de matin et de soir est allé à la maison du sire Audifredy.

Le dict jour, le fol de d'Espernon est venu du camp, arrivé au logis de M. le Comte.

Du jeudy, jour de la Magdeleine, 22 juillet 1593, l'ennemy a tiré de matin et de soir, et n'a fait aucun dommage à personne.

Le dict jour, les sieurs de Magnan, Reillanette et Gardane, de soir, ont tué vingt de l'ennemy vers Pierricard, et ont prins dix grands chevaulx.

Le vendredy 23 juillet 1593, n'y a eu que quelques coups de canon.

Du samedy 24 du dict mois, l'ennemy a tiré rudement de suite 24 coups de canon, dont les uns sont allés au palais et ont tué un Artaud et une femme, et blessé maître Sabatier, advocat, les aultres sont allés aux maisons et à maître Traverse, sans faire dommage à aultres gens, le dict Sabatier est décédé le 5ᵉ aoust au dict an, enserely aux Augustins.

Le dict jour, M. de Saint-Roman s'en est allé par quelque occasion avec sa cavalerie.

Le dict jour est venu quantité de bled de Cabriès.

Le dict jour, le soir, les canons de la ville ont tiré contre l'ennemy, et luy a tué gens, et l'ennemy a tiré sans avoir fait dommage.

Du dimanche 25 juillet 1593, M. le Comte fait faire montre aux gens de pied dans le pré de M. d'Aix, et on dit y avoir vingt-quatre compagnies.

Un nommé Pehala confirme la mort de d'Espernon, et que l'ennemy fait sorties, et que le Roy de Navarre s'est récatholisé.

Le dict jour, le fils de feu Claude Aubert, combattant un chevallier de l'ennemy, le dict Aubert est tombé avec son cheval, et le dict cheval s'est allé rendre à l'ennemy.

Du lundy 26 juillet 1593, n'y a eu aucun exploit de guerre, que quelques coups de canon, cependant on a moyssonné, et porté les bleds à Aix.

Le dict jour a esté confirmé la mort de d'Espernon par le moyen d'un bonbardier qu'estoit venu du camp; au camp font le dit d'Espernon en vie, et au lieu d'icelluy font aller M. de Pernes avec deux corsois, qu'on dit estre M. d'Espernon.

Le mardy 27 juillet 1593 a esté tiré quelques coups de canon sans faire dommage. M. le Comte a parlé à M. Buous de trève.

Le dict jour, les gens de M. de Magnan ont tué trois ou quatre de l'ennemy vers la bastide du capitaine Denize, qui faisoient froter les bleds.

Du mercredy 28 juillet, l'ennemy a tiré quelques coups de canon vers l'hôpital, et y a eu quelque peu d'escaramouche; mais l'ennemy a fuy, et n'y a eu qu'un de mort et bien peu de blessés. Les canons de la ville ont endommagé l'ennemy.

Le jeudy, l'ennemy a tiré quatre coups de canon de suite, et l'un est allé à la maison du capitaine Moton en rue droite, et un gypas a blessé le dict Moton, et du soir, l'ennemy est venu en escaramouche à l'hôpital, et a esté repoussé, et y a eu quelques blessés d'un côté et d'aultre.

Le dict jeudy 29 juillet, on a dict que Gouvernet avec quelques gens de cheval et à pied estoit arrivé au camp de l'ennemy.

Le dict jour, aulcuns soldats de la ville sont venus et ont amené des bœufs et bestail, l'on vendit à raison de 200 liv. le trentenier du bestail blanc et 50 livres chaque bœuf, et un d'iceulx cent escus.

Le vendredy 30 juillet et samedy a esté tiré quelques coups de canon d'un côté et d'aultre, et a esté fait quelque peu d'escaramouche.

Le dict jour, samedi dernier juillet, M. de Croze et M. de Gréoulx sont allés parlementer avec les ennemys, parlant de trève, ce qu'aulcunns de la ville y sont allés, et ont veu que le sieur de Saint-Canat, le sieur de Biosc et aultres tenants le party contraire, se acoloient avec le sieur de Magnan, Montmeyan et aultres, tellement que ores que la dicte trève se fut menée plus de huit jours avec M. de Buous et aultres, a dict que la dicte trève estoit rompue; toutefois M. le Comte a délibéré faire assembler la Cour.

Du dict jour, sous la promesse de ne tirer contre l'église Saint-Saulveur, faite par les ennemys, pourveu qu'on fit ôter les canons qu'estoient au-dessus de la dicte église. On a fait ôter les dicts canons, et toutefois l'ennemy n'a cessé tirer contre la dicte église.

Du dimanche et lundy, premier et second aoust 1593, et encore du mardy troisième du dict mois, les ennemys ont prins les bleds du Plan d'Aillane, et porté tout au camp de la Durance.

Les dits jours n'a esté tiré que quelques volées de canon, sans endommager que les galeries, et l'ennemy a esté endommagé de celles de la ville, et y a eu quelque petite escaramouche et prinse de butin faite à l'ennemy de pain, bestail et polaille.

Du dict jour, dimanche, le courrier de l'Altesse arrivé, et dit que l'armée serait bientôt par deça.

Du mardi 3 août 1593, sur la trève, la Cour s'est assemblée avec M. le Comte, et résolu que le conseil général de la ville s'assemblerait pour y délibérer.

Du mardy, 4e du dict mois, le conseil a esté tenu, delibéré que seroit étably un bureau composé de Messieurs du Parlement, des Comptes, Consuls, conseillers et aultres pour ordonner de tous affaires, et la cotte seroit continuée. M. le Comte a déclaré qu'il voulait vivre et mourir avec nous, et que les articles de l'ennemy estaient impertinents.

Les dicts jours, mardy et mercredy 3 et 4 aoust, a esté tiré quelques volées de canon, et baillé l'escaramouche sur le soir, et a esté tué entre aultres un baron Alegret, grand chef de l'armée de d'Espernon.

Le dict jour, mercredy 4 aoust 1593, a esté mené dans Aix deux butins, l'un venant de Saint-Maximin, de tout bestail, et l'aultre de bled et chanfure et bestail venant de .... prins par gendarmes et soldats volontaires.

Du jeudy, cinquième aoust, l'ennemy est venu continuer prendre les bleds du Plan-d'Aillane, aulcuns gendarmes de M. le Comte ont prins neuf chevaulx, et a esté tué par ceux de la ville six escarrabins de l'ennemy, que les dits gendarmes avoient congédié.

Le dict jour a esté tiré quelques volées de canon d'un côté et d'aultre, et y a eu escaramouche sur le soir, et y a eu des blessés hinc, indè.

Le dict jour a esté député par le bureau M. de la Fare, M. de Sainte-Croix, MM. Arnaud, Thoron, de Gallice, pour aller au camp parler à M. d'Espernon, s'il est vivant, pour voir de la trève.

Le vendredy et samedy, 6 et 7 aoust 1593, y a eu quelques

volées de canon de l'ennemy sans nul endommager, et y a eu escaramouche où y a eu de blessés.

Les dicts jours y a eu butin de bleds, huile et bestail, et a esté tué cinq ou six de l'ennemy par ceulx de la ville, et gendarmes du sieur de Lamanon et du capitaine Toty.

Le dict jour, samedy 9 aoust 1593, capitaine Porcin a esté tué par capitaine Cornille, en se battant entre eulx devant l'église de la Magdeleine.

Du dimanche 8 aoust au dict an, a esté défendu le sermon au Père minime, parce que l'autre dimanche avoit prêché de n'appointer avec d'Espernon, s'il estoit vivant, ennemy de Dieu, et l'a prouvé par la sainte escriture. Le peuple a esté scandalizé de ce que n'y avoit aucun sermon.

Le dict jour, nouvelles par un prêtre de M. d'Aix et un messager, comme M. de Guize avoit esté nommé Roy par les Etats tenus à Paris, et lequel prenoit en mariage la fille du Roi d'Espagne.

Le dict jour, les députés sont allés parler à l'ennemy à la bastide du capitaine Denize; mais n'ont pas veu le sieur d'Espernon.

Le dict jour, sur le soir, à force de vollées de canons, hinc et indè.

Les lundy, mardy et mercredy, 9, 10 et 11 aoust 1593, y a eu quelques vollées de canon par l'ennemy, sans faire dommage à personne, et y a eu quelques prises de blé hinc et indè, et quelques escarrabins de l'ennemy tués.

Le dict jour, 11 aoust, confirmation des nouvelles de Roy, et la nomination de M. de Guize pour Roy.

Le dict jour, la trompète d'Avignon est arrivée pour faire relaxer des prisonniers du Comte, prins par M. de Saint-Roman, l'a esté répondu que faisant briser le régiment du

Comté qu'est au camp de d'Espernon, on leur fairait relaxer le tout.

Jeudy, vendredy et samedy 12, 13 et 14 aoust 1593, y a eu quelques volées de canon, sans faire dommage, et y a eu prise de bleds porté dans Aix par ceulx de Gardane et Cabriès, les uns par le bestail, les aultres par hommes et femmes, sur la teste.

Le dict jour 13 aoust, les députés sont allés au camp pour les articles de la trève, et ont trouvé d'Espernon vivant, ayant des crosses à cause de sa blessure, lequel on l'avoit fait toujours mort, et ont accordé les articles de la trève, pourveu que le conseil de la ville les accorde.

Le dict jour samedy 14 aoust, aulcuns gendarmes du sieur de Magnan estant allés à Saint-Chapoly pour avoir l'attirail de l'artillerie, auroient eu rencontre de l'ennemy, lequel estant plus fort, ont tué aulcuns des dits gendarmes et prins prisonnier capitaine Lebon et aultres, lesquels sont revenus le soir.

Du dict jour, environ trois cens chevaulx de l'ennemy sont esté à Barret, et ont prins de lécives, et en escaramouchant, Gouvernet a esté blessé.

Le dict jour, à minuit, l'ennemy, par surprinse, est venu au gros bastion, au-devant la porte Notre-Dame, et a blessé la sentinelle, le lieutenant du capitaine Toty et aultres, qu'estoient en garde de la compagnie du capitaine, les ayant trouvé couchés.

Le dict jour. M. Guiran, M. de Villard, et Lambeyssaire sont esté relaxés des prisons.

Du dimanche 15 aoust 1593, conseil général tenu au réfectoir des Augustins, où sont esté leus les articles de la trève, et a esté remis le tout aux Cours de Parlement, Comptes, et à quinze de chaque cartier, et Lagremuze a esté constitué prisonnier, parce qu'il voulait faire sédition, et n'a esté fait aucun exploit de guerre.

Du lundy 16 aoust 1593, jour de St Roch, le fort du collet Sabatier, où sont les Fourches, a esté commencé et continué, aultrement l'ennemy s'en fut saisy; capitaine la Planche en est gouverneur.

Le dict jour, l'ennemy a tiré cinq coups de canon contre le dict fort, sans faire dommage à personne.

Du mardi 17 aoust, continué au dict fort, n'y a eu aulcun exploit de guerre.

Du mercredy 18 aoust, continué au dict et a esté prins du butin à l'ennemy.

Le dict jour, les députés ont commis l'accesseur et M. Beaumont pour rendre réponse au dict d'Espernon, que si ne baille un an et fasse deffaire le fort, n'en faut pas parler; les dicts n'y sont pas voulu aller, joint qu'il y a en de contredisants.

Du jeudy 19 aoust, y a eu de vollées de canon, dont l'ennemy n'a fait aulcun dommage, sinon qu'en escaramouchant, ont tué Nose le fournier, et les canons de la ville ont tué deux enseignes et aultres.

Le dict jour est venu de bled de Cabriès.

Du jeudy 19 aoust 1593, environ l'heure de deux heures que d'Espernon fut blessé, s'est meu au dict camp de l'ennemy un temps de vent qui a mis feu aux cabanes, et le soir avec si grands tonnerres qui ont tué plusieurs gens armés et à pied, et de chevaulx qu'estoient au dict camp de l'ennemy.

Du vendredy et samedy 20 et 21 aoust n'y a eu aulcun exploit de guerre.

Du dict jour vendredy, au fort de Gardanne, y a esté mis trois compagnies de gens à pied de M. le Comte, par le moyen des quelles a esté porté force bled du dict Gardanne en ceste ville d'Aix.

Le dict jour samedy 21 aoust, sur le soir, a esté fait par l'ennemy grande salve d'arquebuzades, feu de joye, et tiré ses canons, disant que le Roy de Navarre s'estoit récatholisé, et y avoit trêve en France pour trois mois ; de la ville e esté tiré deux coups de canon qui ont tué de gens de l'ennemy.

Du dimanche 22 aoust, n'a esté fait aulcun exploit de guerre, ayant toujours continué le dict fort ; le prescheur a dict que la peste estoit au camp de l'ennemy, et Avignon avoit fermé l'entrée d'Aix.

Le dit jour M. Flotte, M. l'évêque de Vence et M. de Saint-Roman sont arrivés ensemble, maître Bonnet, secrétaire de M. le Comte, qui vient de France, ayant porté lettres de la trève générale pour trois mois.

Du lundy, veille de Saint Barthélemy, 23 aoust 1593, les lettres du sieur de Mayenne, lieutenant général de l'Estat de France, et articles accordés entre luy et Henry, Roy de Navarre, contenant trève pour tois mois, à compter depuis le 20 du dict mois, quand en Provence sont esté leües et publiées en audience, où estoit M. Chaine, président, M. le comte de Carces, MM. les Conseillers, Procureurs du Pays, Gentilshommes et aultres, et le dict jour publiées par ville, estant toutes les trompetes, M. le Viguier, MM. les Consuls et aultres consulaires, et ont esté publiées au siège le jeudy 26 du dict mois.

Le dict jour, M. le Comte a mandé sa trompète au sieur d'Espernon, s'il vouloit tenir la dicte trève, lequel a déclaré ne la vouloir tenir que n'aye receu le paquet du Roy de Navarre.

Du mardy, jour de Saint Barthélemy, 24 aoust 1593, venant le régiment du sieur de Salles des Pennes allant à Gardane, y ayant environ soixante hommes qui faisoient escorte à ceulx qui portaient bled à Aix, le sieur du dict lieu et subjets, comme on dict, leur avaient refusé la porte, et l'ennemy, environ trois cens chevaulx, les auroit attaqués à Vallabre, et après avoir combattu l'ennemy a tué environ vingt et blessé dix ou douze, où estoit le frère du capitaine d'Ulme de l'ennemy, est mort cinq ou six gendarmes, mesme le chef, comme on dit.

Du dict jour et de soir, l'ennemy a faict tirer tous ses

canons, lesquels n'ont endommagé personne, sinon que deux arbres de la place des Prêcheurs, et mesme un qu'a esté coupé qui est au-devant la maison du sieur de Béconger; et la tempeste a gasté les vignes de la Lauze, et y a eu grands tonnerres, gresles et pluye qui a endommagé l'ennemy, ayant faict mourir gens et bestails.

Du mercredy, jeudy, vendredy et samedy 25, 26, 27, 28 aoust 1593, n'a esté faict aulcun exploit de guerre, sine que hinc et indè ont fortifié les forts.

Du dimanche 29 aoust, le sieur d'Espernon a mandé qu'il a receu la trève du Roy de Navarre, à luy mandée par un sien gentilhomme nommé M. de Pluvinet, lequel est venu en ceste ville d'Aix.

Le lundy 30 aoust 1593, estoit le dict sieur venu pour faire conférer le sieur d'Espernon avec M. le Comte, le dict sieur Comte a répondu qu'il fit publier la trève à son camp et partout où il commande, et, ce fait, après de conférer.

Du dict jour, l'ennemy a tué le Figon, varlet du capitaine Denize.

Le mardy dernier aoust, faisant l'ennemy une tranchée à la terre dessous Saint-Estropy seroient esté tirés, les canons de la ville qui les a faict oster de là, de mesme l'ennemy a tiré douze ou treize coups, qui n'ont endommagé que les maisons.

Du mercredy premier septembre 1593, le sieur de Pluvinet est retourné, disant que le sieur d'Espernon accorde la trève, et du dict jour, le sursoy des armes a esté crié au camp de l'ennemy, à l'hospital Nostre-Dame de l'Accès, et au fort de Saint-Roch, et estant près de l'hospital, un de l'ennemy estant aux tranchées, a tiré un coup d'arquebuze qui a percé le tambour d'Antoine Bonhomme; depuis n'a esté tiré aulcun coup d'une part ny d'aultre, et ont faict inhibitions de se parlementer les uns les aultres.

Du jeudy et vendredy 2 et 3 septembre, l'ennemy a faict travailler à sa tranchée, et coupé beaucoup d'arbres, comme aussy la ville a faict travailler pour achever le fort de Saint-Roch.

Le samedy 4 septembre 1593, le dict sieur d'Espernon a faict crier la trêve à son camp et à la terre près l'hospital, et n'a cessé à faire travailler à son fort.

Du dimanche 5 du dict mois, cries par la ville de n'aller au fort de l'ennemy, ny parlementer avec luy, pour ce qu'il y avoit plusieurs de la ville qui y alloient sans permission; toujours l'ennemy a continué son fort.

Le vendredy 10 septembre 1593, frère de Verine qu'estoit allé en Espagne, est revenu, dit que le Roy d'Espagne faict grosse armée, et prétend que sa fille qu'estoit fille de France soit Reyne, et mandera gens de guerre.

Le dict jour 10 septembre 1593, conseil tenu pour faire présent à M. de Pluvinet, s'en retournant en Cour avec maître Bonet pour faire que le fort soit abatu, a esté donné 300 escus d'or, et a achepté le barbou de Micaelis.

Plus que les jésuites seront mis au collège de Villeneuve.

Le dict jour, cries par arrest que la paire de mulets faisant la vendange seront taxés 6 livres, les asnes 3 livres, les hommes 30 sols, les femmes 15 sols, par ce qu'ils se faisaient payer la moitié plus, et toute fois n'ont cessé se faire payer davantage.

Le samedy 11 du dict mois, le sieur de Pluvinet et Bonnet sont allés en France pour avoir déclaration, si le sieur d'Espernon doit tenir toujoure le fort, auquel il fait toujours travailler.

Le mardy 14 septembre 1593, le sieur d'Espernon a faict tirer ses canons. On cuydoit qu'il vouloit rompre la trêve, mais c'estoit en saluant les gens qu'estoient venus pour garder le fort, environ cinq cents hommes.

Depuis a plu trois jours et trois nuicts, tellement que a faict tomber murailles et partie du fort du sieur d'Espernon, et noyé gens, et à Marseille, a party le grand puys.

Le dimanche 20 septembre 1593, M. Gillibert, archevêque d'Aix, est venu de Paris, et a faict son entrée où estoient M. le viguier, les Consuls et tout le clergé, sçavoir les dicts Consuls et viguier, et les religieux des couvents le sont allé prendre hors de la ville, et MM. les chanoines et bénéficiers l'ont attendu au reloge, et, entrant au bourg, le dict sieur a juré garder les privilèges, et d'illec l'ont accompagné dans l'église, faisant M. Bargemont l'office, et le dict sieur Archevêque a donné à tous la bénédiction, et a faict un sermon, le dimanche suivant, que ne pourront servir à deux, sçavoir à Dieu et au diable, et que les fleurs de lys, qui sont les armoyries de France, sont venues de Dieu, baillées au Roy Clovis, qui se fit chrétien, et que auparavant avoit trois crapauts pour les armoiries, lorsqu'estoient payens.

Le dict jour, nouvelles que la femme du sieur d'Espernon est décédée, et qu'on luy avoit prins Angoulême.

Le mardy 25 septembre 1593, l'ennemy, rompant la trève, a prins cinquante charges de bled, qui venoit des cabanes de Berre dans Aix, et l'ont mis à Marignane.

Le vendredy premier octobre 1593, a esté passé acte de l'habitation des jésuites en ceste ville d'Aix, avec les Consuls, moyennant mil escus de pension annuellement, que la ville leur faict avoir.

Le dict jour, nouvelles que le peuple de Lion avoit mis en prison le prince d'Anemours, gouverneur du dict Lion, parce que, selon bruit, vouloit rendre la ville au Roi d'Espagne ou au prince de Savoye.

Le samedy 2 octobre 1593, sont esté faits les Consuls d'Aix, M. de Croze, gouverneur de Saint-Remy, premier consul, M. Maynier, accesseur, M. Nas, second consul, M. de Thorame du Bourc, dernier consul, M. Imberty, apothicaire, trésorier, M. d'Auribeau, capitaine de Saint-Jean, M. Estienne, capitaine des Augustins, M. Bompar cadet, capitaine des Frères Mineurs, M. Chartras, capitaine du Bourg, M. Rémuzat le fils, capitaine de Bellegarde; M. le Comte, comme Grand Sénéchal, assistait au Conseil; MM. Agar et Tulle, conseillers, aussy y assistoient.

Le dict jour, M. le Président de Saint-Jean est décédé en Avignon.

Le samedy 9 octobre 1593, M. le Comte a parlé à M. d'Espernon sur la continuation de la trève, lequel sieur d'Espernon adict qu'il n'entend que aulcun bled, huile, ni monition de guerre entre dans Aix, et que le sieur Comte fit retirer ses soldats dans Aix, aultrement leur fairait couper la gorge, et qu'il n'entendoit qu'on print des contributions des chasteaux, tellement qu'on voit la trève rompue.

Le dict jour, le sieur d'Espernon a faict passer plus de trois cens pionniers pour aller travailler au fort.

Le dimanche 10 octobre 1593, M. d'Aix, par son sermon, a dict que le concile de Trente auroit esté receu et publié en France par les Estats.

Le lundy 11 octobre 1593, conseil de vendre la maison de l'Ecolle, sera vendue pour faire la pension aux Jésuites; et remis à l'entrée des Consuls pour voir d'un greffier, attendu Maître Joseph Borrily, ci-devant greffier, est décédé, et a esté ensevely le dict jour à l'église des Frères Mineurs.

Le dict jour, nouvelles de le mort de M. de Gan, gouverneur de Grasses, et que les Consuls sont gouverneurs, ayant jetté hors les savoyards, ayant le sieur esté tué dans la ville.

Le mardy 12 octobre 1593, ordonnance de M. le Lieutenant que les advocats, procureurs et greffiers seront payés, suivant l'ordonnance en bonne monnoye.

Le dict jour, arrest et cries par la ville, contenant que l'argent est retourné à son premier prix et valleur, et les nouvelles pinatelles à un carrolis, et les sols trois patats, et au dict prix se mettront par tout ce mois, après seront remises au billon pour en faire de bonne monnoye. Aussy les éléments et toutes choses s'en payoient au quadruple, sont esté remis à son premier estat, comme le bled, qui estoit à 32 livres, a esté remis a huit livres, et sic des aultres choses ; le dict arrest est donné le 4 du dict mois, publié au siège le 20 du dict mois.

Le 20 du dict mois, sentence en jugement que les arrêts lyssence sera payé à ce que valoient les monnoyes du temps de l'acte, et l'entrée en bonne monnoye tant au sénéchal qu'aux soumissions, aux cours suivantes.

Le vendredy 22 du dict mois, est arrivé M. de Mesperrot, maître des requêtes, venant de France, commis par M. de Mayenne, pour venir à Marseille juger les procès en souveraineté au dict Marseille, n'ayant voulu vérifier sa commission à la Cour, a esté arresté à la ville d'Aix.

Le vendredy 29 octobre 1593, pour ce que l'ennemy voulant rompre la trève, icelle a esté prolongée pour dix jours, et sont arrivés dans Aix plus de 100 charges de bled, accompagnées de M. le Comte et ses gendarmes, et gens de la ville pour peur que l'ennemy les prins.

Le samedy 30 octobre, arrest et cries par la ville de ne refuser les pinatelles à un carrolis, et aux marchands de debiter leur marchandise.

Le lundy premier novembre, jour de Tous les Saints 1593, M. de Croze et aultres Consuls sont entrés en possession, lequel sieur a faict un festin à tous.

Et l'ennemy a faict deux Consuls au fort, est Martin Blanc, et le mercredy, 3e du dict mois, a esté chassé M. de Croze et aultres Consuls, procureurs du pays, six mille hommes de guerre qu'entroient à la brasse ?

Du vendredy, 5e du dict mois, l'ennemy faisant son accoutumée, n'a cessé couper arbres, prendre olliviers et porter à son fort, et y a eu question à tant que l'ennemy a blessé dix ou douze travailleurs et a prins farine et mulets, et a esté un ou deux d'iceux de l'ennemy dont on cuydoit que la trève fusse rompue, mais a esté accommodé, l'ennemy qu'estoit à Saint-

I — 46

Pons s'est osté par délibération faite par les députés d'un côté et d'aultre.

Le mardy 9 novembre 1593, est arrivé M⁰ Bonnet, secrétaire de M. le Comte, qui a porté la trêve jusqu'au mois de février prochain, et déclaration de faire trafic et en tout de bleds et foins, et depuis est entré beaucoup de bleds et foins.

Le 16 novembre 1593, arrest portant inhibition à ceux de Marseille et aultres de ne usurper la justice en souveraineté, ains venir en ceste ville d'Aix.

Le samedy 20 novembre 1593, les ennemys du fort ont tiré contre la ville deux coups de canon sur le soir que le peuple soupoit, mais n'a esté faict aucun dommage; on disoit que c'estoit en hayne que M. le Comte et ses gens estoient sortis dehors.

A esté faict pain blanc par les boulangers et aultres, et y a eu à force monstres de bleds au marché, chose qu'avoit cessé du temps des Consuls précédents de l'année passée, environ six mois, ce que a esté grande rejouissance au peuple, et le bled a esté le dict jour samedy, au marché, à dix, douze escus la charge.

Le dimanche 21 novembre 1593, nouvelles que Pertuis et tous les lieux et villes jusques à Sisteron ont fait sortir les gens du sieur d'Espernon criant : « Fouero Gascons »; de même ont fait à Saint-Maximin, Saint-Canat, Toulon et aultres lieux, et à Cucuron les ont tués.

Le lundy 22 du dict mois, le Chevalier de Méyrargues est entré et a asseuré le tout, car la Noblesse de Provence qu'avoient fait venir le sieur d'Espernon, s'est unie avec M. le Comte pour le chasser, pour ce que doutoient qu'il estoit allé quérir des forces pour s'emparer du pays et vouloit chasser ceulx de Provence.

Le samedy 27 novembre 1593, le sieur de Meyrargues, Verdache et aultres qui n'osoient venir, sont entrés dans la ville d'Aix.

Le dict jour, tous en rompant la trève sont esté prins prisonniers d'une part et d'aultre, ceux de M. le Comte ont prins M. d'Esparron, lieutenant de Brignolle, le sieur de Revest et aultres, et l'ennemy du fort a prins des travailleurs.

Le dict jour a esté prinse la citadelle de Toulon, les Gascons tués, y estant entrés par assaut, et la dite citadelle a esté rompue.

Le dict jour, 27 novembre 1593, M. de Meyrargues a prins quarante chevaulx que l'ennemy avoit pour tirer l'artillerie du fort.

Le lundy, 29 novembre 1593, M. de Saint-Roman, venant en cette ville avec du bled de l'ennemy, estoit en embuscade trois troupes, dont M. le Comte et gens de la ville y sont allés, et le tout retourné avec le dit sieur de Saint-Roman, fors deux de la ville qui s'estaient escartés et sont esté tués par l'ennemy le nommé maître Claude le formier, et Honoré le Gavot, gendre de Billoquin, au chemin de Ventabren.

Le vendredy 3 décembre 1593, Bouc, Aiguille et Gardanne sont esté prins par M. le Comte, et les Gascons chassés, et au dit Bouc, qui tenoient fort sur le rocher, sont esté tués cinq ou six Gascons, et le capitaine, qu'estoit le sieur de Castellet, a esté prins prisonnier, comme aussy a esté prins prisonnier le sieur de Pradilles, gouverneur de Tréts, et mené en cette ville d'Aix.

Le dimanche, 5e décembre 1593, Marignane a esté rendu et y avoit quatre compagnies de l'ennemy qui s'en sont allés, leur vie sauvée, armes et bagage.

Le lundy 6 décembre 1593, a esté faite l'allarme, et l'ennemy a tiré quatre coups de canon environ midy, et les gens de Belle-Garde leur sont allés prendre huit bœufs et deux chevaux amenés dans Aix, et sur le soir l'ennemy a tiré quatre coups de canon, et n'ont fait dommage à personne.

Le dict jour, M. le Comte, sur le soir, et lorsque les canons tiroient, est arrivé et a porté nouvelles que Marignane estoit rendu, l'ennemy sorty la vie, et bagage, sauve, et sont esté accompagnés jusques près de Rognes. Le dict Marignane fut prins le dimanche matin, 4ᵉ du dict mois.

Le mercredy 8 décembre 1593, l'ennemy du fort a tiré deux coups de canon.

Du samedy, 11 du dict mois, le sieur d'Espernon avec le sieur de Perraud, avec quatre cens chevaulx, est arrivé au fort, et ont tiré contre la ville cinq coups de canon, et de la ville luy eu a esté tiré un.

Le dimanche 12 décembre 1593, M. le Comte, accompagné du sieur marquis de Trans et aultres, en nombre de dix ou douze, est allé à Pertuys, environ dix heures de nuit, et en passant près du fort, a fait donner l'allarme par deux ou trois parts, et ont combattu jusques avant jour de matin.

Le lundy 13 du dict mois, estant arrivé le dict sieur Comte à Pertuys a trouvé Madame la Comtesse de Sault, M. le Marquis d'Oraison et gentilhommes qui l'attendoient et des grands ennemys qu'ils estoient se sont fait amys, et se sont embrassés, tellement qu'il y a telle union, qu'on ne crie autre chose que *Fouero Gascons.*

Le dict jour de nuit, le sieur de Saint-Roman a donné du pétard à Pellissane et y est entré, a mis à mort l'étranger que y avoit deux compagnies de cavalerie, l'une du sieur de Saint-André et l'autre du sieur Chastilly, et une compagnie de gens à pied, et tous tués pour estre Gascons, hormis le dict Saint-André, et trois ou quatre qui sont échapés, et se sont gagnés environ cent chevaulx et plus.

Le jeudy 16 décembre 1593, l'ennemy a tiré deux coups de canon contre M. le Comte qu'alloit visiter le Pont de Beraud près du fort, et n'ont fait aucun dommage.

Le dimanche 19 du dict mois, l'ennemy a tiré quatre coups à Villeneuve, et un d'iceux coups a atteint Jacques l'hollayre, qui luy a coupé la jambe et en est mort.

Le lundy 20 décembre 1593, Margaride, appelée la Moure, de l'âge de treize ans, est tombée de la fenêtre de la chambre du Carvan à la traverse sur la calade, ayant cinq canes d'haut et plus, et Dieu la préservée, car deux heures après s'est relevée et a cheminé, qui est un miracle que Dieu a fait en cette pauvre fille, laquelle en tombant disoit les septante noms de Jésus, fut avec elle ; les voysins cuydant que fut en pièces morte, et Dieu la guérie de son mal.

Le dict jour fut fait un bataillon contre l'ennemy, étant au Pont de Beraud, où a esté tué de l'ennemy et de la ville capitaine Bomparis et un autre blessés.

Le vendredy 24 décembre 1593, M. le Comte est venu du Martègue, étant en question, pour ce que M. le Comte vouloit mettre un gouverneur à l'Isle, ce que n'a voulu souffrir, tellement que Ferrières et l'Isle estoient contre Jonquières, auquel Jonquières M. de Saint-Maurice est en garnison, et M. le Comte a mis un gouverneur à la tour de Bouc, et le dit sieur Comte, M. Agar et Châteauneuf, conseillers, y sont allés le 27 décembre 1593.

Le 25 décembre 1593, jour de Noël, y a eu escaramouche entre ceux du fort et l'hôpital. L'ennemy a tiré sur la Diane quatre coups de canon, et n'a fait dommage qu'aux maisons.

Le lundy 27 décembre 1593, y a eu grosse escaramouche entre ceulx du fort et ceulx de la ville, où a esté blessé Gaspard Fauldran, sieur de Laval, mort un soldat et deux ou trois autres blessés ; et de l'ennemy est mort M. d'Estaussan, gouverneur du fort, par ceux du sieur d'Eseprnon, et cinq ou six aultres ; le dit Estaussan est venu dans la ville mort.

Le dit jour M. de Meyrargues a blessé le fils de feu capitaine Jean Beaumont, gendarme de M. le Comte, pour ce que ne se vouloit descendre du cheval pour le bailler à M. de Châteauneuf, conseiller.

Le dit jour est arrivé M. de Terames, M. de Bezaudun, M. de Crotes avec les compagnies des gendarmes.

Le mardy 28 décembre 1593, y a eu aussi grosse escaramouche, et la ville a mené le canon contre le Pont de Beraud, de nuit.

Le mercredy 29 du dict mois, de matin, a esté prins le dict pont, et y est mort le consierge, maître Lance et aultres, et a esté tiré plusieurs volées de canons d'une part et d'aultre; et a esté assiégé le fort.

Le dict jour, M. le Comte, MM. Agar et Châteauneuf sont arrivés et ont accommodé le Martegaux, moyennant certains ostages qu'on a baillés à M. le Comte.

ANNÉE 1594

Le samedy, jour de l'an, premier janvier 1594, est arrivé M. le lietenant Bonfils, ayant délaissé le sieur d'Espernon, lequel estoit son grand conseil.

Le mardy, 4ᵉ janvier 1594, la ville a esté en grand trouble, car les chefs de la Noblesse qu'avoient esté à M. d'Espernon, ont fait assemblée avec M. le Comte et ont délibéré faire crier : « Vive le Roy Henry de Borbon quatrième, Roy de la France et de Navare », et faire toutes les procédures en son nom, sous belles promesses de oster le fort et faire guerre contre le sieur d'Espernon.

Le Mercredy, 5ᵉ janvier 1594, veille des Rois, le conseil de la ville s'est assemblé de matin, et ont délibéré qu'on remetroit le fort à la Cour et à M. le Comte, et afin qu'ils ne fussent troublés, ont mis hors M. le lieutenant des submissions, querelant et autres ; depuis M. le lieutenant des submissions est entré.

Le dict jour, après diner, la Cour s'est assemblée, et, sur requête prêtée par MM. les Consuls et Accesseur, la dicte Cour y a délibéré hobéir au Roy, estant sept heures du soie, y estant M. le Comte et tous de sa suite, et tout a esté fait non au contentement de la ville et sous la promesse du sieur de Solliers,

Meyrargues, Revest et aultres qu'avoient esté à d'Espernon, de luy faire guerre et oster le fort.

Le jeudy, jour des Rois, 6 janvier 1594, M. d'Aix a fait sermon et a montré que, en maintien d'Estat, on ne pouvoit faire assemblée sans appeler le chef de l'Eglise; le dict sieur n'a voulu consentir à telle délibération, ains a fait assemblée avec le clergé se rendant opposant, disant qu'il falloit attendre la délibération de nostre Saint-Père le Pape, lequel avoit la cause en mains, pour déclarer si le dict Roi Henry devoit estre créé Roy.

Le vendredy, 7 janvier 1594, a esté faict arrest par la Cour que tous obéiront au dict Roy Henri de Bourbon, et a esté faict grand feu à la place des Prêcheurs, tous les cartiers de la ville assemblés, et les Consuls et Accesseur et aultres, assemblés à cheval.

Du dict jour, 7e janvier 1594, à trois trompettes, le dict arrest a esté publié par ville, et a esté jetté vollée de canons et fuzades du fort de l'ennemy, et sic on a crié : « Vive le Roy de France », tellement de ce qu'estions auparavant à l'union des Princes chrétiens, à présent est tout rompu par le moyen susdit. La ville d'Aix, quant au peuple, n'a esté qu'en douleur. Dieu nous donne bien de telles anticipations. A esté faict un feu à la place des Prêcheurs, et de particulier en tout n'a esté faict que soixante feux de joye.

Le dict jour l'ennemy du fort est venu à l'hospital, a tué la sentinelle, blessé trois ou quatre, et prins toutes les armes, estant capitaine Raymond dans Aix, qui avoit en garde le dict hospital, qui gaudissoit dans la ville, lequel a esté en danger d'estre tué, en sortant de la porte.

Le samedy 8 janvier 1594, environ la minuit, l'ennemy du fort a tiré trois ou quatre coups de canon, et a endommagé des maisons ; on dict que c'estoit que le dict fort a esté vitailhé par le sieur d'Espernon voulant faire guerre, nonobstant que la ville tienne pour le Roy Henry qu'on dict catholic.

Le dict jour, samedy 8 janvier, M. le comte de Carces est venu de Sellon parler à M. le comte de Suze qui venoit de Paris, luy ayant baillé paquet de M. de Mayenne de tenir fort et ne trébucher, mais est arrivé trop tard; le dict sieur comte de Suze n'est voulu venir dans Aix, parce qu'on avait anticipé crier : « Vive le dict Roy Henry » contre la volonté de Paris et aultres villes tenants pour l'Union.

Du dimanche 9 janvier 1594, y a eu escaramouche et vollée de canons sans endommager, et le sieur d'Espernon a mitraillé le fort et luy y est venu, et le dict jour, retourné à Rougnes.

Le dict jour, nouvelles que M. le Marquis d'Oraison a deffaict cent maîtres du sieur d'Espernon, à Mane.

Le lundy 10 janvier 1594, M. d'Aix, pour n'estre consent à la dite délibération, s'en est allé à Marseille, faignant d'aller à Avignon avec M. de Mesparry, avec grands pleurs, qu'a faict le peuple.

Le Mardy 11 janvier 1594, est arrivée une compagnie de gendarmes de Son Altesse, sous la conduite du sieur de Maligny, pour aider au sieur d'Espernon, mais ce sont venus rendre en ceste ville d'Aix, sous l'autorité du sieur comte de Carces.

Le mercredy 12 janvier 1594, pour ce que M. le comte de Carces avoit d'ostages du Martègue, il les a congédiés, ensemble M. de Monsperit, qui estoit venu pour estre juge-mage de Marseille, lequel faisoit semblant d'aller en France, et s'en est allé à Marseille où il exerce la justice en souveraineté, tellement que Aix en est d'autant privé.

Le mercredy 26 janvier 1594, les gendarmes de M. le Comte sont allés prendre deux ou trois travailleurs, bestail auprès du fort, et l'ennemy a tué un cheval d'un des dicts gendarmes, et l'ennemy a tiré trois ou quatre coups de canon contre la ville.

Le lundy, dernier janvier 1594, les gens du sieur d'Espernon sont voulu entrer dans Rians, mais sont esté repoussés et plusieurs morts et blessés d'une part et d'aultre, dont capitaine Toty a esté blessé, mais le dict sieur d'Espernon ny ses gens n'y sont pas entrés.

Le mardy, premier février 1594, le sieur d'Espernon et ses gens sont venus au fort, environ sept heures du soir, et a esté tiré contre la ville deux ou trois coups de canon, et lendemain matin autant, et a endommagé des maisons. Et a fait oster du dict fort quatre canons.

Le dict jour, premier février 1594, venu capitaine Maurel et aultres devers le fort, leur a tiré un coup de petit canon qui a brisé le pied du dict Maurel et tué son cheval.

Du mercredy, jour de Notre-Dame, 2 février 1594, le sieur d'Espernon a assiégé Aiguilles avec le canon, où y estoit la compagnie du capitaine Bernardin, et ont combatu, et a prins et tué plusieurs, et a fait pendre le lieutenant du dict capitaine et aultres, et a faict prisonniers les maîtres et a saccagé tout de la part du dict sieur d'Espernon; y a esté blessé M. de Passages et aultres.

Du jeudy 3 février 1594, les gens du dict sieur d'Espernon sont entrés à Saint-Cannat, et luy ont ouvert les portes.

Le vendredy 4 février 1594, M. de Magnan a tué dix ou douze soldats du sieur d'Espernon, auprès d'Aiguilles.

Le dict jour, M. de Meyrargues a tué et deffaict deux compagnies d'escarrabins du sieur d'Espernon et a prins cinquante mulets chargés de vivre et monitions qui passoient près de Meyrargues et alloient au fort.

Le dict jour, 4 février 1594, maître Croze, cy-devant procureur au siège, alloit en voyage pour aller quérir forces au Prince de Savoye, et a esté prins prisonnier sur mer à l'endroit de Toulon, mené au dict Toulon. On dit qu'il y alloit à la requeste du sieur Vitelle tenant Berre, et du sieur de Saint-Roman tenant Sellon, et pour le Martègue.

Le samedy 5 février 1594, le dict sieur d'Espernon a prins Lambesc, et a subjourné jusques au mercredy 9 du dict mois.

Le dict jour, 9e du dict mois, environ 11 heures du soir, les troupes du dict d'Espernon ont passé avec les canons auprès d'Aix et devers l'Arc, disant venir assiéger le fort du Pré Batailler, dont y a eu grande allarme, et M. le Comte a mis gens et trompètes au dict fort.

Après a esté dict qu'alloient à Marignane, le dict lieu leur a ouvert la porte, et ceulx de M. le Comte s'en sont revenus à Aix, comme sont les compagnies du sieur de Lamanon et de M. de Magnan, les canons étant arrivés à Saint-Pons, après en continuant a reprins Marignane, Trets, Saint-Maximin et Rians, dont tous les habitants et soldats de M. le Comte ont tous fui, le 18 février 1594.

Le samedy 19 février 1594, les députés sont allés à Manosque pour parler à la Cour et à M. le Marquis, et d'illec les députés vont par devers le Roy, M. de Gensso, conseiller, et M. Fabreques sont commis pour aller au Roy, et M. de Thorame, consul, et aultres sont allés à Manosque, et M. de Croze, consul, est allé devers Saint-Remy.

Le mardy 22 février 1594, dernier jour de carême-prenant, le sieur de Meyrargues a fait un ballet, où estoit son frère et Audiffors-Tretz, Touramènes et aultres, tous habillés de toile d'argent, et avoient la musique et violons, et, de nuit, alloient une vingtaine habillés en zany, lesquels ne faisoient que faire mal aux aultres masques, car leur ostoient les masques, torches et les battoient; on dit que l'un d'iceulx estoit Ramuzaty, et du fort de l'ennemy tiroient quelques coups de canon sans avoir tué personne.

Le mercredy, jour des Cendres, 23 février 1594, veille de Saint-Mathieu, grand froid.

Le jeudy, jour de Saint Mathieu, 24 féveier 1594, grosse escaramouche avec ceulx du fort, Coton, fin trompète, a esté blessé et aultres, et de ceulx de l'ennemy y sont morts ou blessés sept ou huit, même M. de la Borde et aultres.

Le dimanche 27 février 1594, Estienne le Pastron ayant, le samedy au soir, fait grand reniement de Dieu et blasphémé, et estant allé en garde à Tourre-Luco, est tombé dans la tour et est mort dans trois jours. Le bruit est qu'estoit un larron de bois et Dieu l'a puny.

Le samedy 5 mars 1594, M. le marquis d'Oraison, M. de Valavoyre, M. de Gramboy et aultres gentilhommes sont arrivés en cette ville d'Aix, et MM. les Consuls sont allés à la porte des Frères Mineurs, de laquelle porte sont entrés, et s'est logé à la maison du sieur conseiller Aymar.

Le dict jour, M. de Châteauneuf et M. Fabregue sont allés trouver M. de Gensson pour aller en France, suivant leur délégation pour parler au Roy.

Le mardy 8 mars, on a commencé d'entrer à l'assemblée aux Prêcheurs, où a esté M. de Sisteron, M. le marquis d'Oraison et aultres gentils-hommes et commis, l'assemblée a réformé les greffiers et a commis M. du Revest pour aller quérir le sieur de Lesdiguières, et ont retranché les compagnies à huit mil hommes et deux cents chevaulx, et que les arreyrages du party contraire ne seront payés que des deniers de la Noblesse, et que seroit fait deux forts à la rivière de Durance pour le passage.

Le dimanche 13 mars 1594, M. de Revest est party pour aller quérir le sieur de Lesdiguières.

Aussy le dict jour, partit Mathieu-Emeric et aultres pour faire le pain de la monition, lesquels se sont noyés à la rivière de Durance.

Le dict jour, ceulx du fort ont tiré quelques coups de canon et d'arquebuzades, et d'un coup d'arquebuze a esté tué un couturier.

Le mardy 15 mars 1594, entendant M. le Comte que le

sieur Vitelly, gouverneur de Berre, poursuivant d'avoir la Tour de Bouc, il y est allé avec le sieur de Lamanon et accommodé avec le Martègue que la Tour serait gouvernée par les Consuls, et de n'ayder à l'estranger, mais n'a esté rien fait, ains M. le Comte a fait rompre les mollins et les a fait ravager, la dicte Tour est à ceulx du Martègue, M. le Comte a fait pendre le capitaine Perrin, qui a rendu la dicte Tour.

Le mercredy 16 mars 1594, le dict sieur marquis s'en est retourné.

Le samedy 19 mars 1594, sept gendarmes du fort ravagent par le terroir, menèrent un grand butin de gens et bestail, aulcuns gendarmes d'Aix sont sortis et le luy ont osté et prins un des principaux gendarmes aventurier mené dans Aix.

Le dimanche 20 mars 1594, allant 14 ou 15 gendarmes de la compagnie de M. le Comte, à sa garnison à Istres, le sieur Vitelle, gouverneur de Berre, a prins cinq gendarmes de la dicte compagnie, et iceux menés prisonniers à Berre.

Le jeudy 24 mars 1594, en audience, la Cour, par son arrest, a fait inhibition à tous de battre monnoye ailleurs qu'en cette ville d'Aix, ny augmenter les espèces que au prix de l'ordonnance, et aux marchands de ne vendre que au taux.

Autre arrest, le dict jour, injoint à ceulx de l'Eglise faire prières pour le Roy Henry, et le mardy 29 mars au dict an sont esté publiés au siège.

Le vendredy 25 mars 1594, l'ennemy a tué sept qu'estoient en ambuscade près d'Aiguille, dont y avoit cinq enfants de la ville d'Aix volontairement, et ont fait entrer au fort cinquante charges farine venant de Rougnes.

Le dimanche 27 mars 1594, au soir, l'ennemy a mis feu au village de Meyrargues et a bruslé toutes les pastures, et ce à cause qu'il entendoit venir le sieur de Lesdiguières.

Le samedy 2 avril 1594, y a eu escaramouche baillée par l'ennemy du fort et quelques vollées de canons, à laquelle escaramouche capitaine la Planche y est mort d'un coup de mousquet, sergent Bonfils blessé et aultres en nombre de quatre. Et de l'ennemy sont esté blessés et morts cinq ou six.

Lendemain, jour des Rameaux, le dict la Planche a esté ensevely à l'église des Augustins comme capitaine, où estoit M. le Comte, Consuls et toute la ville d'Aix, car il estoit vaillant.

Le dict jour, Forcalquier s'est rendu à l'obéissance du Roy, et aussy Cuers et Mirabeau.

Le lundy 4 avril 1594, M. de la Fin, venant de la part du Roy, est arrivé, et MM. les Consuls le sont allé prendre à l'endroit de Tourreluco, lequel venoit du fort.

Le mardy 5 du dict mois, la trompète du sieur de Lesdiguières est arrivé disant le dict sieur estre à Pertuys prest de venir avec son armée, qu'est de sept cent chevaulx et mille hommes à pied, et a porté lettres du Roy, comme avoit esté receu dans Paris.

Le jeudy-saint, 7 avril 1594, nouvelles assurées par un gentilhomme venant du connestable, M. de Monmorancy, comme le Roy estoit dans Paris, et que Orléans, Lyon et aultres grandes villes s'estoient remis à son obéissance. Le fort a fait grand feu de joyes et a tiré leurs canons; comme de même a fait feu de joyes la ville, sur le soir, a tiré quatre canons qu'estoient à la place des Prêcheurs, aulcuns particuliers ont fait feu, les aultres non montrant n'estre tous contents, pour doute que ne fusse vray.

Toutefois nouvelles assurées que le Roy est entré dans Paris le 22 mars 1594, et y est pacifié.

Le jour de Pâques, 10 avril 1594. Le dict mois, gros froid.

Tretz et Saint-Paul rendus à l'obéissance du Roy, et le baron du dict Tretz et le sieur de Biosc, gouverneur du dict Saint-Paul, ont délaissé le sieur d'Espernon, n'ayant le dict Tretz voulu recueillir aulcuns gendarmes.

Le samedy 16 avril 1594, l'attirail de l'artillerie est arrivée avec deux cens gendarmes.

Le dimanche 17 avril 1594, y a eu escaramouche de ceulx du fort, et y a eu dix ou douze de morts d'une part et d'aultre.

Le mardy 19 avril 1594, Aix, adverty de trahison, a fait mettre en prison M. Guérin et le fils du feu Lange Escoffier, qui avoient esté capitaines l'année passée des partys de Notre-Dame et Belle-Garde.

Le dict jour a pleu presque tout le jour, et lendemain a fait grand froid.

Le vendredi 22 avril 1594, le courrier est venu de Paris et a affirmé le Roy y estre dedans puis le 22 mars au dict an et l'a veu ouïr messe dans l'église Notre-Dame au dict Paris, et ont fait feu de joye au dict Paris, et à son entrée n'y est mort que trois ou quatre qui s'estoient mis en armes suivant la lettre que Sa Majesté a escripte à Lyon.

Le dict jour, M. le Comte avec trois cens chevaulx et cinq cens hommes de pied, avec l'attirail, est allé quérir la monition de poudre à Orgon, et les gens de la ville ont gardé l'hospital Saint-Jean et le fort du Pré-Batailler.

Le samedy 23 avril 1594, l'ennemy avec trente gendarmes ont ravagé et prins gens et bestail par le terroir d'Aix, et doutant d'estre reprins des gens de la ville, sont allés vers Rougnes.

Le mardy 26 avril 1594, estant le camp de M. le Comte et du sieur de Lesdiguières assemblés à Orgon, et le camp du sieur d'Espernon à Sénas, le dict sieur Comte avoit mandé quarante ou cinquante gendarmes vers Sénas, si vouloient ouvrir ou les vouloient reconnaître ; le dict sieur d'Espernon auroit fait une ambuscade de deux cents chevaulx et le rencontre a esté tel que le sieur de Bezaudun a esté prisonnier, et le sieur d'Epernon l'a fait tuer à sang froid, tout ainsi que le sieur de Bezaudun avoit fait tuer le sieur d'Estampe ; lequel sieur de

Bezaudun a esté fort plaint pour estre homme sçavant et de bon conseil, le dict sieur estoit frère du sieur de la Verdière et Dampus.

Le dict jour, les bouchiers faisoient paistre bestail près de l'hospital, l'ennemy du fort est descendu pour le prendre; y a eu escaramouche, est mort de l'ennemy un capitaine et deux soldats, et de ceulx de la ville a esté blessé Antoine Guiran, et bestail gardé qui n'a esté prins.

Le mercredy 4 may 1594, nouvelles asseurées que le camp du sieur de Lesdiguières, joint avec M. le comte de Carces, estoient à Orgon, et le camp du sieur d'Espernon estant à Sénas, Lambesc et aultres lieux proches de l'un de l'autre, se sont accordés d'une trève pour un mois et les armes basses d'une part et d'aultre, et que le fort seroit remis à M. de la Fin, et que le sieur d'Espernon et ses gens vuyderoient le dict fort en attendant la volonté du Roy.

Et le dict jour le dict sieur d'Espernon et M. de Perraut, beaufils du sieur de Monmorancy, sont venus au dict fort avec bestail, et du dict jour et du lendemain ont fait oster tous les canons du fort et monitions de guerre, le tout fait charrier à Rougnes.

Du jeudy, 5e may 1594, le sieur Doriac, lieutenant du sieur de Lesdiguières, M. de Lamanon et M. Marroc, qui avoit porté deux jours auparavant le paquet de la Cour au camp, sont arrivés et ont assuré la dicte trève, et les gens de la ville sont allés paistre leur bestail auprès du fort, et se mettoient tous ensemble avec ceulx du dict fort.

Le samedy, 7e may, le sieur d'Espernon est arrivé au fort et de ses gens sont entrés dans Aix, et ont achepté vivres cuydant le sieur d'Espernon faire un banquet lendemain dimanche à la dame Contesse et aultres dames, mais les portes sont esté fermées.

Le dict jour samedy sont esté faites cries que tous étrangers estant venus du fort vuyderont la ville, et que aulcun n'eusse à achepter aulcune chose venant du fort, et que ceulx de la porte s'en prendront garde, et mettroient tout par rolle, et que les hostes ny bouchiers personne billete des Consuls.

Du dimanche, 8e may 1594, le sieur d'Espernon s'en est retourné et a laissé sa garnison au fort.

Du lundy 9 may 1594, le sieur d'Espernon s'en est retourné et a laissé sa garnison au fort.

Du lundy 9 may 1594, M. de la Fin est arrivé pour aller au fort avec six cens hommes, mais ceulx du sieur d'Espernon ne l'ont pas voulu laisser entrer, ayant demandé six heures de délai pour vuider le tout et adverty le sieur d'Espernon; cependant le dict sieur de la Fin est venu dans Aix et a logé ses gens à l'hospital.

Du mardy 10 may 1594, ceulx du dict sieur d'Espernon ont vuidé le fort et les gens de M. de la Fin y sont entrés, et en s'en allant ceulx de d'Espernon ont fait beaucoup de mal à plusieurs.

Du jeudy 12 may 1594, le sieur de Lesdiguières, le sieur de Blacon, le sieur de Morgues et aultres gentilshommes avec sa garde et gens d'ordonnance, sont venus et entrés dans Aix, logés à la maison de M. de Milhau près l'église Saint-Sauveur, et le soir après souper, M. de Croze, premier Consul, a présenté les clefs au dict sieur de Lesdiguières, comme protecteur de la ville, lequel les a refusées. MM. les Consuls et tous les cartiers en armes sont allés au-devant et luy ont fait honneur. M. le marquis d'Oraison est arrivé en ceste ville d'Aix.

Le vendredy 13 may 1594, M. Massa, par tentation, s'est jetté dans le Puys des Fontetes et un homme l'est allé prendre, est mort le 29 juin 1594.

Le samedy 14 may 1594, le fort du Collet-de-Sabatier a esté commencé de le ruiner et deffaire, et lequel M. le Comté avoit fait faire le 16 août 1593, jour de Saint-Roch.

Le dict jour, le sieur de Lesdiguières est allé parler au sieur de la Fin hors du fort, et en allant M. Dize, capitaine de sa garde, est tombé du cheval, et le cheval dessus luy, donc.

Le dimanche 15 may 1594, Mme la comtesse de Sault est arrivée en cette ville d'Aix, logée à la maison de M. Beaumont, qu'estoit de M. de la Bastide, et aussy Mme la marquise d'Oraison, lesquelles sont esté visitées des principaux de la ville, et laquelle dame de Sault, estant prisonnière, sortit d'Aix le 22 octobre 1591, et n'avoit esté depuis dans Aix jusques au dict jour 15 may 1594.

Le mardy, 17 may 1594, M. de la Fin, M. Agar et M. Sufren sont allés vers M. de Monmorancy, connestable pour avoir permission de rompre le fort fait par le sieur d'Espernon, et M. de Perier est allé vers le Roy, et aussy M. de la Molle.

Le Mercredy 18 may 1594, nouvelles assurées que Fréjus s'est remis à l'obéissance du Roy, et ont mis les Gascons hors la ville, laquelle auparavant tenoit pour le sieur d'Espernon.

Le jeudy jour de l'Assomption et de Saint-Jacques, 19 may 1594, cries d'aller aplaner le fort du Collet de Sabatier, ce qui a esté fait.

Le dict jour, conseil tenu contenant l'aprovation des présents faits au sieur de la Fin et au sieur de Lesdiguières, et que sera faite cession des contributions à ceulx de la ville qui ont prêté argent.

Le dict jour, Mme la Comtesse de Sault et Mme la Comtesse de Carces se sont accordées, embrassées et mangé ensemble chez M. le marquis d'Oraison, et a été couru la bague par la Noblesse, lesquelles Dames ne se pouvoient voir auparavant.

Le lundy 23 may 1594, les sieurs de la Fin, Agan et Suffren sont arrivés avec délibération faite avec le sieur Connestable que les Estats se tiendront à Lambesc le dernier du dict mois pour le soulagement du pays, cependant que Pertuys, Apt et aultres lieux contribuoient au fort.

I — 17

Le jeudy 25 may 1594, les sieurs Agar et Suffren et le sieur de Bras sont allés à Manosque faire venir la Cour de Parlement du dict Manosque en ceste ville d'Aix.

Le dimanche 29 may 1594, maître Genesy est venu de Manosque porter lettres à la Cour, disant que MM. de Manosque ne veulent venir sans mandat du Roy.

Le lundy 30 may, M. de la Fin et le Prévost y sont allés à Manosque pour faire venir la dicte Cour de Manosque en ceste ville d'Aix.

Le dict jour, M. Tulle, conseiller et décédé, et lendemain ensevely dans l'église des Prêcheurs.

Le mercredy premier juin 1594, deux ambassadeurs du Grand Turc, arrivés à Marseille avec quatre galères pour faire déclarer si Marseille veut obéir au Roy de France, aultrement leur dénonce la guerre par mer, et sont esté logés à la maison du Roy à Marseille.

Le lundy 7 juin 1594, MM. de la Cour du Parlement qui se tenoit à Manosque, à cause de la désunion, sont arrivés en cette ville d'Aix, sçavoir M. Antelmy, Suffren, Bermond, Cadenet, D'Arcutia, Dedon, de Foresta, Laydet, Seguiran, Debras, Olivier, Perier, et Guérin, conseillers au Parlement, et MM. Fabry, Alby et Garnier, conseillers aux Comptes, M. Malacqui, auditeur, et MM. les Consuls sont allés au-devant et ont fait tirer le canon en signe de paix.

Le mardy, jour de Saint-Maximin, 7 juin 1594, M. de la Fin est allé à Marseille pour pacifier la dicte ville, et n'est pas entré, est allé au Château-d'If.

Le dit jour maître Denis Bonfils, en absence de son père, tenoit le siège à Pertuys, est arrivé et a déclaré toutes causes remises à Aix.

Le jeudy jour de la Fête de Dieu, 11 juin 1594, estant M. de Parcil, Prince d'Amour, vouloit précéder les Consuls à la procession, la Cour, assemblée à l'église Saint-Sauveur, a dit que par provision aura place après le Premier Consul.

Le dict jour, nouvelles que le sieur d'Espernon a fait faire cries à Brignolle, Riez et par tous les lieux, qui tenoient pour luy, de ne venir plaider à Aix, ains aller à Brignolle.

Le mercredy 22 juin 1594, M. le conseiller Aymar, son fils, procureur général, et M. Monier, adjudant général du Roy, et M. Serre, général, sont arrivés en cette ville d'Aix.

Le dict jour, M. de Croze, premier consul, est allé vers M. le Connestable voir de la trève et deffaire le fort.

Le dict jour, jeudy 23 juin 1594, veille de Saint-Jean, M. de Piollenc, sieur de Saint-Jullien, président en la Cour, est arrivé en cette ville d'Aix.

Le vendredy 24 juin 1594, jour de Saint-Jean, MM. de Châteauneuf et Fabrègues, députés, qu'estoient par devers le Roy, sont revenus, et arrivés ce jourd'huy en cette ville d'Aix.

Le dict jour, M. le président Carreolis est arrivé au dict Aix, avec les dicts députés.

Le dict jour, M. de la Fin, venant en cette ville d'Aix de Toulon, a esté prins à Roquevayre par M. d'Espernon, et mené à Brignolle pour prisonnier, comme on dit en haine de ce que au fort, sive au donjon. M. de Lisdiguières y avoit mis de gens pour doute que le dict sieur d'Espernon ne s'en tournast saisir.

Le lundy 27 juin 1594, la Cour, assemblée en robbes rouges, a publié en premier lieu les lettres de la réunion de la justice, données à Saint-Germain en Laye, le 2 may 1594; après, l'édit de paix, contenant de vivre selon l'église catholique, apostolique, romaine, abolition du passé, fors ce que a esté fait sans advertir la justice réunie à Aix, révocation de la justice souveraine de Marseille, la procuration des Etats confirmé aux Consuls d'Aix, les offices supprimés, ceux à qui n'a esté pourveu par le sieur de Mayenne tiendront, auparavant nouvelles lettres du Roy, les arrêts et jugements donnés contre les absents du contre-party pour non faits, les aultres tiendront; les administrateurs des deniers, soit sur la vente de meubles que aultres rendront compte, imposé silence à tous, et les contredisants les déclare perturbateurs du repos public; lequel édit, nonobstant le contredit fait par M. de Cormis, sous prétexte qu'il se disoit procureur des trois états du contre-party, montrant vouloir remuer partie du passé.

A esté dit en public et enregistré, présent M. le Procureur Général du Roy, bailler requête sur l'article qu'il prétend faire modifier, et réparer pour y pouvoir.

Le dict jour, le dict sieur de la Fin est arrivé.

Le dict jour lundy 27 juin 1594, iceluy édit de paix a esté publié par ville y ayant trois trompètes; MM. les Consuls, accesseur, et conseillers, à cheval.

Le mardy 28 juin 1594, l'édit de paix a esté publié à la Cour des Comptes et au siège.

Le dict jour, le sieur de Croze est revenu.

Le mercredy, 29 du dict mois, a esté fait feu de joies, à cause de l'édit de paix, estant les cartiers armés, et y est mort un capitaine Boyer, lieutenant du sieur de Biosc, par un coup d'arquebuze qu'avoit la balle.

Le jeudy 30 du dict mois, M. de la Fin est allé au Languedoc parler au sieur connestable.

Le lundy 4 du dict mois, M. de Chasteuil, M. Séguiran et M. de Monfuron, conseillers, sont arrivés de parler à M. le connestable, lequel refuse faire deffaire le fort, comme on dit.

Le dict jour, la Cour a reprins le gouvernement pour éviter la dissention de M. le Comte et de M. le marquis d'Oraison, qui commandaient deçà et delà la rivière de Durance, et la dicte Cour fait inhibition aux Consuls de ne bailler contributions sans licence de la Cour.

Le vendredy 8 juillet 1594, entendant le refus du sieur Connestable, ne voulant consentir à la démolition du fort, M. de Lesdiguières et M. le Comte s'en sont allés au fort composiler avec les capitaines qui y avoient délaissés M. de la Fin, et ont fait armer tous les cartiers de la ville lesquels sont entrés au dict fort et au donjon par subtilité, faisoient semblant d'aller à la chasse et de se reposer au dict fort, y a fait entrer plusieurs, et après l'a fait rendre, et les capitaines et soldats sont sortis.

Du samedy 9 du dict mois, tout le peuple est allé au dict fort et l'ont rompu, et pris tout le bois, et le donjon a esté gardé par ceulx de la ville.

Le dict jour, M. de Lesdiguières a prins M. de Plesance, gouverneur de Saint-Cannat, prisonnier.

Le lundy, 11 du dict mois, continuation de la dicte démolition du fort.

Le mardy 12 du dict mois, le donjon qu'estoit le petit fort, a esté démolly, les maisons qui y estoient ont apartenu aux capitaines, et le reste du bois au peuple, y a esté trouvé quantité de biscuits, et farines, et le tout a esté donné, le dict donjon estoit plus fort que le grand fort.

Le dict jour, la cotte, à raison de 3 livres pour homme, a esté exigée, et a esté payé les soldats qui estoient au fort.

Ceulx de Rougnes et le Puy n'ont cessé prendre gens et bestail tenant pour le sieur d'Espernon, aussy le marquis de Trans a prins maître Cordery et aultres de Marseille, qui alloient audit d'Espernon.

Le mercredy et jeudy 13 et 14 juillet 1594, la continuation de la démolition du donjon, l'alle et moulin de bois a esté conservée et portée dans la ville, et sont estimées cinq escus.

Le dict jour, jeudy 14 juillet 1594, le sieur de Lesdiguières a prins congé de la Cour pour s'en aller au Daulphiné.

Le dict jour a esté tenu conseil de ne faire aulcune conférence ny accord avec le sieur d'Espernon, attendu que sommes tous à un Roy, sans la permission de Sa Majesté, mander à M. le Connestable faire venir Damville, son frère, gouverneur de ce pays, pour commander, et bailler un présent au dict sieur de Lesdiguières, ce qu'a esté faict, le dict jour on luy a donné un cheval achepté du sieur de Lamanon, estimé douze cens escus; lequel a esté prins et accepté par le dict sieur de Lesdiguières, lequel s'en est allé au contentement de tout le peuple, parce que le dict sieur a réuny la Noblesse, la justice, et a fait démolir le fort et le donjon, comme il auroit promis.

Despartement du sieur de Lesdiguières.

Le vendredy 15 juillet 1594, M. de Lesdiguières et sa gendarmerie s'en sont allés de cette ville d'Aix, accompagné de M. le marquis d'Oraison, M. de Crozé, premier consul et aultres grands personnages au contentement de tous, lequel estoit venu le 12 may 1594, que sont deux mois et trois jours.

Le samedy 16 juillet 1594, M. de Gensson, un des députés, et M. de Périer sont arrivés de la Cour et ont porté lettres du Roy pour la démolition du fort, réunion à la justice, ce que a esté jà exécuté, et aussy pour faire assembler les Etats par dict M. Damville, frère du Connestable.

Le mardy 19 juillet 1594, cries à trois trompètes que tous vagabonds et estrangers vuideront la ville, et ceulx qui rentreront seront escripts à la porte, et leur sera donné logis, et seront recongneus d'un jour à aultre, et ce par commandement de la Cour ayant le gouvernement.

Le dict jour a esté mis à la roue un de Lormarin qui avoit tué et brigandé, et son compagnon, nommé capitaine Martin de Lormarin, a esté pendu par arrest le mercredy 28 septembre au dict an.

Le jeudy 21 juillet, M. d'Espernon, entendant que celui qui

tenoit Vinon se vouloit remettre au Roy, y est allé, et a fait pendre le capitaine et aultres, et y a mis gens à sa dévotion.

Le dimanche 24 juillet 1594, trois chevaliers du sieur d'Espernon, venant de Saint-Cannat, sont venus passer dans le Pré Batailler et avoient prins M. Rocaucos, et l'ont laissé aller, au moyen que l'alarme et gens ont accouru contre eux.

Le jeudy 18 juillet 1594, cries a trois trompètes de l'arrest donné par la chambre contenant sursoy du payement des arrérages des contributions, et inhibitions de prendre le bestail, ni gens.

Le vendredy 29 juillet 1594, M. Carreolis, président, M. Bermond, M. Monyer, advocat général, M. de Croze, premier consul, M. Meynier, accesseur, et aultres sont allés à l'assemblée de M. le Connestable à Beaucaire.

Le mardy 2 aoust 1594, M. de Saint-Roman faisant course à Lauris, ont prins bestail, les gens de la ville y sont accourus, et le dict de Saint-Roman ont tué treize de ceulx de Lauris, et ont mené bestail; ceulx du lieu ont tué un ou deux des chefs, et blessé de ceulx du dict Saint-Roman.

Le mercredy 3 aoust 1594, M. Bermond, un des conseillers et député, qui estoit allé avec le sieur président Carreolis, est revenu portant la trève par ce mois, et que la Noblesse s'achemine à Lyon à l'arrivée du Roy.

Le dict jour, mercredy 3 aoust 1594, a esté accordée la question d'entre le sieur de Tourves et le chevalier de Meyrargues, les quels fait quinze ou vingt jours qu'ils s'estoient combattus tous deux à cheval et en chemise, espée et poignard, le sieur chevalier fut atteint de deux coups au corps, en danger de mort, et le sieur de Tourves luy saulva la vie, et le pouvoit tuer du tout.

Le jeudy 4 aoust 1594, ceulx de Mimet tenant pour le sieur d'Espernon, ont prins gens et bestail, qu'alloient quérir le bled.

Le vendredy 5 aoust 1594, a esté appointé trois querelles, l'une de Aurenge et Girard avec Pierre Menin, la seconde du dict Girard et Gauche, la tierce du dict Gauche et Bellon, et se sont embrassés et fait amis et ont disné ensemble au logis de Paradis; l'accord a esté fait au réfectoire des Prescheurs, présents: maîtres Sobolis, Saulvecane, Audifred, Leothier, greffier du viguier, l'escrivain Mellan, maître Gazel, notaire, et aultres.

Le lundy 8 aoust 1594, M. le Comte est départy avec ses gens et M. Bermond, conseiller, sont allés trouver M. le Connestable et les députés, et ont passé à Cadenet, pour, avec M. le Marquis, aller tous ensemble.

Le mercredy 10 aoust 1594, M. d'Espernon a passé à Rougnes, et est allé à l'assemblée à Beaucaire trouver M. le Connestable et anltres.

Le dict jour, nouvelles assurées d'un feu mis en Arboy, et par la grande chaleur, a bruslé beaucoup d'arbres et a suivy devers Sellon, et après est venu jusques au terroir de Ventabren, et c'est bruslé le foin du pré de M. de la Palud et aultres à Pierricard.

Le dimanche 14 aoust 1594, la Cour, ou chambre des vaccations, a fait fermer avec pierres la porte des Augustins et celle de Notre-Dame et Bellegarde, pour doute d'une surprinse de la ville.

Le jeudy 18 aoust 1594, cries par authorité du général des monnoyes sur la valeur des monnoyes, prix et alloy: l'escu à 60 sols pièce, la réalle à 40 sols, le teston à 15 sols, les pinatelles vieilles pesant 3 gros, passeront 2 sols 6 deniers.

Le jeudy 25 aoust 1594, M. le président Carreolis et aultres députés venant de l'assemblée de M. le Connestable, sont arrivés avec M. le Comte, M. de Croze, M. Maynier et aultres, sans avoir fait aultre chose, si n'est que le tout est renvoyé au Roy et jà, et les parties assignées au 15 septembre prochain à Lyon, et cependant sursoy d'armes, estant à la dicte assemblée M. de Reillanete et M. de Formagières, l'un tenant le party du sieur d'Espernon et l'aultre de M. le Comte, lequel sieur de Formagières avoit bruslé le logis du sieur de Meyrargues, les dicts de Formagières et Reillanette sont morts en combattant tous deux.

Le samedy 27 aoust 1594, M. d'Espernon a mandé sa trompète, si on vouloit obéir à l'ordonnance du sieur Connestable, que portoit obéir au dict d'Espernon, jusques que le Roy en eut dit; la Cour a répondu attendre la volonté du Roy.

Le dict jour, le fils de maître Granety et le fils du feu Claude Aubert se sont combattus au-devant la bastide de Théric, et tous deux blessés jusqu'à la mort. Le dict Aubert est décédé le 13 septembre 1594.

Le lundy 29 aoust 1594, M. le Comte s'est plaint de ce qu'on avoit fermé la porte des Augustins, et a prins question contre Mme la Comtesse de Sault, tellement que la Cour a députe gens pour les ouïr ou accorder, et la Cour s'est assemblée par plusieurs jours.

Le mercredy dernier aoust 1594, la Cour a fait commandement aux hostes du logis de la Cloche et aultres proche des portes de ne loger personne, et a fait faire cries tenir bonne garde, et mettre des lumières, pour doute d'une surprinse, à cause que le dict sieur d'Espernon estoit proche d'une lieue de la ville d'Aix.

Le dict jour et jeudy premier septembre 1594, M. le consul de Croze a fait rompre le devant de toutes les tours de l'entour des murailles par dedans la ville, et les ont remplis de terre.

Le dimanche 4 septembre, M. d'Espernon a mandé sa trompète pour avoir responce, si on vouloit tenir l'ordonnance du sieur Connestable contenant trève pour trois mois, que ceulx des villes et lieux tenus par le sieur d'Espernon ne seroient contraints venir plaider à Aix, ny contribuer aux gens de guerre de la Cour, que les Procureurs du pays et Thrésoriers tiendroient tant d'un party que de l'autre, chacun selon son étendue de chaque party.

La Cour a dit mander quérir les communes pour faire assemblée, ce que a esté fait par ladite assemblée, ont contredit à tout, hormis à la trêve, a esté M. l'advocat Marrot vers M. d'Espernon, lequel ne l'a voulu entendre, a requis d'abondant réponse.

La Cour a fait assembler la Cour des Comptes pour avoir advis; la dicte Cour des Comptes du mercredy 14 septembre au dit an, a fait réponse que se raportoit à la Cour de Parlement, comme gouverneur; le clergé, la Noblesse et Procureurs du pays ont répondu de même, et que n'y avoit moyen faire la guerre pour la pauvreté du peuple, et qu'en attendant la volonté du Roy et par provision seroit bon observer l'ordonnance du sieur Connestable, ayant esgard que le sieur d'Espernon avoit fait ligue avec le Prince de Savoye, ceulx de Marseille, et aultres.

A esté délibéré mander au Roy qui vient à Lyon : M. le Marquis d'Oraison, M. de Genson, M. de Croze et M. Meynier, et à M. d'Espernon luy accordant l'ordonnance de M. le Connestable, pourveu que Berre et Sellon et Marseille y soient compris, a esté M. l'advocat Marrot, M. de Châteauneuf et les Consuls de Digne.

Le samedy 10 septembre 1594, le sieur de Vitelle, le sieur de Saint-Roman, avec l'ayde de ceulx de Marseille et de l'Isle, sont allés assiéger la tour de Bouc et ont tiré plusieurs coups de canon, et ceulx qu'estoient dedans ont tué plusieurs de Marseille et aultres estant gouverneur ...... du Martègue en vertu d'un arrest de la Cour, enfin la tour s'est rendue, et a esté tué le dict gouverneur et six aultres, le sieur de Saint-Roman, blessé, la dicte tour a esté prinse le vendredy, 16 du dict mois.

Le samedy 17 septembre 1594, ceulx de Saint-Cannat et Berre faisant course au terroir d'Aix et ont prins gens et bestail qui faisoient les vendanges, même Joseph Tourel, Bernys et aultres, et les ont menés à Saint-Cannat.

Le dict jour M. de Crozes, premier consul, est allé prendre un prisonnier à Berre, prins par les gendarmes de M. de Magnan, et l'ont mandé au sieur Vitelle, à condition qu'il ne fera aulcune course au terroir d'Aix.

Le mercredy, jour de saint Mathieu, 21 septembre 1594, nouvelles assurées que M. de Guise est gouverneur de Provence.

Le lundy 26 septembre 1594, M. Marrot, le sieur de Chasteauneuf et le Consul de Digne sont allés vers le sieur d'Espernon faire entendre la délibération de la Cour.

Le mercredy 28 septembre, les députés sont arrivés, disant que le sieur d'Espernon veut que la Cour fasse arrest de la dicte trève sans modification.

Le dict jour, le sieur d'Espernon a fait faire embuscade auprès de Pertuys, où estoit M. de Soyssons, gouverneur du Puy, avec cent chevaulx; et a esté faite sortye par ceulx de la ville, et le sieur de Saint-Remy, fils de M. de Solliers; et a esté tué de ceulx de la ville François Boilier, capitaine Motte et aultres en nombre de douze, et y a de chefs de l'ennemy morts et blessés, de M. Masset, gouverneur de Saint-Cannat et aultres, et le dict sieur Saint-Remy blessé.

Le vendredy dernier septembre 1594, maître Chays voulant estre receu pour continuer d'estre procureur au siége, pour estre de la prétendue religion, et ne s'est voulu recatholiser et aultres raisons avancées en playdant, a esté débouté de sa requête dans la chambre par devant M. le lieutenant général, estant scindics des procureurs maître Saulvecane et Bermond.

Le samedy jour de Saint-Remy, premier octobre 1594, la Cour est entrée à l'accoustumée en robbe rouge, M. Aymar, procureur général, a fait harangue fondée sur tout ce qui s'est passé, les avocats et procureurs ont prêté le serment; et sur le différend de maîtres Perret et Redortier, qui sont procureurs en Parlement receus à Manosque, et maîtres Baudoin et Magnan, receus par le Parlement d'Aix, au lieu de feus maîtres

Guérin et Motte, a esté dit qu'ils playderoient au premier jour, et cependant qu'ils presteraient tous le serment comme ils ont fait.

Le dict jour premier octobre 1594, destiné à faire et créer les Consuls d'Aix, lesquels auroient esté emboletés le jour auparavant, a esté sursis au moyen des lettres mandées par le Roy, mandant de continuer à leur charge et surseoir à la création du nouveau état jusques à son arrivée de Lyon, qu'il y pourvoira pour l'importance qu'est à présent, et éviter un nouveau changement, sans déroger aux privilèges de la ville d'Aix.

Et a esté commis par le conseil tenu le dit jour M. Agut pour aller par devers le Roy luy faire remonstrance permettre ladite nomination et création des dits Consuls.

Le mardy 4 octobre 1594, en une cause où Marcellin Nicolin deffend contre un jeune homme de douze ans qui le servoit à la monnoye, par cas fortuit, en baillant un cayrel d'argent, et ledit Nicolin les aplatissoit, il fut trop prompt à piquer et battre le marteau, que l'enfant n'eut loisir oster la main, et le coup l'atteint que luy brisa trois doigts, la dicte cause plaidée par devant M. le Lieutenant, le dict Nicolin a esté condamné nourrir le dict enfant jusques à l'âge compétent d'avoir un métier qui luy fera avoir, et en cent escus pour ses dommages et inthérêts, dont n'y a eu aulcun.

Le 5 octobre 1594, allant les compagnies du sieur de Meyrargues et de Magnan secourir le sieur de Lesdiguières pour le Roy au devant Valqueiras, les gens du sieur d'Espernon qu'estoient à Sisteron les ont deffaits dans un château dessus Sisteron nommé, et ont prins chevaulx et armes et aulcuns prisonniers sans les avoir meurtris.

Le 7 du dict mois, la division se seroit dressée entre Mme la Comtesse de Sault et M. Croze, premier consul, lequel on vouloit faire sortir de la ville, et après la Cour a fait deux arrêts pour faire sortir Mme la Comtesse hors la ville, à laquelle a esté fait commandement sortir, mais a esté impossible.

Le dimanche 17 octobre 1594, Chermas estant avec sept ou huit en ambuscade au-dessous d'Aiguilles, l'ennemy de Saint-Cannat y seroit venu par rencontre, le dict Chermas a mis tout en déroute, et a esté tué un sergent Christophe, et prins son cheval.

Le vendredy 21 octobre 1594, M. de Balloye, un des maîtres d'hôtel, ou valet de chambre du Roy, est arrivé et a déclaré la volonté du Roy, c'est que le sieur d'Espernon s'en aille de ce pays, et que le gouvernement de Provence avoit esté donné à M. de Guise, ce nonobstant, le dict sieur d'Espernon ne s'en veut aller, ains fait faire courses au terroir d'Aix, et tous les jours prennent gens et bestail.

Le mardy 25 octobre 1554, a esté prins M. Félix, beau fils de M. Eguesier, et mené à Marignane.

Le jeudy 27 octobre 1594, ceulx du Puy et Rougnes sont venus courir jusqu'à la porte Notre-Dame, et ont prins bestail qui labouroit les terres et gens, et ont blessé un pauvre homme.

Le vendredy, jour de Saint-Simon, 28 octobre 1594, à Marseille, ont confirmé le premier consul Cazaul, et le second consul Tharon, le tiers consul ont mis Peyrastre du viguier, et l'accesseur M. de Altavitis, les capitaines un nommé de Lile, Cadoy, Lafont et Corson.

Le samedy 29 octobre 1594, la Cour, par son arrest, a aprouvé l'ordonnance du sieur connestable, et ordonne que sera publié ; le dict jour a esté publié par la ville, contenant trève jusques à la fin de novembre, que les arrérages de contributions pris avant janvier dernier, ne se exigeront, que nul ne sera sujet venir plaider à Aix du party du sieur d'Espernon.

Le dimanche 30 octobre 1594, nouvelles que Verqueyras est au prince de Savoye par force d'armes, et que le sieur de Lesdiguières a deffait les gens du dict Prince, quinze cens, et tient la campagne.

Le lundy 7 novembre 1594, arrest en audience entre les notaires et maître Guidy, greffier, concernant les actes des pupils et inventaires à escrire, et sur la taxe, comparaîtront par devant M. Jollien président et M. d'Arcussia.

Nota qu'il y a arrest à la barre, donné le 16 septembre 1573 entre Joseph Estienne, greffier et les notaires, contenant inhibitions aux notaires de n'escrire les inventaires, nonobstant les dispenses testamentes, et a taxé les lieutenants 5 sols par heure, au greffier 3 sols, aux juges 2 sols 6 deniers, au greffier 1 sol par heure de leur assistance, publié par ville le 22 octobre 1594.

Le dict jour, M. le comte de Carces et M. de Croze sont arrivés, lesquels sont venus pour faire abatre le fort de Monpavon, lequel fort se faisoit pour M. de Saint-Roman, gouverneur de Sellon, qu'est entre Saint-Remy et Arles, et n'ont pu oster les gens que sont au dict fort, ains ont mis gens à l'entour pour garder que les dits du fort de Monpavon ne courent et qu'ils soient constroints se rendre.

Le vendredy 11 du dict mois, pour ce que le sieur d'Espernon luy ayant mandé l'arrest du consentement de la trêve, ne l'a voulu avec modification, la Cour a fait aultre arrest sans modification et l'a mandé par la veuve du capitaine Séguiran, et sont allés devers le sieur marquis de Châteauneuf et M. Marrot et un consul de Digne, lesquels ont accordé la trêve par huit jours, attendant pour accorder des députés pour accorder quelques chefs demandés par le sieur d'Espernon.

Le mardy 15 octobre 1594, M. Agut, qu'avoit esté député pour aller au Roy, est revenu et a porté lettres de Sa Majesté pour faire les Consuls d'Aix à la coutume, et qu'on observe cependant l'ordonnance de M. le Connestable sur la trêve, jusques qu'il soit arrivé à Lyon.

Le dict jour, le consul Cazau de Marseille a prins le fort de Notre-Dame de la Garde par entreprinse.

Le jeudy 17 novembre 1594, les députés pour aller au sieur

d'Espernon sont arrivés et porté la trêve accordée par huit jours, que durant ledit temps on traitera de ce que demande le sieur d'Espernon de plus.

Le samedy 19 novembre 1594, le Conseil s'est assemblé, et suivant la lettre du Roy, portée par M. Agut, a esté procédé à la création des Consuls de la ville d'Aix, où a assisté M. le président Carreolis et aultres de MM. les Conseillers et gens du Roy, et n'y a assisté que les Consuls vieux et nouveaux, et a esté fait M. de Sainte-Croix pour premier consul, sire Mouton, écuyer, pour second consul, et sieur Jacques Audifredy pour tiers consul; M. Bologne, accesseur, lequel ne voulut accepter la charge et est appelant; pour thrésorier est sire Jean Lambert, lequel on avoit fait auparavant; pour capitaines M. du Perrier, capitaine de Saint-Jean; M. Papassaudy, des Augustins; M. Durand, des Frères-Mineurs; M. Burle, de Notre-Dame; M. Salla, de Bellegarde.

Lendemain dimanche 20 novembre 1594, les dicts Consuls sont entrés en procession et sont allés à l'église Saint-Sauveur accompagnés de M. le Comte et aultres.

Le mardy 21 novembre 1594, arrest que le sieur de Cologne tiendra pour accesseur.

Le mercredy 23 novembre 1594, pour ce que capitaine Fabre, de Marseille, estoit logé à l'archevesché et doutant de trahison l'a fait sortir, et pour vouloir l'huissier Vincens l'a saisy au corps, il s'en est fuy, et laissé son roistre et a passé hors la ville et ont fait fermer l'archevesché.

Le mercredy 23, un nommé Pascal se tenant à Villeneufve, a esté constitué prisonnier pour soubçon de trahison de la ville.

Le dict jour mercredy 23 novembre 1594, cries de ne laisser entrer ny sortir les estrangers que par la porte Saint-Jean.

Le dimanche 27 novembre M. Garron, auditeur délégué par M. d'Espernon, est arrivé logé à la maison de M. Bologne, accesseur, pour conférer sur la trêve et pacification, lequel après avoir demuré huit jours s'en est retourné avec M. Dufort, aussy délégué, pour avoir réponse de M. d'Espernon, s'il veut accorder la trève, n'ayant la Cour voulu accorder ce qu'il demandoit, c'est d'estre recogneu comme général et d'avoir une chambre.

Le mercredy 14 décembre 1594, le dict maître Dufort est arrivé, et a raporté la trève accordée par le sieur d'Espernon par tout ce mois de décembre.

Le mercredy 8 décembre 1594, les funérailles de l'enterrement du feu sieur de Saint-Jean, président, sont esté faites à l'église de Saint-Sauveur, y ayant une chapelle ardente, accompagné de deux cents torches portées par des pauvres habillés d'habits noirs. Y estoit le collège, M. de Peyrucis, sieur de Montauroux, prémicier et advocat ; après les huissiers de la Cour, après M. le président Chayne, qui conduisoit le deuil, et toute la Cour et Consuls avec tout le clergé et musique.

Le lundy 12 décembre 1594, sont arrrivés en cette ville d'Aix, neuf prisonniers de Marseille que Cazau les détenoit à la tour de Saint-Jean qui sont MM. Davène, Champourcin, le Comète, Vias, maître Mitre, notaire, et autres, lesquels sont sortis, par le vouloir de Dieu, avec une corde dans la mer, recouverts par un bateau, ayant avec des limes rompu les clédats où estoient détenus, et estoient prisonniers puis un an, qu'est un vouloir de Dieu.

Le jeudy 15 décembre 1594, a esté crié par ville la trève par tout ce mois.

Le vendredy 16 du dict moys, a esté la dicte trève publiée au siège.

Le dict jour est arrivé M. de Bras, conseiller, qui avoit esté député pour aller au Roy, et a confirmé le gouvernement estre à M. de Guise, et qu'il s'aproche de Lyon.

Le vendredy 23 décembre 1594, la Cour en robbe rouge, M. le président Carreolis, après que le sieur a fait harangue sur l'obéissance que devons au Roy, a publié les arrêts généraux, l'un des Peytrals de Seyne, demandeurs en requête, pour faire déclarer le testament fait par Jean Peytral, aveugle, nul et inthimé en rapel d'une part, et Jean Isnard, défendeur et appellant de sentence donnée par le lieutenant de Digne, lequel avoit déclaré le dict testament nul et invalable, prétendant l'appelant que le testament estoit valable, ayant fait le dict Isnard son neveu héritier, et fait légat à ses enfants, lesquels d'ailleurs estoient riches; les intimés prétendent le contraire, et que le père testateur estoit vieux, aveugle et comme incognu, avoit esté séduit, et sur le tout ont esté faites enquêtes, le tout produit, la Cour a mis l'appellation et ce dont est appelé au néant, et par nouveau jugement a débouté les demandeurs de leur requête, et relaxé le dit Isnard, déclarant par ce moyen le testament bon et valable, remetant à chacun faire à son plaisir de son bien.

Autre arrest entre demoiselle Catherine de Cabanes, dame en partie de Colongue, demanderesse en requeste, pour estre receue à retenir les biens acquis par maître Guillen Brueys, notaire, et les hoirs du dit Brueys, défendeurs. D'autre prétendait la dite dame estre receue à retenir, ores qu'il y eut au dit Colongue trois autres seigneurs pour an que la seigneurie estoit indivise et non partagée; au contraire prétendoit le dit Brueys faire débouter la dite dame pour ce qu'avoit en investiture de trois autres seigneurs. La Cour, en interinant la requeste a receu la dite dame à retenir, en payant le prix, les payer aux autres seigneurs et inthérets.

Le samedy 24 décembre 1594, seroit esté pris par ceux de Sellon des bœufs et autre bétail du sieur de Meyrargues.

Le dit jour a esté pris prisonnier un parent du sieur d'Espernon par le dit sieur de Meyrargues.

Le dit sieur d'Espernon a fait prendre mulet et autre bestail, tant à Peyrolles qu'au terroir d'Aix, tant bestail lané et autres, et blessé des boscatiers.

Le dit sieur de Meyrargues a pris de muletiers de Marseille.

Le 27 décembre 1594, la Cour a fait arrest contre le dit sieur de Meyrargues pour rendre le dit prisonnier sur peine de confiscation de corps et de biens.

Le 28 du dit mois, la trompète du sieur d'Espernon a esté en cette ville, et a pris l'arrest, et un huissier est allé à Meyrargues pour le signifier.

Le 29 du dit mois a esté découverte une entreprise qu'on vouloit faire contre Cazau et le viguier de Marseille, de poudre trouvée à l'église des Prêcheurs du dit Marseille, prétendant y mettre feu lorsqu'ils seroient à genoux, et un prêtre pris a esté condamné à estre brûlé et a esté brûlé au dit Marseille, le 12 janvier 1595, et plusieurs de Marseille sont venus en cette ville d'Aix.

ANNÉE 1595

Le lundy 2 janvier 1595, à Marseille, le consul Cazaul a fait emprisonner M. le lieutenant Vento et autres de grande maison en nombre de 30 ou 40, en haine de ce que s'estait trouvé de la poudre à l'église.

Le 3e du dit mois, a esté tué M. de la Gallinière.

Le jeudy 5e janvier veille des Rois, M. de la Fin, gentilhomme mandé du Roy, portant la trève pour trois mois ; sont arrivés aussy M. le marquis de Cadenet, M. Doize, M. de Meyrargues, qui a relaxé le prisonnier, et autres gentilshommes sont arrivés en cette ville d'Aix, pour faire assemblée et arrêter sur la dite trève, a été mandé M. l'advocat du Fort vers le sieur d'Espernon, party le 10 du dit mois, lequel ne l'a voulu entendre, et qu'il vouloit conférer avec MM. du Parlement.

Le mardy 10 janvier 1595, la Cour a eu nouvelles assurées que le Roy a esté failly d'estre tué d'un couteau par un nommé Pierre Barrière, fils d'un marchand drapier de Paris, qui avoit demeuré trois ans aux Jésuites, en sortant le Roy de son palais, et luy voulant bailler le coup aux entrailles, le Roy, par le vouloir de Dieu, se seroit abaissé, et le coup l'a failly lui ayant atteint la bouche et la langue, dont il a été blessé et coupé partie de la langue et une dent, fait environ un mois est hors de danger, et la Cour a fait dire un *Te Deum laudamus* a l'église Saint-Sauveur, où a assisté toute la Noblesse et peuple, et a esté dit de faire procession générale et feu de joye.

Le dit jour, 10 janvier 1595, est arrivé un président de Paris, un maître des requêtes du Roy à Marseille.

Le dit jour, 10 janvier 1595, pour ce que M. le chanoine de Cadenet avoit dit quelque propos contre le Roy, a esté constitué prisonnier.

Le dimanche 15 janvier 1595, a esté faite procession générale, la Cour en robbe rouge, le Prévost de mareschal, ses archiers au-devant, et après la Cour venoit M. le Lieutenant-Général, conseiller, les sergents au-devant, les frères penitents, les confréries, les couvents, le clergé. M. le Prévost faisoit l'office portant corpus Domini, on a fait le tour comme le jour de la Fête de Dieu. Les couvents des Minimes, ny ces capuchins, ny le vicaire de M. d'Aix ne s'y sont pas voulu trouver, combien que la Cour avoit donné arrest à eux signifié, disant que Notre Saint-Père leur avoit défendu prier pour le Roy.

Le dit jour a esté fait feu de joyes, tous les capitaines en armes.

Le vendredy, jour de Saint-Sébastien, 20 janvier 1595, aucuns gens de guerre du sieur d'Espernon, allant faire courses contre Toulon, seroient esté outragés par ceux de Toulon, et ont tué le capitaine des Escarrabins, capitaine Payan et autres.

Le samedy 21 du dit mois, Bertrand Robert dit Six Doigts, a esté condamné par arrest en audience, a estre banny et en amende, et a fait amende honorable pour avoir battu Ruffy, sergent, en allant faire contre luy exécution.

Et le mercredy auparavant, 18 du dit mois, par arrest, Chermas fut foëté par ville et condamné en gallère pour avoir brigandé, lesquels estoient fort affectionnés pour la ville d'Aix, et faisoient bien la guerre à l'ennemy.

Le dimanche 29 janvier 1595, la ville a fait baptiser la fille de M. de Crozo, premier consul de l'année passée avec Mᵐᵉ la comtesse de Carces, et a esté mis nom Sextie, pour ce que Sextius est le fondateur de la ville d'Aix, a esté fait grand honneur pour y estre toute la ville, les quartiers en armes, dans l'église y avoit mollinets et fuzades qui jettoient feu dedans, musique, les orgues, violons trompètes, tous quatre, MM. les Consuls et Accesseur tinrent la fille, qui le corps et les bras, et Mᵐᵉ la Comtesse les pieds; luy ont fait présent de 300 livres d'argenterie.

Le lundy premier février 1595, la Cour a commis M. Bermond, conseiller, lequel est allé avec M. Nas vers le sieur d'Espernon, pour conférer de la trève.

M. Papassaudy décédé le dict jour, ensevely comme capitaine des Augustins.

Le mercredy, premier jour de caresme, 8 février 1595, le dit M. Bermond est arrivé disant qu'il ne veut entendre la trève, ains qu'on le reconnaisse comme général, et a baillé délay de huit jours, autrement dénonce la guerre, et a fait assemblée qui demande la paix et non guerre, et ont députe M. Garron et autres pour demander M. d'Espernon pour gouverneur, et sont allés au Roy.

Le mardy 14 février 1595, les gens du sieur d'Espernon ont pris le bétail de Bedan, bouchier, et l'ont blessé, et depuis est mort.

Le mercredy, 15 du dit mois, ont tué trois travailleurs au-dessus du fort de Saint-Estropy.

Le jeudy 16 du dit mois, M. de la Fin est départy sur le soir pour aller vers le Roy.

Le vendredy 17 du dit mois, arrest publié par ville de ne

faire assemblée ny laisser entrer gens de guerre et aller à la garde.

Le dit jour, sur le soir, sont allés quatre masques à la maison de M. le président Carreolis, et ayant esté rencontrés aux degrés par le fils du sieur, s'en sont retournés.

Le mercredy 22 février 1595, cries que tous vagabonts vuideront la ville, et ceux qu'entreront se feront escrire à la porte.

Le dit jour, sur deux heures après minuit de matin, M. le comte de Carces est entré dans Sellon par escallade, accompagné de gens de M. le marquis de Cadenet; le château tient fort, M. de Saint-Roman est dedans. M. le Comte a pris la maison de Tripolly joignant le château, avec soixante hommes qui estoient dedans, et sont esté congediés sans mal prendre, M. de la Barben blessé.

Le samedy 25 février 1595, quatre gendarmes du sieur d'Espernon auroient pris le bestail de Chambardon au terroir de la bastide de Nandon, et seroient esté vingt-trois boscatiers qui avoient six bastons ferrés et trois arquebuses; les autres contrefaisoient de leurs eyssandons arquebuses; et y sont allés à la suite, et ont repris le dit bestail, sur le midy.

Le dit jours sont venus dix ou douze chevaux dessus le fort et la ville a sonné la cloche de Saint-Sauveur, les dits s'en sont retournés sans faire dommage de grande importance.

Le lundy 27 février 1595, par lettre mandée par M. le comte de Carces, on est adverti que M. d'Espernon, accompagné du sieur Vitelle et envyron cinq cents maîtres et gens de pied, estant venus au devant Sellon, où M. le Comte fait sortir de ses gens, se sont retirés, et M. de Beconne mort.

Le dit jour, M. de Solliers, gouverneur de Partuys, vers Peyrolles, a pris dix-huit paires de bœufs, que M. d'Espernon faisoit venir pour tirer les canons.

Le mercredy, premier mars 1595, courait un bruit par ville

que M. de Meyrargues, lieutenant de la compagnie de Mme la comtesse de Sault, s'estait retiré à M. d'Espernon, lequel luy avait baillé le gouvernement de la Ciotat, et il luy bailloit son château, et lendemain a esté dit le contraire, et que le dit sieur de Meyrargues estoit dans son château.

Le jeudy 2 mars au dit an, cries de n'exécuter sur les bestails et bleds pour debtes, ny pour contribution, ny contre les personnes.

Le vendredy 3 mars 1595, Mme la comtesse de Sault est sortie une heure après minuit, accompagnée du sieur Fabrèques et autres; on dit qu'estoit allée vers le sieur de Lesdiguières contracter mariage de M. de Créqui, son fils et de la fille du sieur de Lesdiguières, lequel mariage a esté fait à Grenoble.

Le samedy 4 mars 1595, arrest que le sieur d'Espernon est déclaré ennemy du Roy, pour aller secourir le sieur de Saint-Roman contre M. le Comte, estant dans Sellon, a injoint à tous sujets de le délaisser en gentilhomme sur peyne d'estre déclaré de crime de lèze-majesté, et contient d'employer le sieur Alphonse et le sieur de Lesdiguières de venir secourir le pays et le dit sieur Comte contre le sieur d'Espernon et autres levés en armes.

Le dimanche 5 mars 1595, le dit arrest a esté publié par ville.

Le lundy 6 mars 1595, le sieur d'Espernon est allé avec cinq canons au dit Sellon, et y a eu grandes escaramouches, dont M. de la Formagière et Bigarre, gouverneurs de Rians et Rougnes pour le dit sieur d'Espernon et autres sont esté blessés et des aucuns morts, tellement qu'il a assiégé Sellon avec deux ou trois mil hommes tant à cheval qu'à pied.

Le mardy, mercredy et jeudy, 7, 8 et 9 mars 1595, le sieur d'Espernon a fait battre avec les dits cinq canons, et ayant fait brèche, le premier jour fit bailler un assaut, le second jour de même, et le troisième deux assauts, l'un particulier et l'autre général, et sont esté repoussés par M. le Comte, et y est mort plus de cinq cents personnes de ceux du dit sieur d'Espernon, y est Formagière blessé, Villeneuve, Escaras, chefs du sieur d'Espernon, morts.

Le dit jour, arrest que le sieur d'Espernon, sieur de Buous et autres qui le suivent, sont déclarés rebelles, et leurs biens confisqués au Roy, injoint à tous de y courir contre eux.

Le vendredy 10 mars 1595, le dit arrest a esté publié par ville.

Le samedy, dimanche, lundy 11, 12 et 13 mars 1595, n'a esté fait autre exploit de guerre que quelques coups de canon tirés contre Sellon.

Le mardy 14 mars 1595, le sieur d'Espernon a fait mener deux canons au dit Sellon, tellement qu'il y a sept canons, avec lesquels a fait deux brêches, et partie du dit jour a fait tirer.

Le dit jour, MM. de Lamanon, la Salle, le chevalier Chasteuil, Estienne et autres, en nombre de cent, sont entrés à Sellon pour M. le Comte.

Le dit jour, nouvelles véritables que le sieur de Meyrargues est retiré vers M. d'Espernon contre M. le Comte, et le Chevalier, son frère, est au dit Sellon pour le dit Comte.

Le 13 mars 1595, arrest à la barre de François Girard contre Seyveye Brunet, est permis au dit Girard tenir, desployer et vendre dehors marchandise.

Le dit jour, mardy 14 mars 1595, arrest publié au siège, donné par la Cour des Comptes contre Me Porchier, procureur au dit siège, lequel, pour avoir esté associé aux lattes, a esté condamné à cent vingt escus d'amendes, inhibitions à tous officiers de ne participer aux formes des lattes, ne inquants adjourner contre eux.

Le vendredy 17 mars 1595, a esté donné deux sentences en jugement de Debosco, demandeur en lettres de rémission de commissions faites de février et septembre 1591, a esté débouté de ses lettres, et déclaré que de 1591 n'y avoir aucun débordement de monnoye.

Le dimanche 19 du dit mois, capitaine Bastin et environ 150 hommes sont allés à Sellon.

Le mardy 21 mars 1595, après que le sieur d'Espernon avoit, les jours auparavant et le dit jour, fait battre la bourgade de Sellon pour sept canons, ayant fait grande brêche, et à onze heures du soir, au lieu de venir à l'assaut, seroient venus à Saint-Laurent qu'est du côté de la bourgade, avec eschelles et ponts de bois, ont gagné la dite église et l'église des Frères Mineurs.

Et du mercredy à 11 heures du soir, sous la conduite de M. Lamanon, M. le Comte a mandé deux cents hommes armés en camizade et ont troussé trois corps de garde et entré au camp, et ont tué et blessé plus de cent de ceux du sieur d'Espernon, même le sieur de Bellot, son neveu, mort, le sieur Vitelle, gouverneur de Berre, mort, et autres chefs blessés et pris prisonniers, comme le baron de la Roche, Verdache et autres, comme a escript le dit sieur comte de Carces.

Le dit jour et le mercredy 22 mars 1595, greslo, vent et gros froid toute la semaine sainte, et depuis février trois fois de neige et gelée, aucuns olliviers morts, même les olliviers de Sellon, Pélissanne, Lançon et autres lieux.

Le samedy 25 mars 1595, jour de Notre-Dame, la Cour est entrée, et pour empêcher la trève requise par le sieur d'Espernon, a délibéré faire hacter le sieur de Lesdiguières estant par chemin, nonobstant la lettre mandée par le sieur Connestable par mandat de son secrétaire.

Le dit jour 25 mars 1595, allant quatre gendarmes à Ventabren quérir de pasture avec quatre mulets, douze soldats du sieur Comte les ont tués et pris quatre chevaux et quatre mulets, arrivés en cette ville d'Aix.

Le dit jour, M. de Beaumont, conseiller, est allé à Pertuys faire aprester le tout pour l'arrivée du sieur de Lesdiguières.

Le dimanche, jour de Pâques, 26 mars 1595.

Le lundy 27 mars 1595, le sieur d'Espernon a osté deux canons de Sellon, et iceux fait conduire à Sénas et quatre à Lançon, et a levé le siège de Sellon et a laissé garnison aux églises Saint-Laurens et Frères Mineurs, estant à la bourgade du dit Sellon, bref a désassiégé et levé son armée et tous ses canons, après avoir fait tirer 620 coups de canon contre la bourgade, ayant laissé seulement deux cents hommes de la ligue aux églises de Saint-Laurens et Frères-Mineurs, a après, M. le Comte a fait assiéger la dite église, et les canons sont à Rougnes.

Du lundy 3 avril, aucuns, tant hommes que femmes, sont sortis du château de Sellon, se remettant à la discrétion de M. le Comte, en nombre de vingt, mais le dit sieur les a fait rentrer afin de achever de mettre fin aux vivres.

Le dit jour 3 avril 1595, le sieur de Saint-Roman se vouloit rendre à composition à la réquisition de M. de Lamanon, le dit sieur Comte ne l'a voulu entendre, disant qu'il en vouloit advertir la Cour, M. de Lesdiguières et M. le Marquis d'Oraison ; mais ce n'est que délayement et vent que le dit sieur de Saint-Roman se rende à la discretion du dit sieur Comte de Carces.

Le mardy 4 avril 1595, environ trente travailleurs d'Aix ayant fait emboscade vers Saint-Marc, ont pris douze ou seize brigands soldats qui se tiennent aux passages pour le sieur d'Espernon, en ont tué trois, les autres menés à un logis hors la ville d'Aix ; la Cour ayant notice a fait mander quérir par le prévost Bonfils, les dits soldats en nombre de huit, et les a tous mis en prison, et leur a fait leur procès, et après les a relaxés.

Le dit jour, M. de Lesdiguières est arrivé à Orgon avec des forces, et avoit six cents chevaux et mil hommes à pied.

Le dit jour, le consul Cazan de Marseille, par aucthorité du lieutenant, en absence du sieur de Mesperault, juge-mage, a fait trancher la tête à la femme d'un nommé l'Evêque, lequel avoit esté consul par deux fois à Marseille, et le dit Evêque et son fils et autres sont tous emprisonnés, et a fait pendre trois pour ce qu'ils vouloient faire tuer le dit Cazau, et le Viguier comme disent, et après a fait pendre le dit Evêque et ses enfants.

Le samedy 8 avril 1595, M. de Bras, conseiller, est déparly à dix heures du soir et est allé devers le Roy, et M. Audiffredy, consul, est allé à Sellon, le dit sieur de Bras est retourné.

Le lundy 10 du dit mois, M. le comte de Carces est arrivé et a laissé M. de la Barben pour gouverneur de Sellon, et a esté avituaillé de trois cents charges bled accompagnées du sieur de Lesdiguières et ses gens, et après s'en est retourné à Orgon.

Le mercredy 12 avril audit an, M. Estienne Puget, sieur de Fuveau, conseiller en la Cour, est décédé et a esté ensevely lendemain à l'église Saint-Sauveur, où y estoit toute la Cour, Consuls et Noblesse.

Le dit jour, M. de Lesdiguières faisant semblant venir à Aix, M. d'Espernon s'est mis en bataille au-dessous du Puech, pour garder le passage, et cependant sont venues nouvelles que le Roy a mandé le comte de Brienne, beau-frère du sieur d'Espernon, et M. de Freno, secrétaire du Roy, pour accommoder les affaires; on a dit qu'est venue une perdrix à M. d'Espernon, et après l'avoir tenue, la laissée en aller; on interprète que c'est un diable familier.

Le samedy 15 avril 1595, le sieur de Lesdiguieres s'en est allé avec son armée secourir Verqueyras.

Le samedy 15 avril 1595, M. de Lamanon, M. le consul Audifredy et autres qu'estoient allés pour faire provoir à la nourriture de l'armée du sieur de Lesdiguières, sont arrivés à Aix et ont porté nouvelles que le sieur de Lesdiguière s'en retournoit, et Mme la comtesse de Sault, et la femme de M. Créqui, fils de la dite dame, et sa femme, fille du sieur de Lesdiguières, sont à Pertuys, tellement que ce n'a esté que pour accompagner sa fille, et non pour secourir le comte de Carces.

Le lundy 17 avril 1595, a tombé demy-pan de neige, ayant fait gelée, grand froid tant avant qu'après, de vents impétueux tant de marin que temps droit, ayant fait tomber arbres, canons de cheminée, et gasté les fruits des arbres, et les herbes des jardins brûlées.

Le mercredy 19 avril 1595, nouvelles assurées que M. de Saint-Roman s'est sauvé de nuit du château de Sellon, et s'est rompu une cuisse ayant sauté une muraille et est au couvent des Frères Mineurs du dit Sellon malade.

Le dit jour, les paysans de Bouc ont tué cinq gendarmes du feu sieur Vitelly, et entre autres Boyret, et le fils de Fermin d'Aix.

Le jeudy 20 avril 1595, Mme la comtesse de Sault, est arrivée et a laissé sa belle-fille à Cadenet.

Le dit jour, arrest donné par la Cour d'informer contre usuriers.

Le vendredy 21 du dit mois a esté publié au siège et cries par la ville le 24 du dit mois.

Le lundy 24 avril 1595, lettres pattentes publiées à la Cour contenant inhibition de ne prendre les personnes des travailleurs, laboureurs, vignerons, manouvriers, ny leur bestail, ny outils pour quelque dette que ce soit, et sont esté faites cries par ville, publiées au siège le 28 du dit mois.

Le dit jour, Forget sieur du Freno, secrétaire du Roy est arrivé logé à la maison du sieur de Châteauneuf, conseiller du Roy. MM. les Consuls, accesseur, capitaines et bourgeois sont allés à Saint-Jean au-devant tous à pied, et incontinent MM. de la Cour le sont allé voir avec M. le Comte, Mme la Comtesse et autres.

Le mercredy 26 avril 1595, M. de Mesples est arrivé venant de la part du Roy, a présenté un paquet au dit sieur du Freno; sont arrivés aussy M. le marquis d'Oraison, M. Doize, M. de Solliers, M. de Gramboy et autres sieurs du pays.

Le jeudy 27 avril 1595, quatre gendarmes de Saint-Canat et Pierre Doublet s'est défendu, avoit un cheval et né luy ont rien fait, ont pris bestail lainé et autre et l'ont amené.

Le dit jour, à la maison de M. le président Carreolis, M. le comte de Carces et Mme la comtesse de Sault se sont accordés, et la Cour a commis MM. les présidents Carreolis, Chaine et Piollenc, conseillers MM. Aymar, Arnaud, et le sieur de Sigoyer, lesquels se sont assemblés avec MM. les procureurs du poys, bourgeois et Noblesse, pour traiter avec sieur de Freno de la paix ou trêve avec le sieur d'Espernon.

Le dit jour, ceux du chasteau de Sellon ont rendu lo chasteau à M. le comte de Carces, ou à M. de la Barben, son lieutenant, et sont sortis leur vie sauve et bagage.

Le vendredy 28 avril 1595, M. de Freno, secrétaire du Roy, a mandé une lettre à Marseille par Cotofin, trompète de la maison de la ville d'Aix, et estant au-dessus Saint-Lazare, comme est de coutume, a fait chamade avec sa trompète, où sont venus le viguier avec 25 ou 30 chevaux, et après avoir déchiré les lettres que mandoit le dit sieur, en disant qu'ils n'estoient huguenots, et n'obéissoient au Roy, auroient battu la trompète et lui ont coupé les deux oreilles, et ainsy l'ont remandé en cette ville d'Aix, de quoy le dit sieur et la Cour en ont esté marris, et ont adverty le Roy, et le dit sieur a baillé au dit Cotofin 50 livres pour se faire guérir.

Le samedy 39 avril 1595, a esté mandé un homme au sieur d'Espernon avec les articles de la trêve pour quatre mois, et de bailler ostages d'une part et d'autre jusques que le Roy soit arrivé à Lyon.

Le dimanche dernier dudit mois, nouvelles assurées que Vienne, tenue par le sieur de Nemours, a esté prise par le sieur colonel Alphonse, gouverneur du Dauphiné pour le Roy.

Le lundy premier may 1595, a esté fait premissier M. Badet, advocat, prince d'amour M. le baron d'Ansouys, roy de bazoche, le fils de maître Saulvecane, enquesteur, l'abbat de la ville Antoine Garron, scindics des procureurs au Parlement maîtres Boyer et Blain, scindics des procureurs au siège maîtres Savornin et Perrin.

Le lundy 8 du dit mois, par arrest de la Cour, le dit maître Saulvecane a esté confirmé Roy.

Le jeudy 4 may 1595, jour de l'Assention, paquet mandé au sieur de Freno, comme le Roy estoit party de Paris le 21 avril pour venir à Lyon, le voyage a esté détourné.

Le dimanche 7 may 1595, le sieur de Freno est allé vers le sieur d'Espernon voir s'il veut accorder la trève.

Le mercredy 10 may 1595, le sieur de Freno est arrivé et a porté les articles de la trève accordés au sieur d'Espernon jusques à la fin du mois de juin.

Du jeudy a été accordée par la Cour, le vendredy a esté publiée à la dite Cour, au siège et par la ville.

Le dit jour, vendredy 12 may 1595, le dit sieur de Freno s'en est allé à Sellon trouver M. le comte de Carces, et de là s'en va retrouver le Roy à Mollins.

Le samedy 13 may 1595 a esté pris bestail en Arboy par ceux du sieur d'Espernon.

Le dimanche 14 may 1595, jour et fête de Pentecôte, nouvelles que le sieur de Lesdiguières avoit défait l'armée du prince de Savoye au-devant Cahours, en quelque partie, et y est mort M. de Saint-Vincens, gouverneur de Seyne, et autres, mais c'est au contraire que le dit sieur a eu Cahours.

Le dit jour, la trompète du sieur d'Espernon est arrivé se plaignant qu'à la trève n'avoit esté mis la qualité du sieur général de l'armée, qu'il ne vouloit tenir la trève, la Cour s'est assemblée et a mandé la trompète accordant estre mis la Cour de Parlement et le sieur d'Espernon, ce qui a esté accordé.

Le jeudy 18 may 1595, le sieur d'Espernon a mandé sa trompète qu'il se plaignoit que le sieur de Lesdiguières avoit mis gouverneur à Seyne et prenoit contributions dans la Provence, et si la Cour avouoit et tenoit pour fait montrant vouloir rompre la trêve, la Cour luy a mandé n'en sçavoir rien, et manderoient au dit sieur de Lesdiguières de soy désister.

Le dit jour, Mme de Créqui, fille du sieur de Lesdiguières, laquelle est de la religion, pour n'aller à l'église, aucuns ont joué le duc d'Urbin à sa maison avec grandes fusades.

Le vendredy 19 may 1595, a esté joué à l'Evesché une histoire romaine en latin par les escoliers et enfants de la ville, de Octavius Sylla et Caius Marius, montrant une semblable guerre comme de présent, voulant les grands régner par ambition.

Le lundy 22 may 1595, la Cour a député M. le président Carreolis, M. Aymar, conseiller, M. Monnier et M. Aymar, advocat et procureur du Roy, pour aller par devers le Roy.

Le dit jour, M. de Créqui, fils de Mme la comtesse de Sault, mary de la fille du sieur de Lesdiguières est arrivé, et quelques jours après a esté joué à la bague.

Le jeudy 25 may 1595, jour de la Fête de Dieu, a esté faite la procession accoustumée.

Le dit jour et quelques jours avant et après, le consul Cazau et viguier de Marseille ont mis hors de Marseille les femmes et enfants des absents, et permission oster leurs meubles, et M. Dorio, qui avoit quatre-vingts ans, est arrivé en cette ville d'Aix et autres.

Le dimanche 28 may 1595, de matin, un prêtre a mis l'extrait d'une bulle mandée par Notre Saint-Père le Pape, contenant excommunication contre M. Mata pour s'ingérer d'estre vicaire, ores qu'il fut esté révoqué, lequel placard a esté osté, et le dit M. Mata a prêché sans avoir égard à la dite excommunication, et les prêtres sont sortis du chœur disant que ceux qui le oyvient estoient excommuniés.

La cause est que M. de Genebrard, archevêque d'Aix, ayant esté mis par Notre Saint-Père au temps de la Ligue, ne voulut prester serment au Roy, comme il est tenu, et s'est retiré à Marseille où il a fait contre la ville d'Aix, et prêché contre le Roy, et a baillé contributions, comme procureur du pays, aux gens de guerre, et fait saisir les ventes des biens des particuliers de Marseille se tenant à Aix.

Et au contraire la Cour a fait saisir le revenu du dit sieur Archevêque, et a osté son vicaire qu'estoit M. Garandel, et a nommé le dit M. Mata au refus de M. Motety, et le Roy l'a proveu, comme aussy a proveu d'un autre au dit archevesché, et le sieur de Genebrard a moyenné mander la dite excommunication, qu'a esté un scandale au peuple pour la division que se voit estre à l'espiritualité. M. le Procureur Général du Roy a relevé appel comme d'abus.

Le jeudy, jour de l'octave, premier juin 1595, les frères Capucins ont commencé prier Dieu pour le Roy, suivant le brevet de Notre Saint-Père, et son allés en procession, lesquels n'y alloient auparavant.

Et le dimanche 4 du dit mois, frère Laurens, capucin, a prêché a l'église Saint-Sauveur d'Aix, et a dit de prier Dieu pour le Roy.

Le dit premier juin, M. de Bras, conseiller en la Cour, est allé devers le Roy.

Le vendredy 11 juin 1595, M. de Vallegran, conseiller et maître de requêtes du Roy, est arrivé, et se dit estre éleu à l'archevesché d'Aix pour économat.

Le vendredy 16 juin 1595, procession générale pour le Roy, estant à Dijon avec son armée, et l'armée du Roy d'Espagne, conduite par le connestable Castille proche de cinq lieues.

Le samedy 17 juin 1595, arrest de M. le président Carriolis pour avoir ses livres pris, luy absent, pour ses guerres, demandeur aux sieurs Fabry, Seguiran et Delachan, consuls pour lors, lesquels demandoient la cause estre évoquée au proche

Parlement, pour estre le dit sieur aparenté en ce Parlement, et suivant l'ordonnance faite à Orléans, la Cour les a déboutés de l'évocation et a commis M. d'Arcutia, conseiller, pour les ouïr au principal, à cause de ne faire brêche à l'édit.

Tel arrêt. Et autre donné entre M. Bermond, conseiller, donataire de l'héritage de M. Chauchardy, contre les recteurs de l'hôpital Saint-Jacques, prétendant avoir le dit héritage, a esté présent M. de Vallegran, maître des requêtes du Roy.

Le jeudy 22 juin 1595, M. le président Chaine a publié deux arrests généraux, tous Messieurs en robbe rouge, d'un qui avoit résigné son bénéfice pour se faire capucin, et n'ayant pu souffrir la règle, a requis son bénéfice à celuy qui l'avoit résigné pour ce qu'il y avoit quelque promesse verbale entre eux. La Cour l'a remis à son bénéfice.

L'autre d'un qu'avoit écrit et signé son testament en temps de contagion, et n'y avoit qu'un témoin signé, la Cour a déclaré le dit testament valable.

Le vendredy 23 juin 1595, ceux de Berre, non compris à la trève, ont pris environ quatre-vingt mulets chargés de bleds, menés à Berre, le dit bled appartenoit au sieur de Genson, comme on dit.

Le samedy, jour de Saint Jean, 24 juin 1595, a esté faite une procession générale où estoit toute la Cour, pour la victoire que le Roy avoit eu contre l'Espagnol auprès de Dijon en Bourgogne. Autre procession faite par ceux de Lambesc en cette ville, où y avoit filles, veufves, penitents et gens que contrefaisoient la passion de Notre-Seigneur, tous à son ordre; et autre procession faite par ceux d'Aix et penitents à Saint-Marc.

Le dit jour 24 juin 1595, jour de Saint Jean, a esté joué un jeu à l'Archevesché par les écoliers de la ville et enfants du sieur de la Fare et autres, qu'estoit l'Enfant Vertueux et Vicieux, lequel vicieux, après avoir dissipé tout, s'est désespéré, et le diable l'a emporté, et le vertueux, le père, le marie; avec une farce à quatre personnages, l'un savoyard, le second provençal, le tiers espagnol et le quart françois; estoit un moyen de faire parvenir les enfants en éloquence, a esté joué à l'Archevesché.

Le lundy 26 juin 1595, arrest de la Cour des Comptes en audience, sur la vérification des lettres de procureurs du Parlement et du siège. Rapporteront déclaration du Roy dans trois mois, autrement les procureurs proveus seroient receus.

Le 28 aoust 1595, M. Hierôme de Foresta est départy pour les procureurs au siège.

Le dit jour publié l'arrêt donné par la Cour des Comptes contre M. de Caux, greffier des Etats et la Rigotière, comme que sur l'indeüe exaction d'avoir mis les contributions de la compagnie de Baudun du 17, jour plus comme devoient, a esté exigé par le dit commissaire sont esté condamnés à reudre, et a six cens escus d'amende.

Le mardy 27 juin 1595, ceux de Berre ont pris M. Jancelme Francois et autres gens et bestail, et sont venus jusques à l'heure de Notre-Dame, et ont continué à prendre toujours bestail et gens.

Le vendredy 29 juin 1595 a esté pris capitaine Guérin, le fils de M. Arbaud, Jean Achard et autres menés à Berre, et continuellement ont esté pris gens et bestail tant par les gens du sieur d'Espernon, qu'on disoit pour contribution due par la ville d'Aix, et autres conduits à Berre, pour n'estre Berre compris à la trève.

Le lundy 3 juillet 1595, la trève a été prolongée et criée par ville par tout le mois de juillet.

Le mardy 4 juillet 1595, un de Marseille venant et suivant un autre du dit Marseille pour le tuer, enfin l'a atteint et l'a blessé jusques à la mort, et a esté mis en prison, et celuy qu'a esté mis en prison s'est pendu et étranglé dans le croton.

Le mercredy et jeudy 5 et 6 juillet 1595 et autres jours suivants, les gens du sieur d'Espernon n'ont cessé faire courses, et prendre gens et bestail.

M. le comte de Carces se tenant à Sellon, a pris tout le bestail d'Arles et ne l'a voulu rendre.

La Cour a mandé MM. Thoron et Cheillan de par le sieur d'Espernon, et après les a relaxés pour faire desfaire les forts que faisoit faire le sieur de Lesdiguières dans Digne.

Le mercredy 12 juillet 1595, M. de Méjanes, gouverneur de Marignane, seroit allé à Gardane soy faire payer de contributions, et y a eu batterie et gens blessés, et cinq ou six gerbières brulées, les Consuls du dit lieu ont fait plainte à la Cour, et à M. d'Espernon.

Le dimanche 16 juillet 1595, a été trouvé par la rue un paquet addressant au procureur Bonnet, dans lequel a été trouvé un libret diffamatoire imprimé contre le sieur de Vallegrand, inconomat de l'archevesché d'Aix, auquel a esté baillé le dit paquet, dont il est fort iré, on dit venir de la part de l'Archevêque d'Aix.

Le dit jour, nouvelles que M. le comte de Carces a failly de prendre le Martègue avec petard, et y est mort capitaine Rastin, et autres, ceux de l'isle ont démolly la maison de ..... que disoient tenir la main pour ledit sieur Comte.

Le dimanche 23 juillet 1595, le couvent de l'Observance a fait une procession par ville, y ayant les gens de la ville qu'estoient habillés comme du temps de Notre-Seigneur y ayant les sibilles et toute sa passion.

Le vendredy 4 aoust 1595, M. de Bras est arrivé et a porté la trève du Roy pour ce mois avec suspence d'armes, et le dit sieur d'Espernon ne veut obéir, mande au sieur de Lesdiguières venir secourir Aix et se faire obéir.

Le dit jour, la compagnie du sieur de Solliers qu'avoit accompagné le dit sieur de Bras, au retour, ont pris quatorze ou quinze soldats du Puy qu'estoient à la bastide de M. Guiran à Venelles, et les ont menés à Pertuis.

Le vendredy 4 aoust 1595 a esté mis feu à quelques restoubles ou terres neufves qui a brûlé tout le quartier d'Arboy; la pinède et bois de Bastey qu'est à Roquefauve et autres de l'environ, à plus de trois lieues, et a brûlé tout, qu'est un grand dommage.

Le mercredy, veille de Saint-Laurens, 9 aoust 1595, les gens de Peyrolles avec les gens de guerre du dit lieu de Jouques, le Puy, Rougnes et autres du sieur d'Espernon, sont allés à cinq heures du matin, rompre la prise du moulin de Pertuis. M. de Solliers et ceux de la ville sont sortis, et y a eu grande batterie, morts et blessés, même du côté de ceux du sieur d'Espernon, et croit que c'est en haine des prisonniers qu'avoit pris M. de Solliers.

Le sieur d'Espernon a fait prendre Montsallier par six contrefaisant des moissonneurs et femmes cueilleiris, et toutefois estoient hommes armés au dessous leurs accoutrements, et celuy qui l'a pris se nomme Sargent. Après la dite prise est contre Apt et Pertuis pour les courses qu'ils font, comme aussy a pris le dict sieur, Canes et Saint-Honnorat, et a failli Grasse et Fréjus.

Le dit jour, 9 aoust 1595, nouvelles assurées de la mort du sieur de Villar, grand amiral de France, tué à une emboscade, comme aussy est décédé le prince d'Anemours, qu'estoit contre le Roy.

Le mercredy 16 aoust 1595, M. de Bellot est venu de chez M. d'Espernon lequel a assuré la trève, laquelle a esté criée par tout ce mois d'aoust, et dit le dit sieur d'Espernon doit aller à Valence trouver le Roy.

Le lundy 21 aoust 1595, M. de Vallegran s'en est allé avec M. de Lacépède, président aux Comptes, MM. Monier et Aymar, avocat et procureur général du Roy et autres; le dit M. de Lacépède, sieur de Callas et autres, conseillers aux Comptes, et maître Malbequi, auditeur aux Comptes, sont esté commis par la Cour des Comptes, et sont allés à Lyon.

Le vendredy 25 aoust 1595, a esté dit dans l'église Saint-Sauveur un *Te Deum laudamus* de ce que le Roy est arrivé à Lyon puis le lundy dernier 21 du dit mois, à deux heures après minuit, et dimanche prochain doit faire son entrée.

Cependant ceux de M. d'Espernon ne cessent de faire ravages de gens et bestail, comme le semblable font ceux de Berre, et ont tué capitaine Bonety venant de Pertuys, lequel a esté mangé moitié des loups, et a esté ensevely à Meyrargues.

Le lundy 28 aoust 1595, Mme la comtesse de Sault est départie d'Aix pour aller devers le Roy, et maître Hierosme de Foresta y est allé pour les procureurs du siège.

Le dit jour, conseil tenu par la ville d'Aix a député M. de Sainte-Croix pour consul et M. Meynier, accesseur, pour aller devers le Roy, et ont mis un sol pour charge de raisins, et 6 deniers sur la livre de la chair.

Le samedy 2 septembre 1595, cries de la trêve par tout ce mois, y comprenant le Martègue et Arles.

Le lundy 4 septembre 1595, M. le conseiller Agar est décédé, ensevely le lendemain à l'église des Augustins, accompagné de toute la Cour, consuls et autres sans avoir résigné.

Le dit jour, M. de Bellot est arrivé pour faire hâter les députés, M. d'Espernon, M. le Comte, M. le Marquis et autres gentilshommes pour allers devers le Roy à Lyon, et a porté confirmation de la dite trêve pour Martègue et Arles.

Et a esté criée le dit jour par ville et pour la difficulté des gentilshommes de y vouloir aller, le Roy a mandé lettres à Brignolle, Manosque, Pertuys et luy garder les villes.

Le dimanche 10 septembre 1595, M. Carriolis, président, M. Bermond, M. Saint-Césary, conseillers, M. de Sainte-Croix, M. Maynier, et M. Eyguesier, consuls et accesseur vieux, sont départis d'Aix pour aller au Roy, comme aussy M. le comte de Carces et M. le maquis d'Oraison sont départis de Cadenet.

Le jeudy jour de la Croix, 14 septembre 1595, la Cour s'est assemblée sur une lettre mandée par M. le président de Carriolis de se prendre garde d'Aix, on y envoit quelque entreprise, et sur ce la Cour a fait fermer les portes, hormis la porte de Saint-Jean, a fait faire cries par arrêt, faire sortir les étrangers et faire bonne garde, et a fait sortir dix ou douze qu'estoient entrés, soldats ou gendarmes du sieur d'Espernon, gascons.

Le dit jour, à Sellon, y a eu question dans la ville entre le peuple et les gens de M. le comte de Carces, dont M. de la Barben y a esté blessé et estoit entré dans la ville des gens de M. d'Espernon pour chasser ceux de M. le Comte, advenu le tout de ce que ceux de M. le Comte y avoient oppressé trop ceux de la ville, et ceux de la ville demandoient liberté, enfin se sont accordés que M. le Comte et ses gens garderoient le château et la posterle, et les Consuls garderoient la ville sans gens de guerre d'un party, ny d'autre.

Le vendredy 15 septembre 1595, M. d'Espernon a mandé ne sçavoir rien de ce que dessus, admonestant garder la trêve, et qu'il s'en alloit devers le Roy.

Le dit jour, nouvelles assurées que, au château d'If estoient arrivées quatre gallères du duc de Florence pour mitrailler, et que, à Marseille, n'ont permis luy porter aucuns fruits, et la ville par douté s'estoit mise en armes, et s'en retournant ont pris des nefs de Marseille, qui dénonce guerre contre ladite Marseille.

Le mercredy 20 septembre 1595, M. d'Espernon est départy de Rougnes, s'en est allé à Valence, lieu assigné par le Roy, et a fait tirer les canons qui sont au dit Rougnes.

Le jeudy 21 septembre 1595, jour de Saint Mathieu, à l'Archevesché, a esté joué l'histoire de toute la présente guerre, ayant trente-trois personnages, les uns faisant les capitaines et les autres les laboureurs et tiers-estat, lequel estoit pillé et saccagé, enfin le Roy a mis tout en paix.

Le vendredy 22 septembre 1595, en faisant les vendanges, environ trente maîtres ont ravagé le terroir, ont pris les mulets d'Anthony, moissonnier, et autre bestial, et mené prisonnier capitaine Lafleur et André Taxil, et les ont menés à Berre; on dit y avoir de Gardanne, du Puy, Rougnes, et de ceux de Berre.

Le samedy dernier septembre 1595, a esté fait l'état de la ville, y estant MM. Aymar et Bourrelly, conseillers et commissaires, M. Découmes, premier consul, M. Fabrèque, accesseur, M. Malespine, second consul, M. Hugolemy notaire, tiers consul, sieur Jacques Burle, trésorier, M. Nas, capitaine de la porte de Saint-Jean, M. Fabre des Augustins, M. Seguirany des Frères Mineurs, M. Imbert de Notre-Dame, M..... de Bellegarde, et moy nommé pour un des conseillers de la maison commune dudit Aix.

Le dit jour, a esté publié l'arrêt contenant inhibition de ne faire aucun bastiment sur celuy qu'avoit esté démolly hors la ville.

Le dit jour, nouvelles des députés de Lyon, comme le 17 septembre 1595 fut dit *Te Deum laudamus*, de ce que Notre Saint-Père le Pape avoit receu le Roy et baillé sa bénédiction; que le Roy, le 24 du dit mois, estoit party de Lyon pour aller secourir Cambray en Flandres, assiégé par le Roy d'Espagne; que à Marseille estoient arrivés 22 galères d'Espagne avec gens de guerre, pour entrer dedans la dite Marseille; que le consul Cazaul avoit mis une cotte de 4 pour cent sur tout le bien, et que pour ne payer la plus part ont déshabités; que M. de Guise est gouverneur de Provence.

Le dit jour dernier septembre 1595, par arrest par la Cour de Parlement sur l'appel d'entre maître Porchier et Rivol, procureur au siège, le dit Porchier querellant pour raison du sceau, ôté par le dit Rivol aux lettres de chancellerie; la Cour déclare le dit Porchier non-recevable à quereller, les met hors de procès, condamne Rivol à 300 escus à la chapelle, fait inhibition à tous de montrer le sceau des lettres, ny aux greffiers prendre les sacs ou y aura lettres, que le sceau ne y soit sous grande peine.

Le dimanche 8 octobre 1595, procession générale de ce que Notre Saint-Père a baillé la bénédiction au Roy, et que M. de Guise est gouverneur de Provence.

Le dit jour, M. le président Carriolis et MM. les Consuls, et M. Maynier sont arrivés portant nouvelles que le Roy est départy de Lyon le 24 septembre pour aller secourir Cambray assiégé par l'Espagnol, et que M. de Guize doit venir la semaine prochaine.

Le mardy 10 octobre 1595, cries par ville de l'accord de la trêve faite avec ceux de Berre, et Martègue par trois mois.

Le dit jour arrêt donné par la Cour de n'augmenter les monoyes.

Le dit jour M. d'Espernon est retourné de Valence, ne voulant, comme on dit, obéir au Roy, et changeroit les gouverneurs des places.

Le vendredy 28 octobre 1595, sont arrivés les trompètes du sieur d'Espernon, disant se retirer qui ne vouloient plus suivre le sieur d'Espernon, et qu'il y avoit plusieurs qui le délaissoient, même le chevalier de Buous qui a fait crier Vive le Roy à Moustier, Riez, Castellane et Aups, ayant au dit Riez pris le sieur de Tournon et plusieurs Gascons prisonniers menés à Moustier, ayant pris chevaux et armes, et à Aups tué les Gascons, et a esté fait le jeudy 27 du dit mois. Nota : Riez a quantité de bleds.

Le dimanche 28 octobre 1595, procession générale.

Le dit jour, conseil de ratification de l'imprimeur, déboutement du rabais de la reve du vin, et ratification des actes des Consuls.

Le mardy dernier octobre 1595, veille de tous les Saints, grande pluye qu'a duré puis Saint-Michel, ayant noyé bestail, bleds semés, emporté les garachs, et démolly murailles, même

M. d'Esperaon venant en diligence à Saint-Maximin, passant la rivière d'Arc, s'est noyé de ses gens beaucoup, ses coffres et bestail, et a gardé que Saint-Maximin ne s'est remis au Roy.

Le second novembre 1595, le sieur de Lamanon est allé à Saint-Jean de la Salle, et a fait venir de bled et bestail à la contemplation du sieur de Buous, frère de la veufve du feu sieur de Saint-Jean, et feut fait un bruit que M. de Bigarre, avec trente maîtres, avoient assiégé le sieur de Lamanon, et, sur ce l'allarme fut donnée à Aix, y accoururent plusieurs d'Aix, et trouvèrent le contraire ; mais c'estoit pour faire venir les dits bleds, et y a mis garnison.

Le 3 novembre 1595, arrêt à la barre que la Cour relaxe les prisonniers détenus pour debtes de communautés pour un an, en payant les inthérêts excédant cent escus dans deux mois.

Le samedy 4 novembre 1595, les gens du sieur d'Espernon ont poursuivi M. de Magnan et autres jusques auprès d'Aix, lesquels venoient de la chasse.

Le dit jour, ont assiégé ceux de la bastide de Saint-Jean de la Salle, estant pris environ 400 charges bled, ont tué le fils de Jausseran, pris prisonniers Fasende et autres.

Le lundy 6 novembre 1595, M. Audiffredy, consul de l'année passée, commis, est allé à Mondragon pour faire fournir vivres aux compagnies de M. de Guise, lesquelles arrivoient de jour en jour.

Le mercredy 8 du dit mois, capitaine Boyer qui avoit fait la guerre pour M. d'Espernon, dit vouloir obéir au Roy, et la Cour luy a mandé commission.

Le dit jour arrêt en audience aux Comptes que M. le Procureur général du Roy a esté débouté d'un droit d'Aubaine.

Le jeudy 9 du dit mois a esté plaidée une cause des Consuls d'Aix contre les héritiers à feu Jean Bon pour avoir le légat de 1500 escus fait par le dit Bon, les dits héritiers disoient que le légat avoit esté fait aux Jésuites, lorsque seroient au collège d'Aix, et non autrement, lesquels estoient tenus nourrir et enseigner deux de ses proches parents et amis, les dits Consuls disoient que les Jésuites avoient esté chassés de France pour avoir esté perfides et avoir voulu faire mourir le Roy, et que le dit légat devoit estre mué et changé pour faire apprendre la jeunesse.

M. Laurens, advocat général, a soutenu le dit légat se pouvoir changer par provision, en attendant que les Jésuites soient rétablis ; la cause a tenu deux audiences. M. Thomassin estoit avocat des héritiers, et M. Fabrègue, accesseur ; la Cour a ordonné que les parties escriront, et par provision condamne les héritiers se désaisir, et mettre en mains de marchand les 1500 escus pour des fonds estre employés à l'instruction de la jeunesse, si mieux les dits héritiers n'aiment payer les intérêts au denier quinze dans deux mois.

Le jeudy 16 novembre, le sieur de Vallegran est arrivé et a porté le pouvoir de M. le duc de Guise, nommé lieutenant et gouverneur pour le Roy en Provence, et aussy a porté la révocation du sieur d'Espernon, avec inhibition de vuider le pays, autrement injoint à tous courir contre luy, comme rebelle à Sa Majesté.

Le lendemain, 17 du dit mois, les lettres sont esté leües et publiées en audience par devant la Cour, et aussy par la ville, où estoient M. le viguier, Consuls, et conseillers plus de vingt à cheval, et le peuple crioit vive le Roy.

Les lettres du dit gouvernement sont données à Lyon le 22 septembre 1595, et la confirmation et révocation sont données à Lyon le 22 octobre 1595.

Aussy le dit jour la Cour a fait arrêt contre le sieur d'Espernon et ses adhérans se retirer dans dix jours, autrement déclaré rebelle et son bien confisqué au Roy, publié le dit jour.

Le mardy 21 novembre 1595, la dite révocation, provision et arrêt sont esté publiés au siège.

Le 20 du dit mois, M. de Bellot a passé pour advertir le sieur d'Espernon et s'en aller.

Le 21 novembre 1595, nouvelles assurées que Sisteron et la Baume sont à l'obéissance du Roy.

Le dit jour, lundy 20 du dit mois, conseil tenu à la ville pour s'obliger et emprunter bled et avoine pour l'armée du dit sieur de Guise, gouverneur, et ont été passées les procurations et obligations reçues par Me Isoardy, greffier de la ville, le 24 du dit mois, pour emprunter mille charges de bled et avoine, dont j'y suis obligé compris et signé en trois actes, et Balthesard Fabre et Charrier sont commis pour aller prendre le bled et avoine, et les remettre en mains du procureur général de l'armée pour les distribuer aux gens de guerre de mon dit sieur de Guise, et le tout doit être payé et remboursé par le pays.

Le jeudy 23 novembre 1595, arrest en audience que les religieuses du monastère Saint-Barthélemy seroient reformées, restreintes et clauses par provision, ayant appointé au principal les parties à escrire, et assistera le Provincial des Prêcheurs, gens du Roy, deux conseillers et Consuls, avec inhibitions à tous entrer au dit monastère sans licence du supérieur, lesquelles estoient auparrvant en toute liberté et mal famées.

Le mardy 28 novembre 1595, lettres publiées au siège, inhibitions aux Prêcheurs de s'empêcher des offices de l'Etat, ains de prêcher la parole de Dieu selon l'église Apostolique, Romaine.

La ville de Sisteron et la citadelle se sont rendus à l'obéissance du Roy, y estant M. de Guise.

Le samedy, dimanche, lundy, mardy 2, 3, 4, 5 décembre 1595, n'a fait que pleuvoir, et par l'abondance des eaux les rivières ont versé, ayant le dit jour lundy fait si grands tonnerres qu'oncques on n'avoit ouy de semblables, ayant fait tel dommage que bâtiments, murailles, arbres sont tombés par terre, ayant noyé bleds, emporté grains, terres, chose incroyable, et même de la rivière de l'Arc, estant allé à la bastide de Burle, ayant engravé les vignes de Borrély et autres, et en Arles emporté les mollins, et à Saint-Chamas emporté sept ou huit maisons de la bourgade, comme de ce on a eu notice.

Le lundy 11 décembre 1595, conseil général de la cotte pour nourrir l'armée de M. de Guise ; on m'a cottisé demy charge de bled, et l'ay payée.

Le jeudy 14 décembre 1595, M. le duc de Guise a fait son entrée dans Aix, accompagné du sieur de Lesdiguières, du sieur marquis d'Oraison et autres gentilshommes, tous les cartiers y sont allés en armes, et toute la justice, consuls et bourgeois de la ville, est entré à la porte de Saint-Jean où avoit esté faite l'entrée, et de là à l'église Saint-Sauveur a esté faite grande solemnité, et après s'est logé à l'Archevesché.

Le lundy 18 décembre 1595, M. de Guise est entré à la Cour, et en audience l'édit fait par le Roy sur les pensions qui ne se payoient que à cinq pour cent, et ceux qu'auroient payé se déduiroient à l'avenir ce que sera esté payé de surplus que à cinq pour cent ; M. Laurens, advocat général, a fait harangue, remonstrant la grandeur du dit sieur de Guise, ayant esté de ses parens Roys, la pauvreté du pays et vice de la guerre, violemens, saccagemens, démolition, ruine, désunion de la noblesse, restauration par le moyen du dit sieur, enfin conclud suivant l'arrêt que tous gentilshommes subjects et officiers du Roy de se retirer à peyne de confiscation de corps et de bien, et ainsy a esté ordonné par la Cour, et que les enfants qui sont aux villes rebelles se retireront aux prochaines villes pour y établir la justice.

Le mardy 19 décembre 1595, M. de Guise est allé pour assiéger Marignane, et de là est allé au Martègue, où le dit sieur y est entré, a fait crier : Vive le Roy ; tellement que tous les trois lieux des Martègues sont soubs l'obéyssance du Roy, ayant toutefois M. de Croze fait la première entrée au dit Martègue, ayant combattu.

Le jeudy 21 décembre 1595, le sieur de Lesdiguières est departy avec deux canons pour aller contre Vinon, détenu par le sieur d'Espernon, et ne pouvant passer à cause du mauvais chemin, ont retourné les dits canons.

Le vendredy, M. de Guise a assiégé Marignane avec quatre canons qu'il a pris au Martègue, et est arrivé le samedy en cette ville d'Aix.

Le samedy, M. de Lesdiguières entendant que y avoit de cavalerie du sieur d'Espernon, y est allé environ quatre cents chevaux, et a pris environ soixante chevaux et quelques prisonniers, et même le sieur de Castillie blessé, menés en cette ville d'Aix, et autres tués sur la place, et les autres qui se sont sauvés au château du dit mont.

Le dimanche 23 décembre 1595, aucuns de l'ennemy sont venus en façon de marchands auprès l'hospital, et ont pris M. Jancelme et maître Cardebal, et les ont menés, et le dit jour sont esté pris d'autres de cette ville d'Aix.

Le dit jour, veille de Noël, nouvelles assurées que Grasse s'est remise à l'obéissance du Roy, et deux capitaines ont tué un nommé capitaine Laplaine, commandant au dit Grasse pour le prince de Savoye, lequel détenoit la dite ville.

Le dit jour, nouvelles assurées que la maison de Rogiers de Brignolle, où se tenoit M. d'Espernon, a esté renversée dessus dessous au moyen de trois quintauls de poudre portés en ladite maison en façon de bled, y ayant dedans quatre roets attachés avec grame, et les ayant mis en dessoubs de l'endroit où sont le dit sieur d'Espernon et ses gentilhommes.

Le samedy 22 décembre 1595, environ midy seroit esté tiré le dit grame que sortoit dehors, tellement que les roets auroient mis feu et toute la maison abatue, et se seroit trouvé M. d'Espernon en vie et aucuns morts.

Le 27 décembre 1595, à Marseille, sont arrivées quatre galères d'Espagne avec quatre ou cinq cents Espagnols.

Le vendredy 29 décembre 1595, M. de Guise est allé à Marseille avec le sieur de Lesdiguières, ayant assiégé la dite Marseille. Lendemain les dits sieurs sont retournés ayant laissé par le terroir du dit Marseille plus de dix mil' hommes de pied, et ceux de Marseille ont tiré plusieurs coups, et fait tirer à quatre galères d'Espagne devers Arenc, pour blesser les gens du dit sieur de Guise.

Le dit jour conseil tenu pour acheter bleds.

ANNÉE 1596

Le mardy 2 janvier 1596, les gens du sieur de Lesdiguières s'en sont retournés vers Vinon, lequel Vinon s'est rendu à l'obéissance du Roy, ayant baillé un escu à chaque soldat pour le bled qu'estoit au dit Vinon, et s'en est allé à Puymoisson avec un canon.

Le dit jour M. de Croze a mandé qu'avoit pris Barbentane s'estant remis à l'obéissance du Roy, et a pris ou tué les gens de guerre du sieur d'Espernon.

Le 4 janvier 1596, M. de Lesdiguières présente lettres de lieutenant en absence de M. de Guise à la Cour, de quoy la Noblesse s'est opposée aux Etats.

Le 7, 8 janvier 1596, l'ennemy a ravagé bestail.

Le jeudy 11 janvier 1596, M. de Guise est allé à Sellon faire baptiser l'enfant de M. de Carces.

Le dit jour, lettres en audience pour faire vendre le domaine du Roy.

Le 12 janvier 1596, la Cour a baillé la gehenne à Raymond, aveugle, sur ce que alloit advertir Marseille quand M. de Guise y vouloit aller, qu'est cause que n'a esté prise, et accuse M. Gantelme, lieutenant de viguier, que luy bailloit les lettres, et a esté constitué prisonnier.

Et le vendredy 19 du dit mois, le dit Raymond, par arrêt, a esté pendu, et a déchargé M. Spagnet et le dit Gantelme.

Le samedy 13 janvier, M. de Guise est venu de Seilon faire baptiser l'enfant de M. le comte de Carces.

Le mardy 16 janvier 1596, le sieur de Guise est allé à Toulon et a assiégé Hyères, l'a pris et le monastère, où y a esté tué cent de chaque part ; reste prendre le fort, et a assiégé la garde où y sont morts plusieurs sans la prendre.

Le vendredy 19 janvier 1596, M. de Meyrargues a pris de ceux du Puy qui attendoient les muletiers à l'arouyer, et aucuns du cartier de la ville y sont allés, mais ledit sieur a mené les prisonniers à Meyrargues.

Le dimanche 21 janvier 1596, a esté trouvé mort un de Marseille auprès du Pont-de-l'Arc, qui a esté tué.

Le dit jour, les Etats sont esté tenus dans Aix et achevés, et a été commis pour aller devers le Roy M. Fabrègue ; et sera fait article au Roy sur le fait des procureurs.

Le samedy 27 janvier 1596, ceux de l'ennemy de Marignane sont venus ravager le terroir d'Aix, et ont pris le bestail de Giraud César, et ont tué un nommé Carroly, lequel leur avoit bien fait la guerre au temps du fort.

Le mardy 30 janvier 1596, édit publié au siège pour revendre le domaine du Roy, comme greffe et autres, lequel a esté fait à Lyon au mois de juin dernier.

Le jeudy 8 janvier 1596, Jean Carnau a esté blessé des ennemys, et ont pris son mulet et autre bestail en venant de Manosque.

Le dimanche 10 février 1596, M. de Bras, premier conseiller aux Comptes, est décédé ensevely le mardy 13 du dit mois dans l'église des Carmes, où estoit toute la Cour.

Le mercredy 14 février 1596, M. de Buous est venu de Forcalquier, déparly d'Aix avec M. le marquis d'Oraison et M. de

Vallegran disant aller trouver M. de Guise, et ont eu rencontre de l'ennemy, de ceux de Marignane sont esté tués environ 36 ou 40.

Le samedy 17 février 1596, Marseille qu'avoit esté pris par Cazaul le 21 février 1591, a esté reprise environ huit ou neuf heures du matin, le dit jour 17 février 1596. Car sortant le consul Cazaul par la porte réalle, comme avoit acconstumé, accompagné de cinquante mousquetaires, le premier clédat a esté fermé, et entre les deux portes sçavoir du clédat et la porte réalle, un nommé Pierre de Libertat, lieutenant de Louis d'Aix, viguier, l'a tué avec une pistolletade, le dit Libertat, comme lieutenant, avoit la dite porte à commodité, et incontinent a esté crié par ville : Vive le Roy ; l'enseigne blanche mise à la muraille, la porte ouverte, M. d'Oraison, M. de Buous avec trois cents gendarmes y sont entrés ; les enfants de Cazaul sont allés à Notre-Dame de la Garde, et Saint-Victor tenant pour eux ; ceux de Marseille qu'estoient absents y sont allés mais ne sont pas entrés incontinent, jusques que M. de Guise a baillé le bâton de viguier au dit Libertat ; et a esté fait le nouveau état sçavoir : M. Riquet premier consul, Seguin second consul, et Moustiers tiers consul, et M. Bausset accesseur ; tous les absents sont entrés dans leurs maisons.

Le 17 octobre 1596, lettres publiées à la Cour que le Roy baille au dit Libertat exemption des tailles, et les armoyries du Roy de trois fleurs de lys.

Le lundy 19 février 1596 a esté faite procession générale et feu de joyes, ayant le jour auparavant esté dit *Te Deum laudamus*, et fait feu de joyes.

Le 20 février 1596, arrêt de la barre que M. de Meyrargues a esté condamné envers M. de Saint-André luy rendre quatre mil escus, inthérêts et dépens, pour la rançon qui luy avoit joint payer, l'ayant fait prisonnier de guerre en temps de trêve, pour ce que le dit sieur de Saint-André avoit tenu le party du sieur d'Espernon.

Le samedy 25 février 1595, arrêt en audience d'entre demoiselle Margon de Pellicot, fille du feu sieur président de Pellicot, contre le sieur baron du Bar, par lequel le dit sieur baron du Bar, a esté condamné en cinq cents escus d'amende, envers le Roy cent escus, et dépens envers la dite demoiselle, pour la contrevention des inhibitions de s'estre marié avec la sœur du sieur de Meyrargues, et au préjudice de la promesse faite par le sieur du Bar à la dite demoiselle de Pellicot de la prendre en mariage, duquel y a eu un fils nommé Boniface, et pour la validité du mariage, renvoyé au juge ecclésiastique; condamne le dit sieur par provision en 400 escus, et le dit sieur du Bar adjourné en personne par la Cour, la dite demoiselle et son fils mise sous la protection et sauvegarde du Roy, et de la dite Cour, et inhibitions in formo.

Le dimanche 26 février 1596, conseil tenu contenant députation de M. de Courmes, premier consul, pour aller par devers le Roy s'opposer contre Marseille que se veut distraire du Parlement d'Aix, et prester quatre canons et tirail à Marseille pour battre le fort de Notre-Dame de la Garde; on a démis Cotonfin de trompète de la ville pour s'estre rendu brigand, et autres chefs.

Le lundy 27 février, nouvelles assurées que M. de Guise, lequel estoit départy jeudy dernier 1596 de Marseille, a attrapé les gens de M. d'Espernon, qui venoient pour voir d'avitailler Saint-Tropez, et n'ayant pu l'avitailler, s'en retournaut y auroit eu rencontre entre Vidauban et le Luc où y a eu grand combat; mais le sieur de Guise les a deffaits, les ayant tous mis en fuyte, et la plupart noyés et tués en nombre de cinq cents, ayant perdu chevaux et armes, M. de Lamanon a esté noyé à la rivière d'argens, M. de Buous blessé, et la dite rencontre et desconfiture fut faite le samedy 25 février 1596, s'estant le sieur d'Espernon mis en fuite avec 30 ou 40 gendarmes à Barjols, et après rendu à Brignoles.

Le mercredy 28 février 1596, premier jour des cendres.

Le jeudy, à cause du biscest, a esté le dernier février 1596, arrest de la Cour donné le dit jour contre M. Genebrard, archevêque d'Aix, par lequel il est banny du pays du Roy, et ses biens confisqués à Sa Majesté, pour avoir composé et fait imprimer livres contre le Roy, les quels livres en sont esté bruslés sur l'échaffaud à la place des Prêcheurs.

Le vendredy premier mars 1596, nouvelles que M. de Guise avoit pris Saint-Tropez et la citadelle, hormis le donjon, et aussy Grimaud s'est rendu à l'obéissance du Roy, et a esté confirmé par lettres mandées par le sieur de Guise.

Le samedy 2 mars 1596, le fort de Notre-Dame de la Garde a été rendu au Roy par un soldat et autres qui ont jetté hors le fils de Cazaul et autres qui tenoient pour l'Espagne, et ont crié : « Vive le Roi », attendant M. de Guise sur la composition, le dit sieur est venu de Draguignan à Marseille, et a accommodé le tout tellement que Marseille et tous les forts sont sous l'obéissance du Roy, étant le dit sieur allé le samedy 9e du dit mois dans le fort de Notre-Dame et église et citadelle.

Le dit jour samedy 9 mars 1596, a été vu une petite fille morte dans le puits dans la maison de M. de Thanaron, où y loge la dame de Porrières, laquelle fille avoit été jettée, faisoit environ un mois, par une garce de ladite dame, laquelle garce l'avoit faite, et a été constituée et mise en prison avec une autre garce aussi de ladite dame, qui avoit conseillé la jeter dans le puits, et le paillard s'en est fuy.

Le samedy 23 du dit mois, par sentence du sieur lieutenant, confirmée par arrêt, la dite garce a esté pendue et estranglée.

Le mardy 12 du dit mois 1596, M. de Roquelaure est arrivé mandé par le Roy pour faire départir le sieur d'Espernon.

Le dit jour M. de Guise venant est arrivé ayant eu rencontre à Septêmes d'une emboscade de ceux de Marignane, mais ayant combattu, y a six morts de l'ennemy et six prisonniers.

Le mercredy, M. d'Espernon a mandé un gentilhomme et sa trompète.

Le jeudy 14 mars 1596, M. de Roquelaure est parti et est allé à Brignolle parler à M. d'Espernon, avec le dit gentilhomme et trompète.

Le ...... mars 1596, ceux de Lambesc et de Rougnes se sont entrebattus, et a esté tué sept ou huit du dit Rougnes, qu'étoient des gens du sieur d'Espernon et de Lambesc, est mort le fils de M. Forbin, qu'étoient des gens du sieur de Guise.

Le dimanche 24 mars 1596, à trois trompètes, de par le Roy et M. de Guise gouverneur, et du sieur de Roquelaure commissaire, a été crié suspension d'armes, attendu que le sieur d'Espernon a déclaré vouloir obéir au Roy.

Le 26 mars 1596, à sept heures du soir, a été vue une étoile venant de levant, courant en façon de flamme, ayant une grande queue longue.

Au dit mois de mars et avril grandes pluyes continuées de jour à autre et grandes maladies incognues, mesme des fiebvres pestilentielles, où plusieurs sont morts.

Même du endredy 5ᵉ avril 1596, la dame marquise de Cadenet est décédée en cette ville d'Aix, et portée à Cadenet le lundy 8ᵉ du dit mois.

Le dimanche jour des Rameaux, 7 avril 1596, le couvert de la Boucherie est tombé, et a tué deux ou trois personnes, et si fusse été un autre jour, eusse tué cinquante personnes.

Du mercredy 10 avril 1596, à Marseille, par sentence ont tranché la tête à Cazaul qu'avoit été tué, et pendu deux charrettes remplies tant de Louis d'Aix que de leurs gendarmes et mousquetaires en paille menés par ville et pendus en effigie, et tous leurs biens confisqués au Roy.

Le dimanche 14 avril 1596, jour de Pâques, tout le jour

tonnerres et pluye, neige et grelle, comme avoit fait le jour auparavant en abondance, et m'a tombé la bastide de mon terroir, arbres et fait grand mal.

Du mardy 23 avril 1596, M. de Guise est arrivé venant de Marseille pour venir à l'assemblée où les communes aussi étoient convoquées, et estant assemblés, M. d'Espernon a demandé au pays 200,000 escus, et est arrivé lettres du Roy pour luy payer sept escus par feu.

Le mardy dernier avril 1596, M. de Guise est allé à Marseille pour bailler le bâton de viguier au capitaine Libertat le premier may, comme est de coutume.

Le dit jour, la Cour, par son arrêt, a vérifié lettres du Roy, contenant abolition de tout ce qu'a fait le duc d'Espernon, et ceux qui l'ont suivi.

Le samedy 4e may 1596, M. de Roquelaure est arrivé du sieur duc d'Espernon, rapportant que le sieur s'en iroit de Provence, M. de Guise est arrivé le dit jour de Marseille et a fait assembler les communes, délibéré que le pays a fait une cotte de sept escus pour livre pour bailler au dit sieur d'Espernon et le faire tenir à Lyon l'argent, et à ces fins des marchands s'obligeront et députeront commissaires pour faire fournir vivres à ces gens de guerre, durant la route, en faisant son chemin ; depuis le pays a accordé 50,000 escus au sieur d'Espernon, et 35,000 escus aux capitaines des forts pour les monitions de guerre payables dans deux ans.

Le 5 may a esté passé le contrat jusques à 91,000 escus au profit du sieur d'Espernon et ses capitaines.

Roy de Basoche.

Le mardy 7e may 1596, arrêt en audience que la création du Roy de la personne du fils de maître Jean Lambert a été déclarée nulle, et sera procédé à nouvelle création d'un autre, où assisteront douze procureurs du Parlement, donze procureurs du siège et douze notaires plus anciens, lesquels opineront avec les officiers pris au préalable, en présence de deux conseillers en la Cour, présent le Procureur Général du Roy.

Le 9ᵉ du mois, jour de Saint Nicolas, a été procédé à la dite création par devant MM. Arnaud et Fabri, conseillers, qu'ont fait prêter serment, présent M. Aymar, procureur général du Roy, y a eu opposition, sive la préséance d'entre les notaires et procureurs du siège sont renvoyés à la Cour, et y a eu appel des dits notaires, et sans préjudice de ce a esté passé outre, le Roy de Basoche, notaires et officiers mis à leur place de suite les Procureurs du Parlement et siège, de l'autre part ont opiné un procureur de Parlement et notaire après ceux du siège et officiers, le greffier André a été créé Roy de Basoche.

Le mercredy 8ᵉ du dit mois, M. de Sanson et Bigarre, gouverneurs de Rougnes et le Puy, et autres du sieur d'Espernon, estoient en cette ville, ayant joué à la bague avec le sieur duc de Guise, et s'en retournant après souper entre cinq et six heures hors la porte des Frères Mineurs, capitaine Cane a été tué, comme on dit, par le fils de M. Arbaud, advocat général du Roy aux Comptes, et le frère de M. Guiran, conseiller aux dits Comptes, poursuivi par le sieur de Sanson, s'est jeté au fossé et s'est rompu une jambe, le dit Arbaud s'est enfui, ledit Guiran a été porté à la maison du Villar, secrètement, ledit Cane était capitaine des gens à pied du sieur d'Espernon, logé à Rougnes, habillé de pourpoint de satin blanc, demeuré mort sur la place, et fut porté au Puy.

Leur question étoit que ledit Cane avoit pris prisonnier en temps de trêve les dits Arbaud et Guiran, les avoit fait rençonner et ôté leurs chevaux dont ils avoient obtenu prise de corps de M. de Guise contre le dit Cane, le sieur de Sanson s'étant plaint à M. de Guise, les dits Arbaud et Guiran sont été criés à trois trompettes, du Villar, sa femme et enfants mis en prison pour recéler le dit Guiran.

Et du 9ᵉ dudit mois a été trouvé à la maison du dit Villar et a été mis en prison.

Le lundy 13 may 1596, arrêt en audience d'entre Antoine Arquier, maître orfèvre, abbé de la ville, et les appariteurs prétendant être exemps d'estre officiers du dit abbé, la Cour les a appointés à escrire, cependant permis à l'abbé nommer qui bon luy semblera sans abus.

Le dit jour a nommé Salvecane, appariteur pour enseigne.

Le samedy 18 may 1596, les portes de la ville sont esté fermées à cause d'une question de M. le comte de Carces contre le sieur de Masse, gouverneur de Marignane, et nonobstant les prohibitions de M. de Guise, le dit sieur Comte seroit sorty faisant semblant d'aller à l'esbat, pour ce qu'ils s'étoient donné le combat.

Le lundy, M. de Guise le suit à Sellon.

Le mardy 22 may 1596, M. de Guise arrivé avec M. le Comte et gentilhommes ayant pacifié le tout; la cause de la question c'estoit que le dit Masse et autres du sieur d'Espernon luy avoient ruiné son château de Carces, et outre ce avoient pris à Madame la Comtesse, le tout estimé dix mil escus, que je crois luy a été rendu.

Le lundy 20 may 1596, arrêt en audience entre le Chapitre de l'église Notre-Dame en Dauphiné, prétendant être héritiers d'un chanoine décédé, riche de 60,000 escus d'une part, et le sieur de Geyne, héritier testamentaire du dit chanoine, la Cour les a appointé à escrire, et cependant a jugé deux parts de l'héritage au Chapitre et l'autre part à l'héritier.

Le lundy 20 may 1596, M. d'Espernon ayant fait rompre la citadelle de Brignolle, l'a désemparé et ses gens, et sont venus à Saint-Maximin, la citadelle de Saint-Troupés et autres sont été ruinées et démolies, le dit sieur est arrivé à Rougnes et a demeuré quatre ou cinq jours, ou plusieurs ensemble de dames le sont allées voir.

Le lundy 27 may, est départi du dit Rougnes et est allé au dit Mirabel et à la Tour-d'Aigues avec ses gens, et de là à

Cavaillon, et est sorty de Provence après avoir tout ruyné. Loué soit Dieu.

Le dimanche 28 may 1596, a été dit par cinq enfants à Saint-Sauveur, présent M. de Guise, les malheurs du passé en grec, latin, françois et italien.

Le mercredy 30 may 1596, M. de Roquelaure qui étoit venu pour faire sortir le sieur d'Espernon de Provence, a mandé M. Beaumond à Rougnes et M. Nas au Puech pour démollir les murailles.

Le château d'Ilières a été démoly.

Le vendredy dernier may 1596, le sieur de Roquelaure s'en est allé à Lambesc et Orgon, et de là va trouver le sieur d'Espernon pour s'en aller en France.

Le dimanche 2 juin, jour de la Pentecôte, pluye tout le jour.

Le lundy, jour de Saint Esperit, a été faite procession générale pour s'être le sieur d'Espernon allé, à laquelle après le pally alloient deux évêques, c'est les sieurs de Riez et Sisteron, après trois gentilshommes, après les huissiers de la Cour, après MM. de la Cour, et au milieu des présidents étoit M. de Guise.

Les Consuls des communes ayant demeuré deux mois, (c'est avril et may) en cette ville pour l'assemblée, n'ont icelle résolue et arrêtée jusque après le départ du sieur duc d'Espernon, et a été arrêté que le pays entretiendra la compagnie des gendarmes, et dix-huit cent hommes à M. le duc de Guise, gouverneur.

Les châteaux de Rougnes et Puech sont démolis par arrêt, et a été extimé et vendu les tuiles et bois du château du Puech par M. le lieutenant général, que y est allé le vendredy 7 juin 1596, jour de Saint-Maximin, qu'a fait froid, comme aussy est démolly Monpavon, Saint Pol sur la Durance, hormis les forts de Sisteron, Anthibes et Riez ou y a capitaines pour le Roy.

La guerre des sieurs de la Valette et duc d'Espernon finie par le vouloir de Dieu qui a duré puis 1588 jusques à présent, qui sont huit ans.

Reste d'avoir Berre, tenu par un capitaine du Prince de Savoye.

Le samedy 8 juin 1596, arrêt et cries injoint aux Consuls des villes et lieux ou y a forteresses icelles demolir ensemble aux habitants de s'y aider, et que les vingtaines d'Aix iront au Puech pour aider à démolir iceluy.

Le dimanche 9 juin 1596, a été joué à l'église des Prêcheurs l'histoire des Machabées et d'une femme et sept siens enfants que le Roy Antiochus fit mourir pour n'avoir voulu manger chair de pourceau.

Le mercredy 12 juin 1596, en l'audience des Comptes sont été publiées lettres du Roy contenant que M. de Guise prendra deux et demy pour cent de toutes les marchandises qu'entreront et sortiront dans le pays fors que du bestail et grains.

Le jeudy 13 juin 1596, jour de la fête de Dieu, M. de Guise est allé à la procession au milieu de MM. les présidents.

Le samedy 15 juin 1596, M. de Guise s'en est allé à Marseille à cause du meurtre qu'a été commis au dit Marseille, le lundy 13 du dit mois, ayant tué sept ou huit et autres blessés, disant la question est advenue de ce qu'on a ouvert toutes les portes de Marseille, et aucuns vouloient faire ouvrir la chaine du port, pour libre entrée en la mer, et sur ce se sont entrebattus.

Le dimanche 23 juin 1596, a été faite la procession de l'octave de la feste de Dieu, à cause que jeudy fit grande pluye tout le jour, et tomba grapaux avec la pluye à Pellissane, comme aussy a été fait le feu de Saint Jean.

Le dit jour, à cause que le Puech est du tout démolly, les habitants ont désemparé et porté en procession le rétable et ornements de l'Eglise une église au Plan, à une chapelle dite la chapelle de Notre-Dame la Rivyère.

Le 24 juin 1596, M. le marquis d'Oraison est décédé de maladie à Cadenet, et selon le bruit pour s'être échauffé d'une fille. Nota que la dame marquise sa femme décéda le 5ᵉ avril au dit an, que sont deux mois dix-neuf jours, l'un devant l'autre.

Le mercredy 26 juin 1596, arrêt donné par la Cour des Comptes en audience, par lequel Jean de Castellane sieur de Biosc, qui avoit été gouverneur de Saint-Pol, pour avoir mis un impôt de son auchtorité, ayant ranssonné les passants et repassants, sans avoir eu égard aux lettres d'abolition, le déclare atteint de ce que dessus, le condamnant à 4000 écus au Roy, 200 écus envers les pitoyables, 100 écus au bâtiment du Collège, 300 écus au dit Collège, et seront en pension entretenus quatre pauvres enfants de trois en trois ans.

Le jeudy 27 juin 1596, deux arrêts généraux publiés par M. le président Piollenc sieur de Saint-Julliens, l'un de Laurens de Varadier sur la succession des mères suivant l'Edit, la Cour adjuge en propriété les meubles, fruits, deubs en debtes et en rantes acquets, et jouir de la moitié du bien paternel suivant l'édit.

L'autre arrêt d'un Dubois pour faire casser et annuller la quittance de trente escus donnés au contract de mariage, et avoir payement de la dite somme, robbes et joyaux, nonobstant la séparation faite par les mariés.

Le lieutenant avait cassé l'acte et condamné payer la somme; appel relevé, la Cour met l'appellation et sentence au néant, et par nouveau jugement casse la quittance, adjuge les dits trente écus à l'hôpital, le notaire adjourné en personne, inhibé à tous les notaires prendre semblables actes, et à personne de ne y assister pour témoigner à peyne de 500 escus et autre arbitre.

Le lundy 27 janvier 1597, le dit sieur de Biosc est évadé des prisons.

Le dimanche dernier juin 1596, Berre a été bloqué par les gens de M. de Guise, et y font deux forts.

Le dit jour, cries de n'achepter bled qu'au marché.

Le mardy 2 juillet 1596, conseil tenu de mander vivres et monitions au-devant Berre, et d'une part et d'autre ont coupé bled.

Le jeudy 18 juillet 1596, la dame du Vernègue, accusée du crime de fausse monnoye, condamnée par défaut en la tête tranchée, son bien confisqué, maître Esmenard, advocat suplège est en peine et mis en prison.

Le dimanche 21 juillet 1596, à cause que tous ceux de M. de Guise avoient laissé Berre, fors environ cent cinquante ; ceux de Berre sont sortis et les ont tous pris, aulcuns tués et les autres menés prisonniers à Berre, M. de Guise qu'étoit à Aix est allé à Marseille.

Le mois de juin et juillet grandes maladies de la veyrolle contre les petits enfants, qui en sont morts plus de trois mil enfants de cette ville d'Aix.

Le dit mois de juillet, a esté veu au ciel continuellement une comète, sive estoile, étant pointue, au-devant longue et sur le derrière large, que monstre quelque malheur, comme fut de la contagion de 1580.

Le 15 juillet 1596, M. de Guise a accommodé Berre l'un dit de trêve par deux mois, et l'autre dit de quelques denier, qu'on baille au gouverneur, et moyennant ce quitte la place.

Le 27 et dernier juillet 1596, deux arrêts, un de M. Maria, l'autre de M. Garron, qu'il n'y a lieu de réduction, suivant l'édit des rentes ou pensions assises sur des biens.

Le 20 aoust 1596, arrêt de la chambre que le bestail et bled pris en gagerie, venant de Cadenet en cette ville d'Aix a été relaxé, lequel avoit esté pris à la requête de M. Germain, inhibitions de ne saisir la personne, ny bestail.

Le 21 du dit mois sont été faites les cries à trois trompètes par ville.

Le lundy 2 aoust 1596, deux frères nommés Alamandrins, de Manne, dont l'un avoit achepté la seigneurie de Civebelle, par arrêt, sont été tranchés la tête pour les excès faits durant ses guerres, à la poursuite du sieur de Gensson, sieur du dit Manne.

M. de Guise fait tenir une assemblée à Riez, pour ce que les gentilhommes ne sont voulu venir à Aix pour crainte de la justice.

Le jeudy 19 septembre 1596, le sieur Reverend Légat d'Avignon est arrivé d'Avignon en cette ville, logé sur M. de Lauris, MM. les Consuls y sont allés au-devant avec l'abbé et trompètes.

Le samedy 28 septembre 1596, sont été faits les Consuls et accesseurs, sçavoir M. d'Esparron, premier consul ; M. Salle, controlleur en chancellerie, second consul ; M. Imbert, tiers consul ; M. Badet, accesseur, capitaine de la porte de Saint-Jean, M. Johannes sieur de la Brefan; des Augustins, M. Carème ; de Bellegarde, M. Benoit ; des Frères-Mineurs, M. de Peyresc ; et de Notre-Dame, M. Aquilleriqui.

Le dimanche 29 septembre 1596, M. de Guise a fait son entrée à Marseille.

Le 14 octobre 1596, lettres du Roy publiées à la Cour de Parlement, contenant l'attribution des tailles par dits MM. les lieutenants, chacun en son ressort en première instance, lesquels ingeront en souveraineté de 25 florins, et par appel par devant la Cour des Comptes. La dite Cour des Comptes par arrêt en audience le 23 obtobre 1596, que inhibitions de ne s'empêcher des tailles.

Le 10 octobre, arrêt à la barre contre les lieutenants de ne vuider sacs sans conseils, et au lieutenant de submissions retourner quatre qu'il avoit trop pris d'épices d'une sentence.

Le 22 octobre 1596, arrêt de ne faire aucune procession de religion dans le pays, et rompre les fortifications, publié au siège le 25 du dit mois.

Le 30 octobre 1596, cries de ne ouvrir boutique, ny travailler les fêtes, ny vendre et débiter chose le dimanche ny autres fêtes.

Le vendredy premier novembre 1596, jour de Tous les Saints.

Le lundy 4e novembre 1596, arrêts en audience que les chevaliers de Saint-Jean de Jérusalem ne se plus marier.

Le mardy 5e novembre 1596, M. le lieutenant général Bonfils a commencé les assises ; M. Mazargues, advocat du Roy, a fait harangue ; M. Laydet, scindic de la Noblesse ; M. Marrot, scindic du Tiers-Etat ; M. Jorne, scindic des advocats ; Maîtres André et Merindol scindics des procureurs.

Le sieur lieutenant et conseiller du siège, et les gens du Roy sont été scindiqués pour prendre d'épices plus que ne devoient, et les sieurs gens du Roy prendre des insinuations, sur quoy le sieur Ramuzat, sieur de Thalloire, plus autres conseillers, jugent contre le dit sieur Lieutenant auroit ordonné que les ordonnances seroient gardées, le scindic des advocats auroit dit que n'appartenoit au dit sieur de Thalloire d'en juger, pour être un même corps se soulageoient les uns les autres.

A été déclaré que M. Boyer, plus ancien conseiller et advocats non sujets à être assis, jugeroient du dit fait, lequel a fait ordonnance d'inhibitions contre le sieur Lieutenant, Conseillers et ses gens du Roy de ne contrevenir aux ordonnances du Roy, et informa sur les abus.

Maître Guillem Guidy, greffier du sénéchal, par le dit maître Marrot a été accusé se soy faire payer plus qu'il ne devoit, il a dit y avoir instance pendante par devant la Cour sur le taux, et ne veut répondre, a été dit par le sieur Lieutenant général répondre, a appelé, nonobstant appel sera passé outre.

Et sur la plainte contre le dit maître Gaudry de ce qu'il exigeroit d'appointements et autres menues choses, dit que y sera proveu.

Quant aux jugements contre ceux de cette ville d'Aix, ne sera leue aucunes lettres exécutoires ny autres, soit par décret des informations ny autrement contre ceux d'Aix, ains par requête ou appointements seront exécutés dans la ville.

Des réponces que le greffier fait en qualité de commissaire ou autrement sera tauxé.

Des insinuations et des donnations ou autres actes ne prendra le greffier que deux sols et demy pour chaque feuille ayant vingt-cinq lignes et quinze sillabes.

De la délivrance des biens d'un pupil ne prendra le greffier le liard pour florin qu'il avoit accoutumé prendre, ains sera taxé de ce qu'il vaquera, ou ses commis.

Des procès-verbaux des arrêts des pupils le greffier ne inserera aucuns actes, requêtes, expertises, ains les originaux demureront en mains du tuteur, et si aucun en veut avoir extrait, se faira à leurs dépens.

M. le Lieutenant général aux submissions, ny ses greffiers n'ont voulu subir jugement, ni comparoir en personne, prétendant n'être sujets au sieur Lieutenant général, ayant sur ce fait faire remontrance par avocats, nonobstant leurs défenses, a été dit qu'ils se présenteront ; ont appelé, nonobstant l'appel, sera passé outre ; ils ont relevé par devant la Cour de Parlement.

Maître Challon, procureur, pour avoir mis à un expédient un nommé Vidal pour plège qu'il n'y étoit présent, comme le luy a soutenu, et qu'il n'étoit signé en icelle ; au contraire le dit Challon disoit qui le luy avoit fait faire ; a été ordonné qu'il le vérifiera, autrement l'expédient cassé et condamné à six escus d'amende envers le Roy.

Du jeudy 7 novembre 1996, continue les assises : déclare que les sargents bailleront le reçu des papiers aux parties, exécuteront dans lendemain, mettront le receu au-dessous, et que sera fait taxe sans y pouvoir contrevenir les deux sargents qui seront de service, se tiendront au-devant du palais les dimanches et autres fêtes.

Masseneau, sergent, pour avoir pris un escu d'avoir mis en prison Lautier pris au-devant du palais, condamné rendre demy-escu et un escu au Roy, interdit l'exercice de son office jusques que y sera proveu, a appellé, attendu l'appel, se provoiront.

Du vendredy 8ᵉ novrmbre, continue les assises, M. Marrot, advocat, scindic du tiers état, et M. Jorne scindic des advocats, t conclu contre les sieurs et juges non gradués, M. Mazargues, advocat du Roy adhérent.

M. le Lieutenant ordonne que les sieurs ne mettroient juges que ne soient gradués, les Bailles qui ne sachent escrire et lire, et les dits juges ne exerceront leur judicature qui ne soient examinés, receus et ayant prêté le serment par devant le dit sieur Lieutenant, et les sergents seroient mis et ne pourroient être destitués que par crime, et n'exécuteront rien pour les affaires des sieurs, et quant à l'auditoire, le scindic de la Noblesse sera ouy pour leur être pourveu.

Le Viguier et son Lieutenant assisteront aux assises, autrement sera contre eux déclaré à la peyne.

Les sergents ne fréquenteront les cabarets pour manger et boire, et les hôtes ne leur bailleront à manger, ny boire à peine de cent escus discutivement déclaré.

Le samedy, M. Venta, conseiller du Roy en la Cour de Parlement, est décédé, enseveli à l'Eglise Saint-Sauveur et chapelle Saint-Mitre, où étoit toute la Cour.

Le mardy 12 novembre 1596, M. le comte de Carces, en qualité de Grand Sénéchal, a assisté en audience.

Le Viguier et son Lieutenant condamnés à cent escus chacun, s'ils ne comparent à jeudy.

Les greffiers des substituts ont tous assisté, leur a été inhibé prendre plus le liard des lettres des commissions, tellement qu'ils recevront 4 sols compris le sceau, et ne doivent recevoir à l'avenir que 3 sols et 12 deniers.

Des sentences de discussion les trois premiers chacun fairont extraire les sentences au long, les autres auront semblablement leur degré, en payant 2 sols comme des autres sentences, et aux feuillets y aura 25 lignes et quinze syllabes.

Les greffiers tiendront des clercs à suffisance pour l'expédition des causes.

Maîtres Briacy, Albinot et Redortier adjudants procureurs au siége qui ont présenté lettres pour être receus procureurs en la Cour des comptes, et que ont fait inhiber les procureurs au siége de ne faire plus présentation au greffe des dits Comptes, par arrêt des dits Comptes du 7 novembre 1596, sont été inhibés de ne faire plus exercice de procureur au dit siége.

A été plaidé une cause d'appel entre maître Lange de Saint-Martin, juge de Pertuis, intimé, contre maître Garnier, advocat, appelant de ce que le juge l'auroit condamné en 100 escus d'amende, de ce que le dit Garnier luy avoit dit sot, a été dit mal jugé, bien appelé et sera informé.

Du jeudy 14 novembre 1596, continuation des assises.

Le Lieutenant de Viguier d'Aix a assisté ; auquel a été inhibé prendre aucune chose des querelles que ne soient condamnées, parce qu'il se trouve que se faisoient payer aux querelles.

Aussy que les advocats aucuns seront appelés au jugement de sentences du dit viguier, ils procèderont.

Messire Albinot, Bruicy et Redortier, procureurs au siège, à présent procureurs aux Comptes, sont défendus l'exercer au siège.

Les extimateurs mettront le jour de la réception des mandements, lesquels videront et rendront dans trois jours, autrement condamnés à tous les dépens, dommages-intérêts, inhibition aux procureurs bailler requêtes où ne consiste que amendements et sur commissions, de ne prendre que ce que seront taxés au pied du rapport, et sur la prise des rapports sera proveu à demain, ouy les syndics des notaires, lesquels assisteront, et après a été dit sera proveu au conseil.

Le mercredy 19 novembre 1596, les dites assises et taux de toutes procédures ont été publiées, les officiers congédiés, les défaillants condamnés en amendes, les procureurs taxés vingt sols, de présentation quatre sols, les instances trois sols, les parcelles ayant vingt-cinq lignes 15 sillabes par page, ne sera faite aucune narrative aux parcelles.

Le 7 novembre 1596, assemblée tenue en cette ville d'Aix, et commencés y étant M. de Guise, gouverneur et autres, M. le président Carreolis, que le pays fait les poursuites que la juridiction des tailles soit en première instance anx sieurs Lieutenants.

Le 9e novembre 1596, arrêt en audience entre M. le duc de Ventadour contre M. Doize, après que par trois jours les advocats ont plaidé et qu'il y avoit trois arrêts ayant été pris de places ; la Cour dit que le sieur Doize vuidera la place dans trois mois, autrement condamné en dix mil escus et autres chefs.

Le dimanche 15 décembre 1596, M. du Vair, président de Paris, a été mandé par le Roy, arrivé en cette ville d'Aix pour présider à Marseille avec une chambre qu'il prendra de MM. de la Cour, pour exercer la justice souveraine au dit Marseille pour quelque temps.

Le jeudi 19 du dit mois, les lettres du Roy contenant confirmation des privilèges du dit Marseille, et abolition du passé, et pour fréquenter en Espagne pour un an, et pour avoir la justice souveraine au dit Marseille sont été publiées à la Cour en audience.

Publié aussi à la Cour des Comptes le 26 février 1597.

Le dit jour, arrêt en audience de la commune de Mallemort que avoit intenté récision d'un obligé par devant la Cour des Comptes, le demandeur au dit obligé avoit intenté requête à la Cour de Parlement pour faire casser et annuler l'assignation par-devant les dits Comptes, la dite Cour de Parlement a dit mal avoir été assigné par devant les dits Comptes, ordonne que les parties procèderont par devant le Lieutenant, condamne le deffendeur en requête aux dépens liquidés à trois escus.

Le vendredy 20 du dit mois de décembre 1596, M. Dufort, advocat, et M. Baudoin, procureur en ladite Cour, prisonniers pour certaines commissions, par arrêt, a été baillée la question et les gramés au dit sieur Dufort, ils avoient été accusés par M⁰ Germain, médecin, et demoiselle Claudine mère de Castillony.

Et par autre arrêt du 22 décembre au dit an, le dit maître Dufort a été banny et pour cinq ans, et le dit maître Baudoin pour trois, de Provence, inhibition de postuler, à rendre au dit Germain, c'est le dit maître Dufort, 100 escus au dit Germain, 100 escus à la fabrique du palais ; et le dit Baudoin 50 escus, et maître Dufort autant 25 escus d'amende au Roy, avec dépens.

Le dit jour, arrêt de Nastellats de commission contre capitaine Giraud de commission appelant, la Cour a condamné le dit Giraud en 50 escus envers Nastellats, dix escus au Roy, et inhibition à luy et autre semblable qualité porter aucune épée, ny armes au conseil de ville, et tiendra prison jusques à entier payement.

La fête de Noël, le mercredi 25 décembre 1596, sans froid.

ANNÉE 1597

Le samedy 4 janvier 1597, MM. les commissaires sont départis et allés à Marseille pour administrer la justice avec M. le président du Vair au dit Marseille, durant six mois, suivant la volonté du Roy, et ont continué jusques au dernier janvier 1599 que le Roy a révoqué la tenue de la dite chambre à Marseille.

Le lundy premier février 1599, M. du Vair, avec MM. les Conseillers sont arrivés à Aix le mercredy 3ᵉ du dit mois, le dit sieur du Vair est départy qui s'en est retourné en France.

Le lundy 6 janvier, jour des Roys, M. le Lieutenant général avec MM. Estienne, Albert conseillers, M. Mazargues, advocat du Roy, et Dumont et Domelly sergents, et M. Marrot, scindic du Pays, sont allés en Arles tenir les assises.

Le 8 janvier 1597, arrêt en audience de la Cour des Comptes que les Consuls feront rendre compte aux administrateurs du passé, et les comptes rendus par-devant les commissaires que seront députés sur le lieu.

Le dit jour arrêt de la dite Cour des Comptes qu'un acte qu'avoit esté fait au profit d'un qui ne faisait que prêter le nom au sieur de Meyrargues a été cassé et annullé, et condamne le dit sieur de Meyrargues à 160 escus envers la commune d'Espernon, avec inthérêts, et aux dommages-inthérêts et dépens pour le ravage fait par le dit sieur de Meyrargues.

Le mardy 12 janvier 1597, une nef d'Espagne, conduite par le mauvais temps, est arrivée près du Château-d'If, et le mercredy a esté prise, a esté trouvé quatre cent cinquante Espagnols, des quels ledit sieur a armé les galères et a trouvé dedans monitions, canon, laine et autres choses, ayant vingt-trois cannes de long, six cannes de large, portant vingt-trois quintaux.

I — 21

Le .... du dit mois, un nommé .... par arrêt de la Cour, estant à Marseille, a esté brûlé vif pour avoir mis feu à une bastide et brûlé le mary et la femme, pour ce que n'avoit voulu bailler en mariage une de leur fille à un sien parent.

Le vendrey 24 janvier 1597, arrêt en audience de la Cour des Comptes, sur l'appel de la closture des comptes d'entre ...., dit mal procédé, et que de nouveau sera procédé à nouvelle audition et closture des Comptes par deux habitants du lieu et un forain.

Le dit jour, 24 janvier 1597, Pol de Villeneufve sieur de Beauregard a été par arrêt tranché la tête pour avoir fait beaucoup de maux, et la dite tête portée à Eréjus; il étoit frère du sieur de Torrettes et de grande noblesse, car auroit M. de Guise, M. le Comte et autres, mais n'ont su rien advencer.

Le dernier janvier 1597, cries par arrêt du 23 du dit mois, de ne faire masques, ny tenir danses sans bollete, qu'ils prendront des commissaires, à peine de cent escus, et ceux qui voudront faire danser, payeront deux escus pour les pauvres.

Le lundy 10 février 1597, un nommé Foin de la Salle, gentilhomme gascon, mary de la demoiselle de Pellicot, fille du feu sieur président, a été tranché pour avoir fait mourir une femme enceinte, lorsqu'il étoit gouverneur de Rougnes pour le sieur duc d'Espernon.

Le jeudy 13 février 1597, arrêt en audience du sieur de Ramefort, gouverneur de Sisteron, demandait la vérification des lettres pour avoir le gouvernement de Sisteron, et dix mil escus par convention d'avoir rendu la ville au Roy, la Cour a débouté le dit sieur Ramefort, sauf quant à la citadelle que le Roy en sera adverty pour avoir déclaration, et cependant jouira de la citadelle.

Le lundy 17 février 1597, à Marseille, a été fait faste solemnelle et grande procession, où estoit la Cour, M. de Guise, consuls et autres, en mémoire que semblable jour la ville fut remise sous l'obéissance du Roy et Cazau tué.

Le mercredy 19 février 1597, premier jour des Cendres.

Le mercredy 26 février 1597, édit publié à la Cour des Comptes sur l'érection de dix procureurs en la dite Cour, et a été dit que les procureurs receus rapporteront déclaration du Roy dans six mois.

Le lundy 3 mars 1597, lettres du Roy publiées en audience, que ne sera plus faite recherche du débordement de la vente des meubles ou bestail.

Le mercredy 5 may 1597, arrêt publié en audience de la Cour des Comptes contre M. Amoureux, procureur et notaire de Forcalquier, accusé d'abus et concussion aux lattes, a fait amende honorable, inhibé d'estre aucune charge publique, condamné en 900 escus d'amende, et inhibé tous offices particuliers aux fermes du Roy.

Le jeudy 6 mars 1597, criés par toute la ville en vertu d'un arrêt de la Cour pour contenir inhibition user de masqueries et enchantement et informer sur ce pour ce que provoque à luxure et paillardise, ayant été trouvé deux petits enfants morts mesme ung à une sueille près l'hôpital.

Le dit jour, et le 7 mars 1597, a tombé neige et grand froid avec gellée durant 15 jours de mars.

Le dit jour, 6 mars, a été commencé tenir les Etats à Marseille, ou est M. de Guise, gouverneur, et combien que fussent mandés les tenir en cette ville d'Aix, toutefois la Noblesse ne y est pas voulu venir pour doute d'estre emprisonnés pour crime, et sont esté en divorce et contention plus de dix-huit jours entre les Procureurs du Pays et Consuls de Marseille, lesquels Consuls vouloient entrer et porter le chaperon aux Etats, enfin à la préposte, tous ont porté les chaperons.

Mais ont accordé tenir les Etats à Saint-Victor, sans que les dits Consuls de Marseille y soient entrés, et si y sont entrés, ça été sans porter chaperon pendant la tenue des dits Etats.

A cause du mauvais temps, sont arrivés au Château-d'If six

nef remplies de bled qu'on estime à 14 mil charges bleds, et sont au port de Marseille, débitent le bled à 4 escus la charge, et auparavant valoit dix et onze escus la charge, le dit bled s'est trouvé la plupart ne valoir guère, et le bled a valu de huit à neuf escus la charge.

Le .... mars 1597, arrêt à Marseille contre maître Jean Bonnet, procureur en la Cour et pour l'excès par luy commis accusé de .... a été condamné en cinq cents escus d'amende, privé de son état et banny le .... janvier 1599. Le dit maître Bonnet a été remis à son office.

Le dimanche 6 avril 1597, jour de Pâques.

Le samedy 11 avril 1597, M. de Libertat, viguier de Marseille, lequel avoit esté cause que Marseille avoit été remise au Roy est décédé, et son frère est viguier a son lieu et place.

Le lundy 13 avril 1597, l'église de Saint-Sauveur a fait les funérailles de feu M. de Genebrat, évêque d'Aix, décédé à Roane le 10 mars au dit an, et M. de Vallegran est à son lieu et place.

Le lundy 13 avril 1597, arrêt en audience contre un Bernard pour avoir pris de somme plus qu'il n'avoit expédiée, a esté condamné à 50 escus d'amende envers le Roy, le notaire en cinq escus, les actes annullés, et inhibition user de semblables actes.

Le dit jour procession générale en priant Dieu pour le Roy qui a assiégé Miaus pour le recouvrer, ayant esté pris dans deux mois ou environ par les Espagnols, par trahison, et a duré neuf jours, joint pour gagner le pardon du jubilé mandé par Notre Saint-Père le Pape dont le peuple a été en grande dévotion.

Le samedy 19 avril 1597, étant M. Baussel, gouverneur du Château-d'If de Marseille, lequel s'étoit fié aux Florentins qu'il avoit fait venir au temps de la guerre, les faisant demurer en garnison à l'entour du fort, et estant luy à la Cour, et son fils, son lieutenant, étant allé disner au fort, et après disner ont tué aulcuns qu'étoient dedans, et se sont saisis du dit fort et ont mis dehors tous ceux qu'étoient dedans pour le dit sieur Bausset, et disoit tenir pour le Roy.

Monsieur de Guise ne se fiant de ceux qu'étoient au Château-d'If, fait faire un fort à l'Isle proche la Roque du Mouron.

Le jeudy premier may sont été faits Roy de Bazoche le fils de M. le receveur Cabanes; Prince d'Amour, M. le marquis d'Oraison; Abbé, Giraud Cezan; M. Thomassin, Primicier.

Le dit Roy de Bazoche a appelé par-devant la Cour le lundy, 5e may 1597. Arrêt en audience, déclaré bien procédé à la création et tiendra.

Le sieur marquis d'Oraison n'a pas voulu accepter. Par arrêt du 10 may 1597, a été dit que sera procédé à nouvelle création. Le dimanche, 11 dudit mois, M. de Fuveau, fils de feu sieur conseiller Puget, a été fait Prince d'Amour et a accepté.

Le dixième may 1597, par-devant la Cour, publiées lettres du Roy de délay de trois ans pour les communes à payer leurs debtes, la Cour l'a modéré et réduit à dix-huit mois.

Le jeudy 14 may 1597, jour de l'Assenssion, grand froid, vents, pluyes tout le mois de may.

Le dimanche 25 may 1597, jour de la Pentecoste, M. de Guise a été en cette ville d'Aix, et s'en est retourné lendemain à Marseille.

On a dit que la trève de Berre étoit rompue, et qu'on l'alloit assiéger.

Le lundy 27 du dit mois, les recteurs et procureurs de l'église Saint-Esprit faisant une donne de pain aux pauvres pour la précipitation d'iceux pauvres, sont morts six ou sept personnes, tant enfants, fille que une femme, ayant été mis par terre, mis les pieds dessus et étouffés, y ayant plus de douze cent pauvres.

Le jeudi 5 juin 1597, jour de la Fête de Dieu.

Le dit jour, à Marseille, faisant la procession, y avoit eu question de ce que les Consuls et Capitaines vouloient aller après la Cour et devant le Lieutenant, nonobstant l'arrêt de la Cour, après fut apaisée.

M. de Guise, ne se fiant des Florentins qui n'ont voulu quitter le Château-d'If et avoit fait un fort à une isle près le Château-d'If, appelée Ratoneau, et y a mis gens d'armes et munition de guerre.

Le 14 du dit mois de juin, entendant M. de Guise qu'étoient arrivées cinq galères des Florentins et vaisseaux que faisoient un fort au-dessus de celuy de Ratoneau, avoit mandé avoir gens d'Aix que des environs, et du 19 du dit mois, la ville d'Aix y avoit mandé 150 hommes, et du 16 du dit mois ont combattu avec les dits Florentins, et ont tiré huit cent coups de canon d'un côté et d'autre, et y sont morts trois du dit Aix, M. de Guise a ravitaillé son fort de Ratoneau.

Le 20 juin 1597, sont arrivées près du dit Marseille 19 galères d'Espagne et y sont demuré huit jours, contre lesquelles sont été tiré plusieurs coups de canon de la ville; enfin s'en sont allées.

Le 26 du dit mois, arrêt pour raison d'un vaisseau d'Anglais arrivé à Marseille chargé de bled, et sur la relaxation, les parties se pourvoiront par devers le Roy, et cependant relaxe tout aux Anglais en baillant caution dans le royaume de France.

M. de Guise a tenu assemblée à Aix avec la Noblesse et communes pour raison de ce que dessus, le pays luy a mandé dix-huit cens hommes, et a été le 25 juin 1597.

Le 10 juillet 1597, est arrivé à Marseille un coursaire de mer, sive nommé *Moraton Bey* avec quatre galères, et y a demuré environ un mois et les galères des Florentins les attendoient pour se combattre, mais les Turcs sont sortis sans mal prendre.

Le 4 septembre 1597, cries par ville contenant publication d'arrêt que la Cour a mis Belle-Vame et Rolleton pour courratiers jurés, et aucun ne usera de courratier autre que les dessus nommés, et prendront un pour cent.

Le 15 septembre 1597, M. le Lieutenant, par commandement de la Cour, a fait démolir les bâtiments nouveaux, que faisoient à la bourgade des Frères Mineurs.

Le samedy 27 septembre 1597, création des Consuls d'Aix : M. de la Fare, Premier Consul, M. Flotte, accesseur, M. Malespine le cadet, second consul; M. Blegery, tiers consul; Huquet Louis dit Pesse, thrésorier; M. Duperier, capitaine de Saint-Jean; M. Eguesier, des Augustins; M. Nas, de Bellegarde; M. Durand, des Frères Mineurs; M. Borilly, notaire, de Notre-Dame.

Le vendredy 3 octobre, publiées lettres du Roy au siège pour ne transporter le bled hors de Provence, en date le 27 aoust au dit an.

Le dit jour, publié l'arrêt donné par la Cour, le 26 septembre au dit an, contenant inhibitions d'achepter bleds, que pour sa provision.

Le dit jour publié au dit siège règlement fait par la Cour sur la justice, fait le 25 septembre au dit an, même sur la restitution des pièces, le défaillant condamné en dix escus d'amende.

Le dimanche 5 octobre, procession générale de ce que le Roy a repris Myaus par composition, le 25 septembre au dit an, et l'Espagnol est sorty; à ladite procession y étoit M. de Guise au milieu de deux présidents, la Cour, le siège, le prévost étoit de suite, après la Noblesse; les évêques de Marseille n'y sont allés parce que vouloient aller après le pally, avant la Cour, et la dite Cour a ordonné qu'ils iroient devant le pally, et n'y seroient pas voulu aller.

Le dit jour, a été fait feu de joye par ville.

Du dit jour, a été tenue l'assemblée pour l'entretènement de quatre galères, que pour avoir argent pour faire guerre à Berre, le tout par M. de Guise.

Le 8 octobre 1597, arrêt de la Cour contre le sieur Pierre de Castellane, sieur de Biosc, lequel accusé de crime et ayant évadé des prisons, a été exécuté en effigie, tranché la tête et condamné en grandes amendes. Le dit sieur on dit qu'est avec le sieur de Lesdiguières.

Du 15 octobre 1597, M. Suffredy, conseiller en la Cour, décédé, ensevely à Sainte-Claire.

Le dit jour décédé frère Jean l'Escrivain, cordellier, un fort homme de bien et bon religieux, âgé de cent ans.

Le ..... du dit mois, M. Aymar a été receu et mis en possession du Lieutenant particulier au lieu de son frère.

Le dimanche 19 octobre, nouvelles de la mort du Roi d'Espagne, a été fait feu de joyes de la prise de Myaus et autres villes.

Du 20 du dit mois, procession générale.

Le 21 novembre 1597, arrêt en audience par-devant la Cour de Parlement, entre M. Detraigues et un Amalaric, tuteur, lequel des biens de l'héritage appartenant, de ce que le Lieutenant avait ordonné que par le reliquat du compte, le pupil prendrait les debtes faites par le tuteur; l'intimé disoit n'être tenu, parce que le tuteur avoit exigé les debtes et fruits du pupil, et en avoit fait son debte propre; la Cour dit mal jugé, condamne le tuteur à payer dans six mois le reliquat du compte, avec contrainte par corps, sauf à luy d'exhiber ses debtes; inhibition à tous lieutenans faire semblables sentences.

Le mardy 4 novembre 1597, arrêt en audience criminelle d'entre les officiers du baron ou dame d'Allemagne, que la Cour dit que est enjoint aux notaires et autres, mettre aux actes portant de la *Marie Magdeleine*, y mettre *Sainte Marie Magdeleine*.

Le dit jour, arrêt en audience d'entre M. Lagremuse, M. Fontaine, médecin, et Guérin, escuyer d'Aix, beau-fils du sieur Soumat, sieur de Castellan, querellant en emprisonnement de la personne du dit sieur et autres, après avoir plaidé les trois advocats, la Cour l'a remise, et en fait passer le guichet au dit sieur Lagremuse et Guérin.

Le samedy 13 du dit mois, la cause continue, le dit maître Fontaine, accusé d'avoir mis, en faisant les funérailles, d'armoiries diffamatoires, le dit Guérin accusé d'adultère et d'empoisonnement du feu Michaelis, premier mary de sa femme, le dit sieur de Lagremuse accusé d'avoir empoisonné sa mère et le dit sieur de Castellar, M. Laurens a conclu contre le dit maître Fontaine en amende, contre le dit Guérin, présent en audience, d'avoir la tête tranchée, et contre sa femme prise de corps, et contre Lagremuse continuer l'information, et remis en prison.

La Cour, par son arrêt, condamne le dit maître Fontaine en dix escus d'amende envers le Roy, vingt escus envers Guiramand sieur de Lagremuse, les armoiries déchirées, inhibition à luy et à tous faire faire semblables armoiries qu'étoient d'un anneau, d'un panier et les œufs dedans, et un homme par dernier qui regardoit et prenoit le tout signifiant que le dit Lagremuse avoit tout pris; le dit Guérin, qui avoit répondu en audience, serait continuée l'information, et que demoiselle Bernardine, sa femme, seroit prise au corps; et le dit sieur de Lagremuse, respondroit sur l'information, et icelle information continuée; et les dits Guérin et Lagremuse sont été menés en prison.

La dite Cour a fait inhibition à tous appotiquaires vendre aucunes drogues tendant en poison que ne soit par ordonnance du médecin, et sera exprimée la qualité constatée, et les personnes à qui on les baillera; après le dit Lagremuse est sorty des prisons, et aussi le dit Guérin.

Du mercredy 5 novembre 1597, en audience, la dite Cour des Comptes, en une cause des Consuls d'Istres, a cassé et annullé les lettres de contrainte obtenues de M. de Guise, gouverneur, les exploits et actes sur ce fait, inhibition de ne se pourvoir ailleurs que par devant la Cour.

Le samedy 20 décembre 1597, arrêt en audience criminelle d'un d'Istre, appelant comme d'abus, de ce que M. Lieutenant général Bonfils, en vertu de lettres du Roy, sans avoir icelles monstrées à la Cour, avoit dessaisi les héritiers d'un qu'on disoit s'être pendu, et les héritiers soutenaient le contraire; la Cour dit mal abusément et incomplètement avoir été procédé par le dit Lieutenant, et bien appelé, et a fait main-levée; condamne le dit Lieutenant a rendre tout ce qu'il a receu et en dix escus d'amende; inhibition à tous exécuter semblables lettres sans les avoir montrées au préalable à la Cour.

ANNÉE 1598

Le 4 février 1598, premier jour des Cendres, ayant prêché un sorboniste, et aux advents avoit prêché M. Coton, Jésuite, dont le Roy entendant ce a mandé qu'il n'entendoit que aucun Jésuite prêchoit à son pays, pour ce qu'un Jésuite l'avoit voulu tuer, et avoit défendu les dits Jésuites dans son pays.

Le 6 février 1598, délibération de la Cour que les payements des bleds se fairaient du temps du contract avec inthérêts au denier quinze, puis la demande ou à la plus valeur du bled, puis la demande sans inthérêts.

Le samedi 7 février 1598, arrêt contre les poissonnières contenant règlement de vendre poisson.

Le 25 février 1598, a été commencé tenir les Etats au couvent des Prêcheurs, et M. de Guise a fait publier lettres pour faire cottiser le pays pour l'entretènement de douze gallères que sont entretenues au port de Marseille.

Le samedy 7 mars 1598, environ onze heures avant midy, a été fait éclipse du soleil, qui a duré deux heures et plus.

Le 22 mars 1598, Pasques.

Le dernier mars 1598, arrêt de consense hors jugement entre M. le comte de Carces, grand sénéchal, et M. Bonfils, lieutenant général, concernant les assises qui seroient tenues une fois l'an, où le dit Grand Sénéchal se trouvera, et a son absence ou empêchement par le dit sieur Lieutenant Général, étant adverty le dit Grand Sénéchal de l'assignation, et les ordonnances seront publiées sous le nom du dit Grand Sénéchal, et les assises seront faites contre les officiers de la dite comté de Carces, par le dit Lieutenant Général, y assistant le dit Grand Sénéchal.

Le mardy de ..... 28 avril 1598, arrêt en audience entre les Consuls de Rians contre Vassal de Saint-Paul, sur l'appel du sieur Lieutenant des submissions au siège d'Aix, et récision obtenue des actes de cessions faites par aucuns particuliers ayant baillé de billets au dit Vassal pour s'y faire payer aux dits Consuls, et lequel Vassal n'avoit presque rien payé à tels particuliers dont le dit Lieutenant avoit condamné les dits Consuls aux sommes des dites cessions avec inthérêts au denier douze et dépens.

La Cour dit mal procédé, et en enterinant les lettres de récision, casse et annulle les dites cessions, condamne les dits Consuls à payer ce que légitimement sera deu, condamne le dit Vassal en 25 escus d'amende, rendre la gagerie avec dépens, dommages et inthérêts, le dit lieutenant des submissions en dix escus d'amende, le greffier en 6 escus, pour n'avoir endossé les épices, inhibitions à tous de ne faire tels contracts, et l'arrêt publié à tous les sièges.

Le jeudy dernier avril 1598, jour de l'Accenssion.

Le vendredy premier may 1598, M. Marroc, prémissier ; le fils de M. le président Piollenc, Prince d'Amour ; M. du Gal, greffier, Roy de Basoche ; Esperit Barate, Abbé. Le dit Barate a appelé ; le 7 may, arrêt que le dit Barate tiendra sans préjudice de sa qualité.

Le dimanche 3 may, feu de joye de ce que le Roy a gagné la Bretagne par convention faite avec le Duc de Mercœur, le 27 mars 1598.

Le dimanche 10 may 1598, la feste de Pentecoste grand froid, gellée et grelle.

Le mardy 20 may 1598, arrêt de la Cour des Comptes en audience. Arrêt contre le frère de Mme Rostand et un de Varages, ont fait amende honorable, condamné en gallère pour avoir fait quatre-vingt impositions de tailles et exploits faux.

Le jeudy 21 may 1598, jour de la fête de Dieu, et s'est joué le jeu du vieux et nouveau Testament accoustumé, le duc d'Urbin a fait plus que jamais n'avoit fait. M. de Guise a assisté à la procession.

Le samedy 30 may, arrêt publié par ville portant inhibitions porter dorures, parfillures, et passements d'or et argent et autres, suivant l'édit, fors aux personnes réservées par l'édit du Roy.

Le .... juin 1598, arrêt que les audiences soient sursoyées, à cause de la contagion de Marseille, de laquelle a été défendue l'entrée, et a été surcis aux cours des sieurs lieutenants, et au sénéchalat on faisait expédier les causes par-devant commissaires, lesquels le sieur lieutenant bailloit par requête des sieurs conseillers, a estably le logis de Brioules pour délivrer bled à Marseille.

Le 9 juillet 1598, arrêt conte Aubert, marchand, du palais d'Aix, confirmant la sentance du Viguier d'Aix, par laquelle le dit Aubert est condamné à être pendu et estranglé pour avoir tué sa femme, sœur du Bruis, aussi marchand, lequel a été exécuté; le commencement est advenu de ce que sa femme avoit le bled à plus petit prix qu'il ne valloit, et luy donna quatre ou cinq coups de couteau, dont elle en mourut, et le dit couteau fut brisé, et par ce le mal est advenu par avarice.

Paix du Roy de France avec le Roy d'Espagne et duc de Savoye, faite le 2 may 1598.

Le samedy 10 juillet 1598, la Cour, en robe rouge, a tenu audience avec M. le duc de Guise, gouverneur, et a été publiée l'ordonnance et volonté du Roy, contenant inhibitions à tous ses subjets contrevenir à la paix d'entre luy faite avec le Roy d'Espagne et duc de Savoye, où M. Laurens, advocat général, a fait une belle remonstrance des malheurs passés, le tout appaisé par la dite paix, laquelle a été publiée par ville, y étant les deux greffiers en robe rouge, M. le Lieutenant, Viguier, Consuls et autres environ cinquante.

Le dit jour, MM. de la Cour, le dit sieur de Guise, Consuls, Officiers et tous ceux de la ville ont assisté à l'église Saint-Sauveur, où a été dit le cantique *Te Deum laudamus* avec grande solemnité.

Du lendemain dimanche, 11 du dit mois, grande procession générale MM. en robe rouge, M. de Guise au milieu de MM. Chayne et Piollenc, présidents, tous les officiers en ordre.

L'après-disner, grand feu de joyes à la place des Prêcheurs, dressé en façon de chasteau avec ses pyramides, et au milieu y étoit le feu et un personnage appelé Furie, étant dans un petit château dressé neuf cannes de haut, armé de choses artificielles de feu, et à l'entour des pyramides y avoit cinq filles ayant serpens sur la tête qu'étoient les cinq musiques, et après avoir rendu grâce à Dieu, le feu fut environné de M. de Guise, et MM. les Consuls procureurs du pays ayant six entorches, deux blanches et quatre jaunes, tous les cartiers en armes, le dit sieur de Guise y a mis feu, et après MM. les Consuls.

Le premier aoust 1598, Berre a été mise sous l'obéissance du Roy, et les gens du duc de Savoye qui le détenoient s'en sont allés.

Le samedy 8 aoust 1598, M. de Croze, conseiller en la Cour, décédé, ensevely le 9e du dit mois aux Frères Mineurs.

Le dit jour, 9 aoust 1598, maître Riquet, procureur en siège décédé, ensevely le 10 du dit mois à l'église des Prêcheurs.

Le vendredy 28 aoust 1598, lettres du Roy données à Montaux le 4 du dit mois, publiées par ville, à trois trompettes, contenant défense des armes de feu et autres.

Le samedy 29 aoust 1598, nouvelles que aucunes levées en armes ont failly d'avoir pris de nuit Saint-Maximin par escalade, le bruit est qu'étoient deux ou trois cents, les chefs, les sieurs Despinouse et de Sénas; sont esté faits plusieurs prisonniers, et entre autres un jeune nommé François Quarantême de Marseille, un nommé Minuty de Bras, et un capitaine Jean Barbier de Peyrolles, prisonniers, puis deux jours à Hyères. Par arrêt du 9 septembre 1598, sont esté condamnés et exécutés, Quarantême tranché la tête, Minuty pendu, et Barbier mis sur la roüe.

Le vendredy 4 septembre 1598, arrive un soldat à la porte, n'estant peu entrer, se seroit mis au jardin de M. d'Aix, le lendemain seroit été trouvé mort, et pour les blessures on ne l'a peu cognoitre ; à ses accoutremens, sembloit être gentilhomme; la justice a fait faire prisonniers le jardinier et un bouchier.

Grande sécheresse, n'ayant plu puis le mois d'avril jusques au jour de Sainte-Croix, 14 septembre 1598, et le jour dont on faisoit grandes processions, même les Frères Mineurs, qui portoient l'image Notre-Dame de Grâce et de Saint François, relevé en argent où étoient les Pénitents, filles et neufves, la pluspart les pieds nus ; et y a paûvre récolte de raisins et bonne récolte de grains.

Le 13 septembre 1598, règlement fait par la ville d'Aix, approuvé par arrêt, que les Consuls et conseil vieux et nouveaux fairont le nouveau état avec trente de cent qui seront embalotés, et deffaillant aucuns ne seront point subrogés, et ne seroit baillé à chacun qu'une ballote noire, et seroient faites deux grandes boites, l'une rouge et l'autre jaune : la rouge, pour recevoir, la jaune, pour refus; et au préalable presteront serment par-devant les commissaires, et ne sera nommé aucun par ceux qui sortent.

Le samedy 26 dudit mois, a été procédé au dit nouveau état, assistant M. Flotte, M. de Cadenet, conseillers et commissaires, M. l'advocat général Laurens, et M. le lieutenant général Bonfils; et après avoir nommé le rolle du Conseil vieux et nouveaux et des trente cités en nombre de 75, desquels j'en étois un; tous ont prêté serment pas devant les dits commissaires, et après a été procédé à l'emballotement et création du dit nouveau état, M. de Magnan, assisté de plusieurs, s'est opposé, disant que tel règlement étoit fait contre l'ancienne coutume, et nonobstant la dite opposition et fait à se pourvoir, a été dit que sera passé outre, et en exécution de ce a été nommé M. de Reauville, mais n'a eu aucune voix; M. Bussan pour second consul, pour estre parent de M. Flotte, accesseur, est emballotté; M. de Collongue est premier consul; M. Geoffroy est second consul; M. Audibert, accesseur; sire Beaumont, tiers consul; trésorier, maître Ciprien; M. de Bosco, capitaine de Saint-Jean; M. Hugolemy, capitaine des Augustins; M. Brecy, capitaine des Frères Mineurs; M. ...., capitaine du Bourg; M. Salla, capitaine de Bellegarde.

Le 27 septembre 1598, sire Beaufort, marchand, décédé. Lendemain sa femme, sœur de M. Garron, décédée et ensevelie.

Le conseil de la commune d'Aix a fait une cotte contre les particuliers d'Aix authorisée par le Parlement et Comptes jusques à vingt mil escus, et pour n'être égale y a eu plusieurs opposants, et ont plaidé par-devant la dite Cour des Comptes; et étant entamè, la Cour de Parlement, du 5 novembre 1598, a fait arrêt contenant de plaider par devant la dite Cour des Comptes, et inhibition de ne plaider par-devant la dite Cour des Comptes la dite cause.

Et du lendemain 6 novembre, la dite Cour des Comptes a fait contraire arrêt de continuer la cause, et n'ayant les advocats voulu plaider, a déclaré d'informer le Roy sur le transport de jurisdiction, et inhibition de n'exiger la cotte, ny de en faire aucune autre sans commission du Roy, la Cour de Parlement a fait autre arrêt par lequel casse et annulle la cotte, et baille permission faire assembler conseil général pour faire nouvelle imposition.

Le dimanche 22 novembre 1598, conseil général qu'a été imposé 20 sols pour charge de farine, deux sols pour charge des raisins et des fruits qu'entreront dans Aix, et sera exigé et employé à l'acquittement des debtes.

La dite imposition a été cassée par arrêt de la Cour.

Le vendredy 25 décembre jour de Noël.

ANNÉE 1599

Le jour de Saint-Mathieu, 24 février 1599, le premier jour de carême.

Le vendredy 26 février 1599, édit publié à la chambre contenant creüe d'un président et cinq conseillers en la Cour de Parlement, M. de Bras, président, M. Laydet, M. Meynier, M. Menelly, M. Perier, M. Lecuges, conseillers.

Au dit mois, parce s'est trouvé une nonnain de Saint-Barthélemy enceinte, fille jeune du sieur de Thorasme, a été mise hors du monastère et faite prissonnière.

Le mercredy 9 mars 1599, à l'isle du Château-d'If de Marseille, est arrivée dame Catherine, fille du Roi de Bohème, promixée de l'Empereur, venant des Allemagnes pour espouser le Roy d'Espagne, accompagnée de l'archiduc d'Autriche, allant aussy espouser la sœur du dit Roy d'Espagne, et de 42 gallères dont le chef estoit Andrivète Dorio, plusieurs princes, gentilshommes, princesses, dames et demoiselles, même M. d'Aumalle, cousin du sieur duc de Guise, sans que ladite Reyne soit entrée dans Marseille, ains demure aux dites isles jusques au samedy 20 du dit mois de mars, que s'en sont départis pour aller en Espagne, et auparavant avoit demuré à Thollon plus de quinze jours, la galerie de la Reyne étoit dépeinte toute d'or fin, les vitres de cristal, les chaynes d'or, tous les matins descendoit en terre, faisoit faire une chapelle et faisoit dire messe, avoit musique, clerins et aubois.

La dite Royne avoit sa mère, et sa gouvernante qu'alloient de suite avec elle, et le dit sieur d'Autriche, et après les autres de sa suite en grand nombre, et faisoit grande dépense ; on disoit qu'elle avoit sept mil escus tous les jours.

Le vendredy 11 d'avril 1599, jour de Pâques.

Le mardy 20 avril 1599, lettres du Roy publiées pour tenir les Etats, et sont esté tenus au réfectoire des Prêcheurs. résolu n'avoir qu'un poids et une mesure, M. le Lieutenant-commissaire a fait rompre les mesures du bled et de l'huile, et en a fait faire des nouvelles.

Le premier may 1599, Roy de Basoche, M. Roux ; M. de Porrières, Prince d'Amour ; Abbé, Balthezar Nicolin ; ledit Roy de Bazoche est appelant ; par arrêt a été deschargé pour être marié.

Et du 9 may a été mis Aymar, clerc du sénéchal.

Le 5 may, qu'étoit la veille de Saint-Jean-Porte-Latine, la Cour des Comptes vouloit solemniser la dite fête, comme fait la Cour de Parlement.

Le jour de Saint Nicolas, la dite Cour de Parlement les a gardés de ce faire, ayant fait arrêt contenant inhibitions aux musiciens et violons de n'aller au palais, et a fait mettre les archiers du Prévost aux portes du dit Palais.

Le 20 may 1599, l'Assension.

Le vendredy 21 may 1599, la Cour, par son arrêt, les chambres assemblées, suivant l'édit du Roy autrefois vérifié, déclare à la requête de M. le Procureur Général et gens des trois Etats, que le fait des tailles appartiendra aux juges et leurs lieutenants des lieux, et dit par appel aux lieutenants du Sénéchal, inhibitions de ne s'adresser à autres, et au garde-sceau de ne faire l'adresse ailleurs, de même aux rémissions des Comptes.

I — 22

Le mercredy 26 may, la Cour des Comptes a fait arrêt au contraire.

Le 22 may, la Grand' Chambre est allé tenir les grands jours à Marseille.

Le jeudy 3 juin 1599, en audience, par-devant la Cour de Parlement, lettres du Roy publiées, que ne seront faites aucunes vacations.

Autres lettres, que toute la dépense de la guerre indifféremment, tant d'un party que d'autre, sera payé par le pays.

Le lundy 7 juin, jour de Saint-Maximin, grande pluye, et la barque de Pertuis s'est renversée, et a noyé gens et bestail.

Le jeudy, jour de la Fête de Dieu, 10 juin 1599, a été joué le jeu du vieux et nouveau Testament, et à l'octave aussy.

Le vendredy 11 juin 1599, lettres de révocation d'évocation des communes et chapitres.

Autres lettres, que M. de Mazan tiendra le sceau, et à son absence ou empeschement le Doyen ou autre de la Cour de Parlement et non des Comptes tout publié en l'audience du Parlement.

Le jeudy 17 juin 1599. Départ de M. de Guise, lequel est allé en France.

Puis la my juin 1599, jusques à la fin grand froid, neige et gros vents.

Le samedy 3 juillet 1599, M. du Vair, qui avait présidé à Marseille, est venu de France et est entré le dit jour dans Aix, logé à la maison de M. de Saint-Martin que souloit appartenir à M. le président Pellicot, et a porté le dit sieur du Vair sa provision de Premier Président en ce pays auquel a été fait grand honneur ; le lundy 5 du dit mois, le dit sieur a présenté ses lettres, et a été receu par la Cour.

Le mardy 6 dudit mois a tenu audience et a été plaidée une cause des Consuls de Forcalquier par appel du lieutenant sur l'empeschement du nouvel état des Consuls faits les fêtes de Pentecoste, a été dit que sera proveu de commissaires pour faire le dit nouvel état. M. Parisi et autres adjournés en personne. Le dit sieur se nomme Guillaume du Vair et n'y a point de vacations suivant les lettres du Roy publiées à la Cour aux causes que sont en état.

Le jeudy 29 juillet 1599, en audience édit du Roy contenant érection de la chambre my partie pour les Comptes sur la réduction des debtes, et révision des Comptes, laquelle chambre a remis conseillers aux villes, et aux châteaux advocats, les quels ont fait plusieurs réductions pour les communes.

Le dit jour, arrêt en audience que le délay étably aux communes courira, et quant aux debtes non comprises au délay, les Consuls mettront fonds et les créanciers prendront les fruits au plus haut prix qu'ils vaudront à la fin du mois de septembre prochain.

Le 3 aoust 1599, règlement fait par la chambre my partie composée moitié de Parlement et moitié des Comptes sur la réduction des debtes.

Vendredy 21 aoust 1599, environ trois heures après midy, a fait tonnerres, même que la foudre est entrée dans l'église des Capucins et a party l'autel de la dite église, fait la custode noire en disant salué, et n'a fait mal à personne, plus a ruiné la bastide de Saulvecane en partie, et a mis un baston ferré en trois pièces.

Le 20 septembre, arrêt de François Jaquesme contre veu les pièces condamnés au bestail pris au temps de guerre et fruits.

Le samedy 2 octobre 1599, ont été faits les Consuls d'Aix, sçavoir M. de la Coste, premier consul, M. Chartons, accesseur, M. de Mories, second consul, M. Bertrand Borilly, fils dudit trésorier, tiers consul, M. Meyronnet, trésorier, André, capitaine.

Mis en possession le jour de tous les Saints.

Le 24 mars 1599, arrêt de réception de raport fait sur la liquidation du bestail nonobstant la nullité avancée n'avoir appelé que le précédent.

Grande sécheresse pour n'avoir plu de tout l'été, puis le mois de juin jusques au dernier octobre, et on a semé la pluspart sans pluye.

Le mois de décembre grande pluye a fait plusieurs dommages.

Le dit mois de décembre 1599, arrêt en audience entre un Filhol, sargent de Forcalquier, qui avoit mis aux prisons du palais un venant en cette ville d'Aix, et Beraud aussy sergent du dit Aix, lequel de son authorité auroit constitué prisonnier le dit Filhol, lequel se seroit plaint à la Cour, laquelle a relaxé le dit Filhol, et luy a fait inhibitions faire exécutions hors de son ressort, et le dit Beraud condamné à six escus d'amendes pour l'avoir emprisonné.

Le jeudy 23 du dit mois, M. du Vair, premier président, a publié un arrêt général d'entre la veuve d'un Sarlin de Marseille demandant légitime d'un sien enfant décédé après le père en pupillarité nonobstant le testament du père, par lequel faisoit substitution en cas que l'enfant décédât en pupillarité.

La Cour a débouté la dite veuve de tous les droits qu'elle prétendoit par le décès de son enfant, fors du légat à elle fait par le testament du père, tellement, puisque le père a testé faisant substitution pupille par le décès d'un pupil, on n'y peut prétendre rien parce que le pupil ne peut de rien disposer, puisqu'il y a testament du père contenant ladite pupillante en substitution, vérité que le dit arrêt a été fait les trois chambres assemblées.

Le dit jour, 23 décembre 1599, M. de Vallegran, archevêque d'Aix, est entré, et a été receu, et mis en possession, on luy a fait entrée, et au-dessous du reloge a été habillé en Archevesque et conduit à l'église Saint-Sauveur baillant sa bénédiction où étoient deux évesques l'un de Sisteron et l'autre de Grasse, que luy portoient la cape, et dernier tous les chanoines, prêtres et religieux en procession, et MM. les Consuls et autres en grande compagnie, et après avoir chanté le *Te Deum laudamus* et baillé sa bénédiction, est allé à la sacristie et après à l'Archevesché.

Le dit jour, arrêt criminel contre le fils de Salvadour Gartia, chirurgien, lequel, suivant la sentence du Lieutenant du premier décembre, par défaut, à la requête d'Estienne André, et Magdeleine, sa fille, querellant en rapt contre Jean-Pol Gartia, lequel a été pendu et brûlé en effigie pour avoir ravi une fille d'Estienne André dit Magi, et icelle fut enceinte de deux enfants, lesquels enfants sont morts pour les abreuvages qu'il bailloit à icelle pendant qu'étoit enceinte, après il se seroit marié à une autre femme dont a été fait une chanson *Incare lou mau ly dure*, le dit Salvadour procède contre luy extraordinairement devant, et la fille du dit Salvadour l'aînée adjournée en personne.

Samedy 25 décembre, la feste de Nohel, grandes pluyes.

ANNÉE 1600

Le samedy 8 janvier 1600, M. de Mazan, premier président aux Comptes et garde-sceau est décédé enseveli à l'église des Prêcheurs, et y a eu question entre les gens du Roy et les auditeurs sur la préséance, lesquels ne se sont trouvés aux funérailles.

Le samey, M. de Saint-Marc, conseiller, décédé d'un catarre, a été enseveli à l'église des Prêcheurs.

Le dimanche dernier janvier 1600, étant M. le Premier Président à l'église Saint-Sauveur, M. l'Evêque de Sisteron l'a voulu préférer et se mettre après M. d'Aix, et sur ce y a eu altercation, et lendemain la Cour s'est assemblée et a déclaré que le dit Premier Président préférera les Evêques.

Le mardy 8 janvier 1600, de relevée en audience, la chambre my-partie jugeant ung appel des inthérêts d'une debte de communauté à un particulier appelant d'un commissaire député sur l'exécution d'une debte et règlement, a mis l'appellation et ce dont a été appelé au néant, et par nouveau jugement a adjugé les inthérêts au créancier au denier quinze, puis le terme du payement eschu, de l'obliger jusques au jour de la publication de l'édit, et au denier vingt puis le dit édit.

Le 16 février, premier jour des cendres.

Le 2 avril 1600, Pâques.

Le 10 avril 1600, arrêt entre Jean Deborses de Marseille, appelant au Lieutenant d'Aix contre Martin Esguesier, la Cour, en audience, sur l'exhibition du livre de raison, l'appelant vérifiera le défunt n'a tenu autre livre que celuy qu'a été exhibé, et baillera rolle des actes, et jurera être véritable.

Du 16 avril 1600, arrêt en audience par lequel permet aux gentilshommes porter les arquebuzes, et fait inhibition au peuple porter arbalestes.

Du 14 avril 1600, la chambre my partie a fait règlement sur la commission, et procédure de la réduction des debtes et révision des comptes.

Le mercredy 19 avril 1600, M. le duc de Guise est revenu de France, et arrivé en cette ville d'Aix, où toute la Noblesse et MM. les Consuls et autres l'accompagnoient, et a fait tenir les Etats commencés le 25 avril, finis le 10 may 1600. Résoleu que sera fait autre prix et mesure.

Le 27 juin 1600, cries de ne s'ayder des vieilles mesures et prix.

Pour le plaisir du dit sieur de Guise et Noblesse, MM. les Consuls ont fait faire un nouveau jeu de Pallemar au chemin de Notre-Dame de l'Accès et cries que autres que ne soit de qualité ny jouera par ordonnance du Lieutenant fait à la chambre le .. juin 1600.

Le lundy premier may 1600, sont été faits : M. de Saint-Marc, Prince d'Amour; M. Bonaud, Premissier; M. Cabasse, Roy de Bazoche; sire Beaufort, Abbé de la ville ; le dit Roy et Abbé sont appelants.

Le 4 may 1600, arrêt que le Roy de Bazoche tiendra, et l'abbé n'a pas poursuivy l'appel.

Le 5 may 1600, les lettres de l'office garde-sceau sont été publiées et été registrées au greffe de la Cour de Parlement, au profit de M. du Vair, premier président, lequel a esté receu et le sceau luy a esté baillé, et a tenu et tient le dit sceau.

Le dimanche 21 may 1600, jour de Pentecoste.

Puis le mois de novembre 1599 jusques à la fin de may 1600, grand froid, et sont morts les semés en plusieurs terres, bestails, arbres, souches, herbes des jardins et prés à cause du mauvais hyver, et le quintal de la paille se vendoit dix-huit sols et le foin quarante sols le quintal et plus, chose que ne c'estoit veue de longtemps.

Le sieur Archevêque d'Aix a fait règlement par tout son diocese que ne se lèveroit plus lettres de mariage, monitoires ny excommunicatoire, et que par après on aura le billet du mariage que par trois fois le curé faira entendre le nom et le surnom des mariés, et s'il n'y a contredit, la donnation des corps qu'on dit fiançailles se feront dans l'église et non à la maison, ainsy a été observé.

Le 7 juillet 1600, le sieur président Carreolis décédé et enserely à Tarascon.

Le dimanche 10 juillet 1600, délibération du conseil d'Aix que se fairont les bains en allant à l'Observance de l'eau chaude trouvée par les Romains, laquelle est trouvée bonne pour les malades.

Le lundy 11 juillet 1600, à midy, a été l'éclipse du soleil, a fait grand vents et grands froids.

Le mardy 5 aoust 1600 est arrivé à Aix M. le Grand, fils du feu sieur de Termes, accompagné de quarante ou cinquante gentilhommes, auquel la ville a fait grand honneur, logé à la maison du sieur de Fare, mandé par le Roy pour aller espouser la dame duchesse de Florence, femme du Roy, et l'accompagne à Marseille, où le Roy se doit trouver pour la recevoir, et lendemain le dit sieur est party.

L'an 1600, 23 septembre, par acte receu par Me Garnier, notaire, demoiselle Marguerite d'Arcutia, tant en son nom que du sieur de Raphelis, sieur de Saint-Martin, vend aux Consuls d'Aix, maître Chartras, accesseur, la maison et jardin qu'étoit de feu M. le président Pellicot pour quatre mil escus, et ce pour l'habitation des sieurs gouverneurs de ce pays.

Le 27 septembre 1600, la Cour fait arrêt crié par ville que chacun se tint prest avec les armes, que seront commandés par capitaines, pour l'entrée du Roy.

Le samedy 30 septembre 1600, après le jour Saint-Michel, a été fait le nouvel état, présents maîtres Flote et Arnaud, conseillers en la Cour, M. de Puyloubier, premier consul, M. de Cormis, le fils, accesseur, sire Barthelemy Dedon, 2e consul, et sire Espérit Audiffredy, tiers consul; trésorier, sire Emeric Blanc.

Avoient été nommés M. de Genson, premier consul, M. de Montauron, fils du sieur de Thanaron, accesseur, M. Pene, le fils de feu Gaspard Honnorat, sieur de Porcils, second consul, et maître Claude Marrot, tiers consul, et sont été néants pour y avoir plus de bolettes de refus que de recepte.

Le 12 octobre 1600, lettres du Roy publiées au siège, que tous gentilshommes se trouvent au 15 de ce mois au siège qu'est au-devant de Monmeillan, où le Roy est contre le prince de Savoye, et a composité avec le Gouverneur que s'il n'avoit secours dudit prince entre cy et le 16 du dit mois de novembre, rendroit la place, et n'ayant eu secours, le Gouverneur a rendu la place au Roy.

La dite année 1600, y a eu double récolte de vin, dont la meilleirolle du vin ne se vandoit que douze ou quinze sols, et on remplissoit les tines à faute de vaisseaux.

Le .. octobre 1600, M. le président Blancard décédé, et ensevely à Marseille.

Le mardy 24 octobre 1600, à la maison de la ville est entré M. des Arches qui a fait entendre l'édit fait par ceux de la religion demandant un cimetière, et ont fait prêter le serment aux Consuls et Conseillers.

Le 26 octobre 1600, voulant M. l'accesseur Chartras faire tenir conseil et Etats, tous assemblés, M. de Beauville et autres ont dit que le dit accesseur ne pouvoit tenir conseil sans un consul, et s'en seroient sortis, le dit accesseur a protesté et soutenu par lettres pattentes qu'il étoit consul et le pouvoit tenir sans les autres, puisqu'ils sont absents, et n'a été rien fait pour n'être en nombre.

Le dimanche 29 octobre 1600 matin, environ une heure après minuit, le grand logis de M. de Lapenes qu'étoit au chemin allant à Marseille, est tout tombé hormi les murailles maîtresses, et a tué gens et bêtes environ vingt-cinq ou trente, tant gens de qualité que muletiers, et n'est échappé que Maurel, sergent, fort blessé, Ollivier mort, et autres, la cause est advenue par le moyen de la tempête et foudre qu'est tombé du ciel audit logis, les dites gens alloient à Marseille à la venue de la Reyne.

Le lundy 30 octobre 1600, sont arrivés en cette ville d'Aix, M. le Connectable et M. le Chancellier logés chez M. Aymar et M. de la Force, la ville y sont allés avec les violons et les cornemuses; l'endemain sont allés à Marseille, pour se trouver à l'arrivée de la Reyne.

Le vendredy 3 novembre 1600, la Reyne nommée Marie de Médicis, venue de Florence, est arrivée à Marseille, envyron quatre heures après midy, avec dix-huit gallères, et y a demuré jusques au mercredy 16 du dit mois qu'est despartie, et est venue coucher à Saint-Jean, et M. le Connectable, M. le Chancellier sont entrés au dit Aix.

Le jeudi, 17 du dit mois, la Reyne est arrivée, a fait son entrée et de Saint-Jean est allée à Notre-Dame de l'Accès, où à côté l'église y avoit un théâtre, où tous MM. du Parlement étoient en robbe rouge, et se sont mis à genoux au-devant de la Reyne, à laquelle M. le Premier Président a fait harangue, comme aussy M. de Cormis, accesseur, pour le pays, et après se sont mis en ordre : en premier lieu M. le Premissier avec les advocats représentant le Collège ; secondement les sergents, greffiers, MM. les Lieutenants, MM. Bonfils, Aymar, avec MM. Rémuzat, Estienne et autres conseillers du siège ; tiercement les huyssiers de la Cour des Comptes, MM. les auditeurs, MM. les Généraux et Cour des Comptes tous habillés de satin, et M. le président Cépède de velours ;

Quartement, les huyssiers de la Cour de Parlement, MM. les présidents du Vair, Chaine, Piollenc et de Bras, MM. les conseillers en robbe rouge. En cinquième lieu M. le duc de Guise, gouverneur, et toute la Noblesse tous à cheval ; après venoit M. le Connectable, le frère bâtard de la Reyne ; après la Reyne, sur une litière de velours et or, MM. les cardinaux de Gondy, Joyeuse et autres, et est entrée par la porte des Augustins, après dans l'église Saint-Sauveur d'Aix, et d'illec à l'archevêché, le tout avec une grande solennité.

Et le lendemain est départie et s'en est allée à Sellon, Avignon et à Lyon trouver le Roy.

(Le 27 septembre 1601, la Reyne a fait un fils qu'on nomme le Dauphin).

Le 20 novembre 1600, arrêt à la barre que les armes à feu sont prohibées, publié au siège le 23 et crié par la ville le 24 dudit mois.

Le dit jour, 23 novembre, s'est plaidé une cause au siège d'Antoine Durand contre la veuve d'iceluy, laquelle demandoit la donation de mil escus étant en secondes nopces, et la fille du premier lit, n'avoit que cinq cens escus de légat, M. le lieutenant général, par sentence, a reduit la donation à ladite veuve à l'égal du droit que a la fille du premier lit.

Le dit jour, en audience, la Cour, par son arrêt, d'un de Marseille, mineur, qui avoit fait la guerre, demandeur en récision d'achept d'un cheval, pendant par apel a intériné la lettre, cassé l'acte et condamné le mineur à payer le prix du cheval ce que seroit estimé valoir au temps de l'acte, inthérêts au denier quinze, dépens compensés.

Le vendredy 22 décembre 1600, la Cour en robe rouge, a été publié par M. de Piollenc, sieur de Saint-Jollien, tiers président, un arrêt général, d'entre Antoine de Puget de Roquebrune, demandeur en fidei commis de l'héritage du feu Pierre, par le décès de Raymond, son fils et autres de la suite du Puget, dont demoiselle Isabeau du Puget, tenancière des biens, ladite Isabeau prétendant qu'elle étoit plus proche, et que le demandeur n'étoit parent, étant descendu d'un bâtard, n'étant point noble, et que son père étoit charpentier et le demandeur cordonnier, et que les vrays Pugets étoient sieurs de beaucoup de places, enfin vérifié le demandeur être plus proche que ladite Isabeau, le fidei commis a été adjugé avec fruits puis la demande, et ladite Isabeau a été condamnée.

ANNÉE 1601

L'an 1601 et le lundy 5 février, la Cour tenant audience, se serait trouvé à la salle de l'audience un coupeur de bourse, lequel le Lieutenant de Viguier vouloit constituer prisonnier, et l'huissier l'a pris, et iceluy conduit à l'audience au-devant Messieurs; lequel, après avoir été interrogé par M. du Vair, président, la Cour l'a condamné à estre foëté par l'exécuteur de la haute justice, à estre exécuté incontinent par ville et bourg.

Le vendredy 9 février 1601, est arrivé le sieur cardinal de Gondy, neveu de Notre Saint-Père le Pape, venant du Roy pour faire la paix entre le Roy et le Prince de Savoye; tous MM. des églises sont allés au-devant avec la Cour; on avoit fait parer les maisons de rue droite, où devoit passer; mais le dit sieur est passé par la porte des Frères Mineurs et est allé à l'Archevesché, arrivé de nuit, et lendemain matin s'en est allé prenant son chemin vers ....

Le jeudy 16 février 1601, le soir en sortant des dances de la dame de Fuveau, les enfants du sieur conseiller Flotte, dont l'un n'avoit que trois jours qu'avoit passé docteur, avoient question avec M. de la Gallinière, l'advocat Cibollin, se rencontrant tous ont mis main à l'épée, ont combattu, et se sont trouvés tous griefvement blessés.

Le lundy, 19 du dit mois, le dit docteur M. Flotte est décédé ensevely lendemain à l'église Saint-Sauveur.

Dès lendemain la Cour a fait faire inhibitions porter armes en masques, que autrement de nuit.

Le lundy 19 février 1601, les Etats ont commencé d'entrer; M. Cépède, président aux Comptes, a fait la préposte.

Le jeudy 22 février 1601, quatre régiments du Roy ont passé près de la ville d'Aix, logés à Bouc, Gardanne et autres lieux, même le régiment du fils de M. le Connectable M. de Montmorancy, où y avoit quatre capitaines; quatre enseignes et soldats ont passé auprès le logis de Nicollin, sont allés à Gardane.

Le vendredy 23 février 1601, arrêt en audience, un demandoit 2000 écus de la donation et 1000 écus de légat, en vertu du testament du père contre l'héritier, pour ce que le demandeur n'a voulu quitter le légat et a persisté à tous; a été dit que le bien sera estimé pour voir si est capable pour tout, cependant adjugé les inthérêts de la somme donnée a cinq pour cent au demandeur.

Le dit jour, arrêt en audience sur la vérification des lettres du Roy, pour avoir de luy à payer les debtes des communautés entre cy et Saint-Michel, pour chacun a été dit que sera montré aux Etats.

Le dit jour 23 février 1601, arrêt à la barre que le greffier d'Aubagne qui avoit mal escrit une enquête que les lignes étoient trop larges, a été condamné à 6 escus d'amende envers le Roy.

Le 25 février 1601, le sieur président Blancard et Mme la présidente de Fuveau sont décédés, et ensevelis le dit sieur à l'Observance, la dite dame à la Magdeleine.

Le mardy 6 mars 1601, dernier jour de carême entrant, pluyes et tonnerres.

Le 7 du dit mois, carême, froid.

Le samedy, 10 du dit mois, par arrêt, une femme a été pendue pour avoir fait un enfant et iceluy jetté dans un puys, qu'est proche l'église Saint-Laurens de cette ville d'Aix.

Le 15 mars 1601, arrêt à la barre de dame Camille de Grimaut, baronne de Cereste, contre le baron de Vence, que les inthérêts n'excèderont le capital.

Le mardy 20 mars 1601, la paix a été déclarée, et a été dit dans l'église Saint-Sauveur *Te Deum laudamus,* publié le dit jour à la Cour et lendemain par la ville, c'est la paix d'entre le Roy et le Prince de Savoye.

Le dimanche 20 du dit mois, feu de joye, M. de Guise, gouverneur, y a mis feu.

Le second avril 1601, ceux de la religion prétendue et réformée ont obtenu édit pour faire exercice de religion. M. des Arches a fait ordonnance que à Velaux pourront faire le dit exercice, et commis M. le Lieutenant général pour les mettre en possession. MM. César, advocat, et François Giraud étant de la dite religion, ont fait les poursuites, et le dit jour, à la chambre, le dit sieur Lieutenant a commis M. Dodon pour les aller en possession, et ont été installés au dit Velaux.

Le 5 avril 1601, M. Guiran, conseiller aux Comptes, décédé puys le 1er janvier, comme on dit, a été gardé mort à cause de debtes, a été ensévely dans la chapelle des Frères Mineurs.

Le lundy 9 avril 1601, par arrêt, un prêtre d'Ollioulles, condamné en Arles à finir sa vie entre quatre murailles, pour avoir abusé d'un jeune enfant, comme si étoit femme, faisant comme Sodome et Gomorrhe, étant le dit enfant mort pour avoir été forcé, a été le dit prêtre bruslé en la place des Jacobins sans avoir été dégradé, pour n'avoir, le sieur Archevêque d'Aix, le voulu dégrader, ores qu'il soit été requis, ains avoit inhibé à tous les prêtres d'Aix de n'escouter en confession Messieurs de la chambre criminelle qui avoient condamné le prêtre à mort.

M. le Procureur Général a appelé comme d'abus, et par arrêt, les chambres assemblées, du 5 may 1601, a dit avoir été abusément procédé par le dit sieur Archevêque, et condamné à déclarer, présents tous les curés et confesseurs du dit Aix, en public, qu'il a mal procédé d'avoir fait les dites inhibitions, et le condamne à 3000 écus d'amende.

Le vendredy 13 avril 1601, deux arrêts généraux publiés par M. Chayne, second président, assistant MM. de Saint-Jullien et de Bras aussy présidents, et de la plus part de Messieurs tous en robe rouge, l'un d'entre les hoirs de Gaspard Pignol lequel avoit fait testament et après donation rémunératoire de ses biens, prétendant la dite donation postérieure ne vouloir rien, la Cour a adjugé le tiers du bien à chacun tant des demandeurs que des défendeurs.

Et l'autre arrêt d'entre Granets de Marseille, demandeur en fidei commis et désemparation des biens fidei commissaires contre les tenanciers, les ayant acquis de l'héritier qui les avoit aliénés pour sauver sa vie, ayant tué un, comme disant, que pour cause nécessaire les avoit pu aliéner ; et prétendoient les tenanciers ne les devoir désemparer ; la Cour a dit les dits fidei commis ne pouvoir être aliénés, condamne les dits tenanciers à les désemparer, dépens compensés.

Le mercredy 18 avril 1601, est venue nouvelle que, à Marseille y avoit trahison, gens accusés d'avoir conspiré la mort du Roy, et rendu Marseille au Roy d'Espagne, dont la Cour s'est assemblée et dit que MM. iraient au dit Marseille avec les gens du Roy, et prévost du Mareschal, et y sont allés M. le Premier Président du Vair et Messieurs d'environ dix ou douze, et de MM. des Comptes; on dit qu'il y avoit environ trente prisonniers, même un Maurice de l'Isle pris en Avignon, lequel étoit grand compagnon du feu Cazau, lequel Maurice a été fait incontinent son procès.

Du lendemain jeudy, a été condamné et exécuté à la roue, ses membres coupés au dit Marseille.

Pasques, 22 avril 1601.

La dite année, grand froid par le moyen duquel la plupart des olliviers et orangiers sont morts.

Le premier may 1601, M. de Sainte-Marguerite, Prince d'Amour; le Primissier, M. Margaillet; Roy de Bazoche, Prince de Rians; Abbé, Cocullat.

Le 15 juin 1601, édit publié au siège que des procès de ceux de la religion dont ils ont évocation à Grenoble quant aux tailles, appartiendront à la Cour des Comptes, M. le Lieutenant a vérifié l'édit, sans préjudice de ce que les tailles en première instance luy appartiennent.

Le dimanche 17 juin, au dit an, à l'église de l'Observance, M. d'Aix, M. de Vence, M. de Riez ont receu M. d'Aurimage pour évêque de Gap avec grande solennité.

Le premier aoust 1601, jour de Saint-Pierre, deux petits enfants de six ou sept ans, qu'étoient frères fils d'Espérit Léothaud, se sont noyés dans les étubes proche de l'Observance, et le dit jour, la femme du dit Léothaud, qu'étoit enceinte, a fait un fils.

Le 16 aoust 1601, j'ay baillé mon testament par moy escrit, signé, à M. Anglès qui l'a publié, présents sept témoins, et l'a par devers luy.

Le dit jour, M. Michaelis, conseiller aux Comptes, est décédé et ensevely lendemain à l'église des Prêcheurs.

Le samedy 30 septembre 1601, jour de Saint-Michel, a été procédé à la création de MM. les Consuls et Accesseur, M. de Baumettes d'Apt, premier consul ; M. Ferreporte, accesseur ; M. Honoré Michaelis de Bellegarde, second consul ; M. Cortin, tiers consul ; sire Chassignolle, appariteur trésorier, sans contredit.

Avant Saint-Michel, grand froid.

Le jeudy 4 octobre 1601 est arrivé un courrier de France portant lettres du Roy à la Cour que la Reyne avoit fait un fils le 27 septembre au dit an, le dit jour a été dit *Te Deum laudamus*.

Le dimanche, 7 du dit mois d'octobre, a été faite procession générale, la Cour en robe rouge ayant fait le tour par ville, comme le jour de la Fête de Dieu, et après a été fait feu de joyes à la place des Prêcheurs, où étoient tous les capitaines et compagnies des cartiers, et particulièrement au-devant de chaque maison par toute la ville en réjouissance du fils du Roy appelé le Dauphin, né le dit jour, 27 septembre 1601. Dieu le veuille faire vivre.

Après Saint Michel, grande pluye.

Dernière et bonne récolte du vin ; après le 15 octobre 1601, on vendangea.

Le 11 octobre 1601, arrêt en audience d'entre les notaires appelants du lieutenant d'Aix, et contre maître Guidy, greffier, et le sieur Lientenant, sur ce qu'il défendoit les notaires prendre les inventaires d'un pupil, nonobstant la volonté du testateur. La Cour a permis aux dits notaires de faire les inventaires suivant la volonté des testateurs.

Aussy du testament solemnel fait par M. de Sambuc, conseiller aux Comptes, le 15 janvier 1601, maître Colla, notaire, a fait l'inventaire des biens, et le testament luy a été rendu par le greffier après l'ouverture et publication d'icelluy ; ledit inventaire fait et commencé le pénultième du dit mois, receu par le dit Me Calla, notaire.

Le 18 mars 1577, et encore autre arrêt du 23 may 1592, d'entre M. François Mathei, notaire, et M. Félix, des testaments solemnels après l'ouverture, seront rendus aux notaires, lesquels fairont les inventaires.

Le palais, lequel venoit en ruine, a été commencé à réparer en 1600, depuis le sollier de ...... où on tient la Cour de M. le Lieutenant général jusques au plus haut, et de long en long regardant la place des Prêcheurs, ayant été fait corniches, remises les armoiries du Roy René à sa place, et a été mise l'effigie du Roy Henry de Borbon, Roy de France et de Navarre, en lieu éminent.

La dite demeure a été achevée le mois de novembre 1601.

Le mardy 21 novembre 1601 est décédé en cette ville d'Aix M. l'Evêque de Grasse et Vence, lequel plaidoit avec le sieur dudit Vence, et a été ensevely à l'église Saint-Sauveur, et a été faite grande solemnité.

Le 14 décembre 1601, édit publié au siège, contenant inhibitions porter clinquans d'or ou d'argent.

Le dit jour publié arrêt contenant inhibitions porter dague et poignard.

Ledit jour publié arrêt de ne porter bleds hors du pays.

Dès le mois d'octobre, novembre et décembre 1601, y a eu grand froid, neiges et maladie de veyrolles contre les petits enfants, dont plusieurs sont décédés.

Le samedy 22 décembre, M. de Rolland, sieur de Reauville, a été receu premier président en la Cour des Comptes.

Le 28 décembre 1601, conseil tenu, délibère que l'acte d'achept de la maison du sieur gouverneur, fait le 23 septembre 1600, tiendra, et que l'on prendra cent escus de la Noblesse pour payer ladite maison ; que la maison de la ville étant au-devant l'église Saint-Sauveur sera vendue et payé les debtes, et que ceux qui font la doctrine seront mis à autre lieu.

I — 23

ANNÉE 1602

Le samedy 12 janvier 1602 est tombée une arcade de la porte de Saint-Jean, et a tué l'hôte du logis de l'Eissade et une femme.

Le vendredy 7 février 1602, M. le Lieutenant Général tenant la Cour, s'est trouvé un coupeur de bourse, qui ayant pris la bourse d'un et l'ayant faite tomber et mis le pied dessus, a été découvert et pris mené en jugement ; l'ayant interrogé, disoit être un veloutier d'Avignon, et après avoir nié et les témoins oüys et accarés, a été condamné faire amende honnorable, foëté par ville et conduit en gallère du Roy, appelant.

Et du vendredy du dit mois, par arrêt, a été renvoyé, et a été exécuté.

Le 20 février 1602, premier jour de carême.

Le 19 mars 1602, sentence aux substituts du siège d'Aix de Jean Riquety, consulaire, Joseph Estienne, greffier en la Cour, ayant vu les pièces, l'inthérest n'excèdera le capital.

Le mardy 13 mars 1602, a été fait l'enterrement du feu sieur président Carriolis, lequel décéda à Tharascon au mois de juillet 1600, duquel M. son fils a été pourveu et installé en son lieu et place de président, lequel a fait porter son dit père en cette ville d'Aix, et à été ensevely à l'église des Carmes.

Le 29 mars 1602, arrêt général publié par M. le président de Bras, et tous MM. en robbe rouge, d'entre demoiselle Anne de Valvoyre, héritière testamentaire de ses enfants et hoirs, à feu Poncet Astour, défenderesse en requête sur la désemparation de l'héritage du dit Astour, la dite requête sur ce que le dit Astour avoit été marié avec la comtesse Chautarde vivante, et que la dite de Valvoire, mariée, après son mariage ne valoit rien, et que les enfants n'estoient légitimes, et par ce étant décédée sans enfants légitimes, la substitution opposée au testament de l'ayeul du dit Astour, devoit sortir effet au proffit des proches parents, ladite de Valvoire disoit qu'elle ne sçavoit rien du dit premier mariage, lequel n'avoit esté consumé, et que c'estait mariage clandestin, n'ayant ledit Astour lors que onze ans, et étoit de la religion dont tel mariage avoit été déclaré, par deux sentences des sieurs Evêques, bon, et que le dit Astour demeurera absent.

Et à son retour, obtint lettres d'abus des dites sentences, et y auroit eu meurtre des frères du dit Astour, et y auroit eu arrêt de mort contre les coupables, et que de la dite de Valvoire et du dit Poncet y auroit eu deux enfants, lesquels seroient décédés de l'âge de dix-huit ans après le dit père, lesquels auroient par testament fait heritière la dite de Valvoire leur mère, et a tenu le bien au veu et sceu de tous.

La Cour a débouté les dits proches parents de la succession dudit héritage, sans dépens.

Pasques, le 7 avril 1602.

Le 29 avril 1602, la dame présidente de Très, veuve du feu sieur de Très, premier président, est décédée, et a été ensevelie à l'église de l'Observance.

M. de Rougiers, conseiller, M. le juge du palais de Marseille et M. l'avocat du Roy au siège, ses enfants portaient le deuil conduits par M. le présidents Chaine, et MM. les conseillers y ayant douze douzaines de torches, et cinquante pauvres habillés de drap noir.

Le mercredy premier may 1602, a été fait le primissier M. Martelly; prince d'amour, le sieur de Vernègue; roy de Bazoche, M. Lambert, qui avoit été procureur au siège, fils à Me Jean Lambert, maître tailleur, ores qu'il aye renié l'état de procureur et ne soit plus praticien, l'abbé Jean de Blanche; ledit maître Lambert a été déchargé par arrêt donné en audience le 7 may 1602 et Chays a été proveu.

Le vendredy 4e may 1602, jour de Ste-Croix, M. de Guise,

gouverneur, est arrivé venant de France avec M. son frère, lequel sien frère va à Malte prendre la grande croix.

Le dit jour grand pardon général à Correns, qui vient de sept en sept ans.

Le samedy 10 may 1602, M. de Saint-Césary, conseiller en la Cour, est décédé ensevely dans l'église de Saint-Sauveur.

L'Assention, 16 may 1602.

Le mercredy 22 may 1602 a été fait la proposte des Etats par M. Chayne, président, et le dit jour on a commencé tenir les Etats, et ont député M. Marrot, avocat, pour aller par-devers le Roy contre maître Louis de Manosque, prisonnier.

Le 17 juin 1602, maître Imberty, décédé, ensevely à Saint-Clerc, qu'avoit été procureur au siège.

Le 20 juin 1602, Perne qu'étoit maître de poste pour le Roy à Aix, a été trouvé avoir desrobé trente doublons à un étranger logé à son logis, le Viguier avoit constitué prisonnier luy et sa femme, et condamné le mary à estre pendu et sa femme foëtée; ils sont été appelants, et par arrêt du dit jour le mary et la femme sont été foëtés, le mary marqué à l'épaule droite et condamné en galère perpétuellement.

Sur la fin du mois de juin sont arrivées nouvelles de France. Le 13 dudit mois, le Roy avait fait constituer prisonnier M. le prince d'Auvergne et M. le maréchal de Biron, à cause qu'ils vouloient troubler le royaume et attenter sur la personne du Roy à la faveur du Roy d'Espagne et Duc de Savoye, et après ledit maréchal de Biron a été tranché la tête le dernier juillet audit an.

Le premier juillet 1602, M. Estienne, conseiller en la Cour, est décédé ensevely en l'Observance.

Le dimanche 17 juillet 1602, conseil de ville délibère, est mis une cotte sur les raisins de deux sols pour charge, et faire requête au Roy que les vins estrangers n'entrent dans la ville que ne vaille deux sous le carteron, combien que par l'estatut ne soit qu'à un sol.

Le 22 du dit mois, jour avant Sainte Madeleine, s'est noyé à l'Arc nn nommé Esperit qu'étoit de France, serviteur du sieur de Reauville, en faisant passer le cheval à l'eau, lequel avoit demeuré avec maître Allard et maître Louis de Manosque et a été ensevely au cimetière des Frères Mineurs.

Le mercredy 23 juillet a tombé grelle que a fait dommage aux raisins pendant aux vignes.

Le jeudy, 25 du dit mois, grand vent droit qui a fait tomber plusieurs raisins.

Le jour de Sainte Madeleine, 22 juillet 1602, dans le port de Marseille, a été pris un gros poisson, dit veau marin, tué avec un mousquet d'un coup qu'on a tiré contre, dont la balle l'a atteint à l'épaule, lequel avoit le poil comme un bœuf, le museau comme un lion, une canne et demy de long, sept pans de largeur, quatre pieds larges comme une raquête, les griffes longues, aux premiers pieds cinq griffet, et les autres en abondance, sans oreille, ayant la queüe comme une biche, de trois doigts de long, quatre tétins du côté droit, et du côté gauche trois, et trente-deux dents, quatre desquelles sont grosses comme une dent d'un gros chien, et les autres pointues, et pesoit douze quintals, et fut pris par un coup de mousquet tiré par un gendarme de M. le duc de Guise, gouverneur; et l'ayant ouvert, s'est trové 200 livres de poisson frais et ossemens dans le corps, et s'est tiré de graisse deux cent livres d'huile, lequel est bon à la goutte sciatique, la matrice des femmes et à faire dormir, et a présagé que les ennemys du Roy de France, qu'est le Roy d'Espagne et Prince de Savoye, sont venues les gallères aux isles de Marseille cuydant faire quelque prise de villes, comme dit Nostradamus de Sellon, qui s'empêchoit des astres et faisoit pronostication a décrit ce que suit :

> Quand le poisson terrestre et aquatique
> Par force vague au grenier sera mis,
> Sa forme étrange, suave et horrifique
> Par mer aux murs bientôt les ennemys.

Le poisson ayant la femelle qui se trouve en chaleur, elle l'incite à faire comme les autres bestes, et ne fait que deux petits sur terre, et les allaite douze jours, et les apprend aller dans la mer, et les conduit jusques qu'ils se sachent nourrir, et après les délaisse, et le bestail ny l'aigle n'est sujet à la tempête, parce que l'un est dans l'eau et l'autre proche du soleil.

Le .. aoust 1602, sont été faites les funérailles de M. Maunier, conseiller, duquel le fils de M. Chaine, président, a sa place.

Le .. août 1602, feu a été mis par un enfant innocent à une maison allant aux Frères Mineurs, et a fait dommage à deux ou trois maisons que a fallu rompre, même celle de Flory Revel et autres, mis le feu par un enfant d'un Reynaud innocent; y a procès à la requête du dit Revel et autres pour être payés du dit dommage.

Le 26 aoust 1602, ordonnance de M. le duc de Guise, gouverneur, criée par ville, et fait inhibitions à tous sujets de ne fréquenter les terres du duc de Savoye, et à tous françois de se retirer dans quinze jours.

Le dernier octobre, le dit sieur de Guise a fait faire cries de ne fréquenter et négocier aux terres du dit duc de Savoye.

Le samedy, jour de Saint Lazare, 29 août 1662, ayant été trouvée une lettre non signée au logis de Marseille de M. de Guise, gouverneur, advisant le dit sieur de ne se fier d'aucuns siens gentilshommes et gens de la ville de Marseille qui le vouloient trahir et attenter à sa personne, le dit sieur a fait mettre en prison aucuns de ses gens et de ceux de la dite ville, et après sont été relaxés.

Le samedy 28 septembre sont été faits les Consuls d'Aix : M. de Sainte-Croix, premier consul, M. Seguiran, accesseur ; M. Alazardy, second consul ; M. Borilly, notaire au Bourg, tiers-consul ; sire Michel Videau, trésorier ; M. de Peyresc, capitaine du cartier des Frères Mineurs.

Le dimanche 6 octobre 1602, conseil tenu délibère que les deux greffiers de la ville auront vingt escus chacun de gages ; qu'on baillera au père Romano une place de maison pour instruire la jeunesse, comme il fait en payant 300 écus suivant son office, et le reste qu'est 180 écus ou seize écus de pension pour la ville, a été imposée cotte sur chaque barille de vin, entrant dans Aix, et sur la chair.

Le 29 octobre 1602, arrêt de la demoiselle de Russan que l'inthérêt du dot n'est que à cinq pour cent.

Le jeudy, dernier octobre 1602, M. le duc de Guise après avoir fait crier par ville de ne fréquenter ny négocier aux terres du dit sieur duc de Savoye, le dit sieur de Guise, gouverneur, est allé par devers le Roy.

Le dit jour, sont arrivés de Paris quatre-vingt hommes condamnés en gallère ; on les a condamné aux gallères à Marseille.

Le 5 novembre 1602, édit du Roy publié au siège, que par cy-après les inthérêts ne pourront augmenter plus que au denier seize, que revient à un escu quinze sols, et injoint aux notaires de ne mettre aux actes les intérêts plus que du denier seize.

Le lundy 18 novembre 1602. Edit des monnoyes publié à la Cour que l'écu sol vaut 65 sols pièce, le ducaton 52 sols ; la réalle, 42 sols ; le teston, 15 sols 6 deniers.

Le 19 publié au siège et crié par ville les sols du Roy se passeront pour un sol, les autres pour un carolus jusques en janvier, et après seront mis au billon, et aussy la monnoye du Papé pour n'être de bon alloy. Et en tous actes sera mis livres, et non escus.

Le .. janvier 1603, les carolus se mettront jusques à la fin de février 1603.

Le mercredy 4 décembre 1602, dans l'église Saint-Sauveur, a été dit le *Te Deum laudamus* de ce que la Reyne a fait une fille.

Le 8 décembre 1602, Estienne Arnaud qui avoit été mon clerc, qui a eu mon estat, s'est marié avec demoiselle Lucresse de Marquin, et ont esposué à l'église Saint-Sauveur le 13 dudit mois, jour de Sainte Lucie.

Au mois de décembre 1602, sont décédés plusieurs personnes de qualité sçavoir M. le général Martin, la femme du sieur conseiller Flotte, la mère de maître Bruys, notaire, M. de Becaris, lieutenant aux substituts; M. Fabry, avocat des pauvres; Madame de Baudiment qu'avoit fait deux enfants, et M. de la Fare.

Au dit mois, arrêt que deux faux monoyeurs et un sodomiste furent brûlés.

ANNÉE 1603

Le 8 janvier 1603, arrêt de la Cour des Comptes, Aydes et Finances à la barre, publié en audience, assistant maître Louis de Manosque, qui avoit pris à fournir les vivres aux gens de guerre au temps du sieur d'Espernon, à genoux, d'entre MM. les Procureurs du Pays et M. le Procureur Général du Roy, en indues exhibitions faites au dit pays contre le dit de Manosque, M. de Caux, greffier des trois Etats, et autres.

La dite Cour a déclaré l'abus et plusieurs acquets faux, lesquels sont été déchirés en audience, et condamnés en cinq ou six mil escus d'amendes, et inhabiles à exercer charges du pays.

Le .. du dit mois, maître Barate, advocat, faisant masque, auroit pris question avec le fils du sieur Stagier de Marseille aux dances de nuit, et avec leurs espées, hors du bal, se seroient entrebatus, dont le dit maître Barate seroit été blessé.

Du lendemain, arrêt publié par la ville à trois trompettes deffandant les armes.

Le lundy 28 janvier 1603, arrêt en audience que Vaugier, pour avoir abusé une fille sous prétexte de mariage, luy ayant fait faire un enfant de ses œuvres, a été condamné en 100 écus envers elle, vingt écus envers le Roy, et l'argent sera mis au profit d'icelle, jusques qu'elle se marie.

Le premier mars au dit an, la dite nommée Catherine a été trouvée au logis ayant l'image de Saint Maurice, proche de la maison du sire Martin Bastety, avec le sieur de la Vallette, couchés dans une chambre dudit logis, sont été pris et menés aux prisons avec l'hoste par le Viguier, et sur son procès-verbal, la Cour, par son arrêt du 5e mars 1603, le dit sieur de la Vallette a été condamné en mil livres au Roy et à usages, et ladite Catherine foëtée, a été exécutée, et a mis l'hoste à procès.

Le dit mois de janvier, nouvelles que M. le prince de Savoye a voulu prendre Genève par intelligence et force d'armes, ayant fait grande assemblée de gens, mais a été découvert et y a été tué un frère bâtard dudit prince et plusieurs de ses gens sans pouvoir rien faire.

Le 12 février, jour des cendres.

Sur la fin de janvier et commencement de février, a fait si grande neige que a rompu plusieurs arbres et olliviers du côté de Lambesc, Pellissane et Sellon, Martègue et Arles; et à la Crau y a eu grande mortalité de bestail, et l'huile s'est vendu en ladite année huit escus le quintal.

Et puis le jour de Saint-Vallantin, 11 février, n'a fait que pluyes, ayant ruiné plusieurs murailles.

Le jeudy 6 mars 1603, arrêt en audience d'entre les avocats de Montpellier demandant être reçus comme procureurs et faire défendre aux procureurs de postuler, et étant la cause évoquée au

Parlement de ce pays de Provence, la Cour évoquant les parties par trois diverses audiences, par son arrêt a débouté les dits advocats et maintenu les dits procureurs à leur état de procureur.

Le .. mars 1603, arrêt à la barre d'entre les enfants de feus maîtres Gilles et Gazel, procureurs en la Cour, pour être receus à l'état de leurs feus pères contre plusieurs empêchements et requérant être receus au dit état, la Cour a préféré et reçeu les enfants a l'état de leurs pères et débouté les autres de leur réquisition.

M. Jean-Baptiste de Bagarris, lieutenant des substituts, décédé à Pontevès et ensevely à l'église du dit lieu, on dit fait plus de deux mois.

M. Félix a été proveu à son lieu et place, mis en possession, et a tenu la Cour le 9 et 10 mars 1604.

Le 5 mars 1603, arrêt à la barre d'entre François Mille de Segnon, demandeur en droit de réversion par le décès de feu Jean Mille, son fils et sa fille décédée en pupillarité de la donation de mil escus faite à son fils, et appelant de ce que le lieutenant auroit débouté et déclaré que les mil escus seroient de l'héritage du dit feu Jean Mille, la Cour a confirmé ladite sentance et renvoyé le tout au dit lieutenant, parce que le père l'auroit émancipé, le dit procès était contre Jacques Mille, hoirs de feu Thomas Mille et capitaine Michel Etienne, mary de demoiselle Magdéleine Vicarde, femme en premières nopces, dudit feu Jean Mille, lequel avoit légué à icelle les fruits de deux mil escus.

Maître Jean Garron, conseiller du Roy et auditeur en la Cour des Comptes, Aydes et Finances en ce pays, avait fait étudier à Paris un sien fils aîné nommé Jean, lequel étoit savant, et étant de retour à Aix, le dit sieur son père l'avoit proveu d'un état de général, et après l'auroit mandé étudier aux Itallies, et quelque temps l'ayant fait prouvoir de conseiller du Roy au Parlement de ce pays, au lieu de feu M. Sainte Césary.

Le dit sieur avoit mandé quérir son fils pour le faire venir, et les messagers ne l'ayant pu trouver, il y est allé en personne pour le trouver puis le mois de décembre 1602. Dieu l'a adressé à un couvent de Saint-Benoit réformés qu'est à une montagne dite Monte-Correce près de Peruze qu'est deux journées et demy loing de Rome et de Notre-Dame de Laurete, où y a quarante religieux, aucuns âgés de cent ans et plus, chacun ayant sa maison à part, où il a trouvé son fils avec son habit blanc mis puis un mois seulement, lequel après avoir requis pardon à son père, le père ne l'a peu détourner de sa religion, le fils y est demeuré, et le père s'en est retourné et a baillé l'état de général à M. Beaufort son neveu, et a marié sa fille avec M. l'avocat général Monier. Le dit sieur Garron, à cause qu'on faisait difficulté pourvoir à ses Etats sans la présence de son fils, et que par arrêt fut dit qu'il le présenterait au mois d'aoust le seroit allé quérir, lequel est venu avec son supérieur portant l'habit blanc, et se sont présentés à MM. du Parlement et au siège.

Pasques, le 30 mars 1603.

Le 8 avril 1603, M. Espagnet, conseiller, père, est décédé ensevely à l'église Saint-Sauveur. M. son fils tient son lieu et place, fait longtemps par résignation, les funérailles sont été faites avec grand honneur et solennité, assistant toute la Cour de Parlement, gentilshommes, officiers, consuls et autres de la dite ville.

Le lundy 14 avril 1603, M. le prince de Joinville, frère de M. le duc de Guise, est arrivé en cette ville d'Aix accompagné de M. le comte de Carcès, plusieurs gentilshommes, et MM. les consuls et autres que luy ont fait grand honneur, on dit qu'il va en Hongrie, faire la guerre au Turc, et s'en est allé deux jours après.

Le jeudy premier may 1603, M. Comte d'Ollioules, cousin de M. le Greffier Guidy, a été élu Roy de Bazoche; M. Pena, Prince d'Amour; M. de la Fare, Primissier.

Le samedy 21 juin 1603, arrêt en audience contre Thomas Truillas qui avoit à guet à pens attendu Remerville pour le tuer, a été condamné en huit cent livres d'amende et dépens, et le père cent livres et tenir prison pour avoir désadvoué ce que son advocat, M. André, avoit dit, que Martin Blanc, beau-père du dit Mille, avoit eu du foët ; et le dit Maître André a soutenu et vérifié que le dit Truillas luy avoit donné charge avancer le dit fait.

Au feuillet (256) est dit que la fille jeune du sieur de Thorasme, au mois de février 1599, fut déchassée du monastère Saint-Barthélemy pour faute par elle qu'étoit avec M. Thoron, advocat ; elle a obtenu un brevet du St-Père le Pape pour rentrer au dit monastère ; l'annexe a été empêchée le jeudy 19 juin 1603. Arrêt en audience que la dite annexe est octroyée et que la dite nonain sera receu au dit monastère.

Le 23 juin 1603, la Cour en robbe rouge, M. du Vair, premier président, a publié un arrêt général de deux frères, neveux du feu M. Saint-Cézary, vivant conseiller du Roy en la Cour, l'un donnataire et l'autre héritier par bénéfice d'inventaire ; l'héritier vouloit faire mettre en l'héritage la donation, et être les dits frères héritiers esgalement, ayant l'héritier obtenu récision du décret fait par le lieutenant de l'insinuation de donation, et disoit la donation être nulle pour n'avoir été faite en présence du juge et consul. Le donateur a soutenu la donation valable. Le lieutenant avoit déclaré la dite donation bonne et valable. La Cour dit bien jugé par le lieutenant, et par ainsy toutes donations sont valables, proveu que soient insinuées, nonobstant que n'y aye eu la présence de juge et consul.

Le 21 juillet 1603, arrêt en audience en jugement par devant M. le lieutenant en audience, par lequel est dit que les commissions addressantes au premier juge royal ne pourront être exécutées que par le juge royal, duquel les parties seront du lieu jurisdiction, ou que résideront sur le lieu.

Au mois d'aoust 1603, sont décédés M. le trésorier Borrily et M. Estieune greffier au Parlement, âgés chacun de 70 ans, et madame de Mazargues âgée de 90 ans, et la femme de M. Silvy, greffier aux substitutions.

Au mois de septembre 1603, M. l'Archevêque d'Arles décédé.

Le vendredy 27 septembre au dit an, arrive nouvelles que le jour auparavant M. l'Evêque de Marseille nommé, messire Frédéric de Ragoneau avoit été tué dans son château de Signe d'un coup de pistollet, a été vray, et y a eu plusieurs prisonniers.

Le samedy 28 du dit mois sont été faits MM. les Consuls d'Aix : M. de Reauville, premier consul, M. Reynaudy, notaire, second consul ; M. Martelly, accesseur.

Le 8 octobre 1603, cries à trois trompettes, suivant l'arrêt de la Cour faisant inhibitions à tous de ne porter arquebuzes, suivant l'édit du Roy.

Au commencement du dit mois, M. le chevalier Buous, qui avoit été grand capitaine de guerre, s'estoit remis capucin, et ayant demeuré deux ou trois ans étant profez, a laissé l'habit, et étant au couvent en cette ville d'Aix, il s'en est allé.

Le jeudy en audience, 16 octobre 1603, a été publié un arrêt criminel contre un nommé Sénéquier, Bernard, Drac, leurs femmes, et un Rostisson, tous bouchiers, pour raison d'un meurtre commis en la personne d'un pastre, lesquels Bernard, Drac, leurs femmes et le Rostisson qui avoient accusé faussement un Jacques qui fut condamné en gallère où il est mort, ores qu'il n'avoit pas tué le dit pastre, sont été condamnés, sçavoir : le dit Sénéquier, qui avoit confessé avoir tiré un coup de pierre au dit pastre, mais qu'il n'estait pas mort lors du dit coup, seroit été condamné en cent livres d'amende et relaxé, le dit Bernard, Drac, Rostisson, ce qu'ils ont fait le lendemain, sont été pendus les trois hommes en haut sous les aisselles, les femmes assistant sur l'échaffaud, le jour après, tous cinq sont été foëtés par ville, les hommes aussy condamnés en gallère.

Le dit jour 16 octobre 1603, sont été commencés les Etats,

estant M. de Guise, gouverneur en cette ville, M. de Caux qui avoit été l'un des greffiers des Etats a été chassé.

Du dit temps, à l'église des Frères Mineurs d'Aix, les chapelles Notre-Dame et Sainte-Croix sont été ôtées du lieu où étoient, ensemble la tribune, et mis les dites chapelles près le grand autel, lequel aussy a été remis en autre état que n'étoit auparavant; étant gardien frère Figony, lequel a fait changer les novices et autres religieux, et a fait venir d'autres nouveaux pour servir l'église.

Au dit temps l'église de la Magdeleine a été agrandie.

En ladite année 1603, abondance d'huile et de vin, et pauvre récolte de bled. Loué soit Dieu.

Tout le mois de novembre grandes pluyes et tonnerres ayant gâté partie des semés, et murailles rompues, lesquelles a fallu réparer.

Le mercredi 26 novembre 1603, en audience, a été publié édit du Roy par lequel érige un collège royal de tous arts au dit Aix, avec assignation des deniers pour l'entretènement d'iceluy, la Cour des Comptes a dit que sera mis et intitulé au-dessus la porte et entrée du collège « Collège Royal de Borbon » et auparavant a été vérifié par la Cour de Parlement.

Le 23 décembre 1603, arrêt criminel d'un sieur conseiller de Toulouse contre un gascon qui s'étoit marié en ce pays, lequel avoit guet à pan voulu et failly de tuer le dit conseiller, lequel gascon a été condamné et exécuté à la roüe.

ANNÉE 1604

Le jeudi 15 janvier 1604, M. de Sambuc, conseiller aux Comptes, est décédé, ensevely le samedy 17 du dit mois à l'église de l'Observance, et avoit fait testament solemnel, étant par devers maître Colla, notaire, lequel a fait l'inventaire, nonobstant le contredit du greffier après l'ouverture et publication, d'iceluy fait par M. Aymar, lieutenant particulier.

Le 27 janvier 1604, arrêt contre cinq Flamens ou Allemands, appelants du lieutenant de Marseille, accusés d'avoir fait mourir et jetter dans la mer douze ou treize marchands qui étoient dans une barque et pris tout leur bien et argent; condamnés par le dit lieutenant être trois pendus et deux à la roüe; la dite Cour les a tous condamnés à la roüe, et sont été exécutés au dit jour.

Le 26 mars 1604, arrêt à la barre de la dame de La Bastide, défenderesse, sur l'opposition de la saisie généralement de tous les biens, sans désigner la situation et confronts. La Cour casse les exécutions et inhibitions à tous, en faisant saisie, désigner la situation et confronts.

Le 18 avril, jour de Pâques.

Le 29 avril 1604, arrêt en audience sur la plaidoirie d'appelant d'une Castelle; la Cour fait droit aux parties, condamne icelle rendre les meubles qu'elle s'étoit saisie à l'héritier, lequel faira son bénéfice d'inventaire, et condamné l'héritier payer le dot, donation, alliments et habillements viduaux, sursoyr l'exécution jusque que les parties seroient ouyes par devant le commerce, fait inhibition à tous lieutenants de ne retracter leurs sentences, puisque les auroient faites.

Le premier may 1604 sont été faits Prince d'Amour le fils de M. Estagier, le Roy de Bazoche, le fils de M. le premier huissier Bayon, l'abbé Bordon, tous ont fait grand honneur le jour de la Fête de Dieu, ayant chacun avant et rière garde.

M. de Guise, gouverneur, est arrivé le dit jour venant de France, et a fait crier les Etats qui se tiendront à Brignolle.

Le dit jour de la Fête de Dieu, 17 juin 1604, a été joué le jeu accoutumé, et a été permis porter les armes et arquebuzes sans y mettre la balle; toutefois, ceux de la gendarmerie du Roy Pharaon, faisant peur lorsque tiroient à ceux qui contrefaisoient les juifs, un de ceux qui tiroit l'arquebuze a atteint un des dits juifs qui est mort sur la place, et a été ensevely, l'autre a été constitué prisonnier. On dit que l'arquebuze y avoit de papier, et étoit trop chargée.

Tout l'hiver passé grandes pluyes.

Le mois de juin grandes pluyes, lorsqu'on commençoit à moissonner.

Le samedy 19 juin ay commencé moissonner bled à la bastide.

Le dimanche 20 juin, tout le jour pluye.

Ny a eu aucune récolte d'amandes.

Le foin un escu le fais.

Pauvre récolte de bleds valant plus de six escus la charge.

Bonne récolte de vin, au double de l'année passée, se vendoit 42 sols la meilleirolle, et après un écu.

Dès le mois de may 1604, a été une maladie au Dauphiné au bestail de quatre pieds, lesquels mouroient dans 24 heures comme bestail bouin, lanu, cabrier, mullet, chevaux.

Le jour de Tous les Saints, premier novembre 1604, sont entrés consuls M. de Gensson, premier consul, accesseur M. St-Anthonin; second consul, M. de Porcil; sire Leautaud, tiers consul.

Le 29 novembre 1604, cries à trois trompettes déclarant la paix faite par le Roy avec le Roy d'Espagne, au moyen de ce le trafic ouvert partout.

Bonne récolte d'ollives à Aix d'huile ne se vendoit que quatre écus le quintal, et après 4 écus 48 sous; bonne récolte de vin, octobre, novembre et décembre sans pluye, sont été faites belles semences.

ANNÉE 1605

Janvier sans pluye. Février quantité de pluye; mars, avril sans pluye.

Le jeudy 11 décembre 1604, arrêt criminel contre un prêtre de Vollone condamné à être brûlé, et a été exécuté pour avoir fait noyer un sien oncle que luy avoit passé résignation de son canonicat et vivoit trop contre sa volonté.

Le 23 juillet 1605, un autre frère prêtre a été mis en pièce et brûlé pour même fait par arrêt de la Cour.

Le vendredy 17 décembre 1604, M. Barate, avocat, a tué le fils de M. Remuzat, conseiller au siège, dans le logis de la Galère, d'un coup d'estoc de son épée.

Le mardy 21 décembre 1604, à quatre heures après-midy, M. Jacques Mille, viguier de Segnon, est décédé au logis de la veuve de Massel, et lendemain 22 décembre, a été enseveli dans l'église des Prêcheurs et à la chapelle de Notre-Dame-du-Chapellet.

Le mois de mars 1605, M. le lieutenant Bonfils a commencé faire les murailles, sivé barois de sa terre pour bailler icelle en maisons.

La ville et particuliers se sont opposés ayant demandé nouvelle .... et sur la fin d'avril par authorité de la Cour inhibitions sont été faites de ne plus bâtir, et a continué du second décembre 1605.

Le 10 avril, Pâques.

Le premier may 1605, a été dit à l'église Saint-Sauveur *Te Deum laudamus* de la création du Saint-Père le Pape Léon, de la maison de Médicis, au lieu du Pape Clément, dernier, décédé.

Le dit jour, premier may, Primicier, Thoron; Prince d'Amour, M. de Lacoste; Roy de Bazoche, Micolet d'Arles; Abbé, Saulvecane, passementier.

Le dimanche 8 may 1605, après avoir fait le peuple grande procession, tant petits que grands, portant les corps saints et image de Notre-Dame de Grâce, Dieu a mandé de pluye en abondance, et a restauré les bleds semés et herbes, étoient là partie morts, flétris, ce que ne s'étoit jamais veu, n'ayant eu pluye puis le mois d'octobre jusques à présent que une fois au mois de février dernier, loué soit Dieu.

Le dimanche 14 may 1605, grande procession généralle, comme le jour de la Fête-Dieu.

Le 7 juin 1605, pluye amiable.

Le 23 juin 1605, la veille de Saint-Jean, la Cour en robbe rouge, en audience, M. du Vair, premier président, a publié un arrêt général contre maître Villeneuve, viguier de Forcalquier, mary en secondes nopces de Godine, demandant ladite Godine l'héritage de feu maître Jean Vere, son premier mary, d'une part, et maître Bandolly, avocat dudit Forcalquier, ladite Godine avoit un testament dudit Vere, qu'un avoit été procureur au siège dudit Forcalquier, lequel avoit fait héritière ladite Godine avec des légats et substitutions à ses neveux, ledit Bandolly avoit un autre testament qu'étoit solennel et qu'il étoit héritier, et qu'il y avoit certain mot derrogatoire et certains billets qu'il disoit sadite femme le luy avoir fait faire, et qu'elle s'étoit remariée dans l'an vidual, le testament dudit Bandolly étoit soupçonné de fauts, et portoit que les institués porteraient les survenus et armes dudit Vere.

Ledit Bandolly disoit ledit testament être nul par le testament solennel, que ladite Godine étoit indigne de l'héritage pour s'être remariée dans l'an vidual. Ladite Godine disoit qu'elle s'étoit remariée pour avoir génération, ayant demeuré avec ledit Vere vingt-cinq ans, n'ayant eu aucun enfant par la faute d'icelluy, et pour se défendre contre ledit Bandolly.

Ladite Cour a débouté et déboute ladite Godine dudit héritage, la déclarant indigne pour s'être remariée dans l'an viduel, l'a déboutée aussy de la donnation, advantages nuptiaux, déclare que l'héritage appartiendra aux proches parents dudit Vere.

Et quant audit Bandolly, le déboute de la part que pourroit avoir sur l'héritage, et que sa part appartiendra aux pauvres de l'hôpital de Forcalquier, et ledit sieur président remontre que n'appartient qu'aux gentilshommes de bonne race de mettre les substitutions que portent le surnom et armes, et non aux gens qui ne sont point nobles ny seigneurs de place; n'ayant la Cour voulu toucher sur la fausseté pour ne mettre les personnes en danger de leur vie, et a relaxé et mis hors de procès ceux qui auroient été adjournés en personne, sans dépens, ny aucune restitution de fruits, lesquels avoient été pris par ledit Villeneufve et Godine.

Au mois de septembre 1605, M. le Premier Président du Vair est allé en France; M. de Guise, gouverneur est venu de France et a fait tenir les Etats.

Le 28, jour avant Saint-Michel, a été tenu conseil pour faire declarer, nonobstant le règlement fait en 1598, que les Consuls pourroient être nommés consuls combien qu'ils fussent alliés, proveu qu'ils ne fussent parents de consanguinité ou cousins germains, et par provision a été aucthorisé par la Cour.

Le samedy premier octobre 1605, sont été faits les Consuls : M. de la Barben, premier consul ; M. de Cormis l'aîné, accesseur ; M. Duranty de Fuveau, second consul ; M. Régina, notaire du Bourg, tiers consul; capitaine de Saint-Jean, ... ; capitaine des Augustins, M. Rambert l'aîné ; capitaine de Notre-Dame, M. de Thoramène ; capitaine des Frères-Mineurs, M. Bruis ; capitaine de Belle-Garde, M. ......

Le lundy 3 octobre 1605, arrêt en audience tenant M. le président Chaine, entre le sieur Prevost en l'église Saint-Sauveur, sieur du Bourg, appelant du lieutenant d'Aix, de ce que auroit adjugé à Maître Rivol, procureur au siège, le tiers des amendes que auroient été baillées par devant le juge du Bourg, durant le temps que ledit Rivol avoit été procureur jurisdictionnel audit Bourg, M. l'avocat général a conclu mal jugé, parce que les officiers faut qu'ils soient aux gages des sieurs, et non que les dits officiers ayent les amendes, la Cour a mis l'appellation et sentence au néant, et par nouveau jugement condamne ledit sieur Prevost payer ledit maître Rivol de ses vaccations et salles, selon la vérification et taxe que sera faite par le commerce que a ce sera député; fait inhibitions et deffences à tous seigneurs de ne bailler les amendes à leurs officiers pour leurs salles et gages.

Le mardy et mercredy jour de Saint-Mathieu, 20 et 21 septembre, grosse pluye.

Le 29 septembre, jour de Saint-Michel, gros marin.

Le samedy premier octobre, grosse pluye, y a eu assez bonne récolte de vin, qui se vendoit 1 écu et 1 écu 6 sols la meilleirolle.

Au commencement la charge de raisins se vendoit 7 ou 8 sols cuydant que ne fut guère de raisin, et y en a eu assez.

N'a été d'amendes, noyes, ny autres fruits, fors que quelques olives.

Le samedy, lundy, mardi, jeudy, vendredy 8, 9, 10, 13, 14 octobre 1605, grandes pluyes qui ont retardé les semences, et a tombé de murailles.

Le lundy 10 octobre 1605, arrêt en audience entre M. Félix, lieutenant aux submissions, pris en partie formelle par Maître Beaumond, procureur au siège d'Aix, appellant dudit lieutenant, la Cour a dit mal avoir été pris en partie formelle, a condamné ledit Bormond en amendes envers le Roy, que envers le dit sieur Félix, et les paroles dites contre ledit sieur aux lettres d'appel seront rayées et déchirées.

Le mercredy 19 octobre 1605, environ deux heures après midy, feut fait éclipse de soleil.

Le samedy 22 octobre 1605, arrêt en l'audience criminelle d'entre un nommé Barry Bressier et autres de Cadenet d'une querelle pour raison d'un pourceau menacés de tuer, injuriés, ayant ledit Barry une arquebuze disant qu'il avoit licence la porter pour la chasse du sieur, la Cour a condamné le dit Barry pour le port de l'arquebuze, et injures en 25 livres d'amende envers le Roy, cinquante envers la partie, inhibitions contrevenir aux édits du Roy sur le ports des armes, injoint au Prevost y tenir la main à peine d'être privé de leur état, si Brassier répond sur les informations, et a passé le guichet.

Le dimanche 24 dudit mois d'octobre, à l'église Saint-Sauveur, a été publié un jubilé mandé par Notre Saint-Père le Pape, mandant prier Dieu pour l'église romaine, à cause que le Turc inquiétait son pays, ayant pris plusieurs chrétiens et villes de l'Ongrie, mandé visiter trois églises; trois jours, mercredy, vendredy et samedy, faire aumosnes, confesser ses péchés, faire la communion; ladite église Saint-Sauveur a fait procession, est allée à l'église Ste-Magdeleine, et des capucins accompagnés des pénitents, tous les couvents, MM. les présidents, conseillers, consuls, officiers et la plus part des gens de la ville avec grande dévotion.

Le jeudy, veille de Saint Simon, 28 octobre 1605, le sieur de St-Jean, fils de M. le président de Saint-Jean, s'étant rencontrés avec le chevalier fils du sieur conseiller de Tourtour, lesquels avoient question, se sont entrebattus, et ledit sieur de St-Jean est demuré sur la place des Prêcheurs, proche de la maison de maitre Gilles le notaire; ledit chevalier s'est sauvé hors la ville; le lendemain ledit sieur St-Jean a été ensevely dans l'église St-Sauveur avec grande solennité.

Le dimanche 27 novembre 1605, M. de Guise a fait une barricade et chasteau de bois, où ledit sieur avec le cadet de la Barben ont combattus tous armés avec des lances, dont le cheval dudit cadet et luy aussy sont été fort blessés, et étant six armés, six habillés en demoiselles et six en turc, lesquels rompoient leurs lances contre un Jacoumart dressé à la place des Prêcheurs.

Le lundy 28 dudit mois, capitaine Aymes de la Verdière avoit voulu tuer le sieur de la Verdière; par arrêt ledit Aymes a été condamné à mort, d'être pendu, et a été exécuté ledit jour, lequel Aymes avoit été notaire et fils de notaire.

Le ., décembre 1605, arrêt à la barre d'entre Michel Estienne, appelant, et les hoirs par bénéfice d'inventaire à feu Jean et François Milles, ledit Estienne, appelant de sentence arbitrale par laquelle avoient adjugé le droit de quarte de l'héritage de feu Jean Mille auxdits héritiers, la Cour a dit que la dite sentence tiendra et a adjugé la quarte de mille escus réservés par ladite sentence, et par ainsy tout héritier par bénéfice d'inventaire luy appartient le droit de quarte, dite falcidie d'un héritage.

ANNÉE 1606

Le mardy 3 janvier 1606, dans l'église de Saint-Sauveur, a été dit le Te Deum laudamus des nouvelles arrivées de Paris, que Louis de Lagonia sieur de Meyrargues étant audit Paris, vouloit trahir le Roy et la Provence au profit du Roy d'Espagne et Prince de Savoye. Le sieur de Meyrargues fut le 5 décembre 1605 constitué prisonnier; et du 17 dudit mois, par arrêt, a été atteint du crime de lèze-majesté, condamné être tiré à quatre chevaux et tranché la tête, icelle portée à Marseille, le château de Meyrargues démolly et sera mis une potence. Ledit a été exécuté audit Paris.

Le jeudy 16 février 1606, arrêt en audience de vérification des lettres obtenues par le sieur chevalier de Meyrargues pour être reçu à demander ses droits, nonobstant l'arrêt donné contre le sieur de Meyrargues sur le crime de lèze-majesté. Ayant la dame femme dudit Meyrargues obtenu le pardon plein dudit Meyrargues du Roy.

Le mercredy 4 janvier 1606, criés trois trompètes défendant les arquebuzes et bastons à feu.

Le jeudy 13 janvier 1606, M. de Guise a fait commencer les Etats, M. le président de Mellan a fait la proposte.

Le lundy 23 dudit mois, sont été achevés.

Par lesdits Etats, maîtres Achard et Bounet sont greffiers, MM. de Fontès et Aquillenqui sont trésoriers du pays. A été octroyé 200,000 escus audit sieur de Guise.

Le 25 janvier 1606, jour de la conversion de Saint-Paul, beau temps clair.

Ledit jour, M. Piollenc, sieur de St-Jollien, qui avoit été président, est décédé enseveli à l'église des Carmes, le 27 dudit mois, où toute la Cour y étoit avec grande solemnité et honneur. M. Aymar a son office de président.

Le 27 mars jour de Pâques.

Le dimanche 2 avril 1606 a été faite procession et continuée par neuf jours en priant Dieu sauver notre Roy, à cause qu'il est à la guerre au-devant Sedan proche des Allemagnes pour la prendre, occupée par le duc de Bouillon.

Le dimanche 27 avril 1606 a été faite procession générale, de ce que le Roy est entré audit Sedan.

Le dimanche 2 avril 1606 est arrivé un de Gramboy qu'on dit qu'il avoit dans le corps le mauvais esprit, lequel ne parlait pas, et entendait tout langage; et ledit jour et durant trois jours fut esconjuré à l'église du couvent des Minimes par un religieux dudit couvent, qui avoit prêché à l'église Saint-Sauveur, qui le commandoit parlant latin, grec et hébreu auquel ledit luy obéissoit, et le suivoit partout sans parler, et y alla plus de trois mille personnes d'Aix pour le voir.

Le lendemain, un jeune fils de l'âge de seize ans, clerc de maître Burle, procureur aux Comptes, s'est trouvé pendu à la gallerie de la maison dudit maître Burle, ledit pendu étoit de Manosque.

Ledit jour où lendemain un masson bâtissant une cave, le dessus est tombé, et ledit masson étant au-dessous est mort.

A plcu tous les mois et divers jours, commencé puis janvier jusques en avril inclusivement.

Le premier may 1606 sont été faits le Prince d'Amour, le fils de feu M. de la Vallete; le Roy de la Bazoche, de St-Remy; et l'Abbé, l'hôte du logis de Saint-Marc.

Le lundy 12 juin 1606, édit publié en audience sur l'inhibition des arquebuses.

Le Roy, en son conseil privé, du procès pendant entre les gens du pays contre MM. de la Cour du Parlement, sur le payement des tailles, a ordonné que tous les officiers payeront des tailles.

Ledit jour, lundy 12 juin, en audience, la Cour a fait inhibitions aux communes imposer tailles sans authorité de justice.

Mercredy 14 juin 1606, deux arcades du Pont d'Avignon sont tombées.

Ledit jour, M. de Janson, M. Bartelasse, M. de Aisars et son maître d'hôtel, pour une question, se sont blessés et morts, lesquels étoient gentilshommes dudit Avignon.

Le dimanche 2 juillet 1606, a été dit *Te Deum laudamus* et faite procession générale de ce que le Roy et la Reyne étant dans un carosse sur la rivière de ...... que alloient voir le Dauphin, ledit carrosse s'est renversé, et ledit Roy et la Reyne sont tombés dans ladite rivière, et avec l'ayde de Dieu et des gens sont échapés. Loué soit Dieu.

Le samedy dernier septembre 1606, ont été faits MM. les Consuls d'Aix : M. le baron d'Ollières, premier consul; M. Guiran, sieur de la Brillane, accesseur; M. Pene, second consul; sire Meyronnet, marchand, dernier consul; maître Louis Aycard, capitaine trésorier.

Le dimanche 8 octobre 1606, est venue et logée à l'Archevêché la dame Princesse Duchesse de Mantoue, sœur de la Reyne, venant de France, ayant fait baptiser le Dauphin fils du Roy; et la dame sa fille dudit Roy, à laquelle dame duchesse a été fait entrée et grand honneur, et luy sont allés au-devant les compagnies en armes, MM. les Consuls et autres.

Le lendemain, ladite dame est départie, est allée à Marseille pour s'en retourner à son pays.

Le dimanche 22 octobre 1606, par délibération de MM. du Bureau, a été dit qu'on se gardera de Beaucaire et Tharascon pour doute de la contagion, et que ceux qui viendront porteront bolletin, et ne seront ouvertes que la porte de Saint-Jean où seront receus les bolletins, et la porte des Frères-Mineurs et les autres portes fermées, et sont été faites cries par la ville.

Telle contagion par bruit n'a rien duré, et les portes sont été ouvertes.

Le lundy 23 octobre 1605, M. Monier, conseiller du Roy en la Cour, est décédé et enseveli le lendemain dans l'église des Prêcheurs.

Pauvre récolte de bleds et vin ; le bled se vendoit 26 florins la charge, et le vin 1 escu 36 sols la meilleirolle et plus.

Puis la fin du mois d'avril 1606, n'avoit plu qu'une fois, et bien peu jusques au 2 novembre et plusieurs jours de suite dudit mois, tellement que la moisson, vendange, et la pluspart des semences sont été faites sans pluye.

Le mardy 14 novembre 1606, un, appelé Hugon, gardoit la porte de Saint-Jean et se serait mis en question, comme on dit, par un qu'on ne cognoit dans ladite porte de Saint-Jean, tellement que ledit Hugon a donné un soufflet audit ......, et ledit a bailhé un coup de poignal audit Hugon, lequel est tombé mort, et a été grandement plaint ; celuy qui l'a frappé est fuitif, et y a plusieurs prisonniers.

Le mardy 22 novembre 1606, arrêt de la Cour en audience dans la chambre civile entre aucuns particuliers se plaignant de ce que MM. les lieutenants des sièges ne font mettre les sentences incontinent que sont délibérées au greffe, sous prétexte des épices, ladite Cour injoint aux lieutenants faire mettre les sentences au greffe, incontinent que seront délibérées, et aux greffiers de ne bailler extraits sans payer les épices.

Le 15 décembre 1606, cries contenant inhibitions porter dorures, ny clinquants d'or.

Le 23 décembre 1606, arrêt à la barre contenant inhibitions de populler les terres gastes, ny arracher les bois.

Le vendredy 23 décembre 1606, arrêt criminel contre Laurens-Boyer de Marseille, accusé qu'étoient quatre qu'étoient détenus esclaves par le Turc, furent rachèptés par les gens de la nef qu'estoient de ...... après lesdits esclaves entrèrent dedans sous prétexte venir avec eux, et les rembourcer de la rançon et avoient fait mourir tous ceux de la nef, hormis un marchand qu'estoit dans ladite nef, lequel pour sauver sa vie se seroit joint avec eux, pris et saccagé tout ce qu'estoit dans la dite nef, et se seroit mis dans deux bateaux et auroient taravellé ladite nef, laquelle et les gens tués seroient été mis au fond dans la mer ; le marchand arrive par le vouloir de Dieu à révéler et déclarer le tout. Ledit Boyer a été condamné d'être estenaillé et coupé tous ses membres vifs, la teste tranchée et estre exécuté. Le marchand mis en galère et d'autres pendus.

ANNÉE 1607

Le 20 janvier 1607, jour de S¹ Sébastien, sont été faites cries a trois trompètes de part le Roy, défendant à tous ses sujets de ne frequenter au Comté; l'occasion c'est que le Roy a mis un impost le long de la rivière du Rosne pour faire réparer le pont d'Avignon, et le Vice-légat a voulu empêcher, voulant participer audit impost.

Ledit jour, la dame duchesse de Bolgon est arrivée avec grande compagnie, plaidant une cause évoquée à la Cour.

Le 16 février 1607, cries à trois trompètes contenant liberté de frequenter au Comté en Avignon.

Le lundy 6 mars 1607, arrêt en audience de la comté de Pras que leur est permis prendre et couper bois à certain quartier de la terre gaste, mais nuisible à cognaissance d'experts nonobstant l'arrêt de prohibition fait le 20 décembre 1606.

Le samedy 10 mars 1607, arrêt à l'audience criminelle d'une femme de Bontoux, nommée Attenoze de Fréjus, accusée d'avoir entretenu un moyen dont pour son paillard dix ans à la maison de son mary, et ayant été informé par le juge, lancé adjournement personnel, auroit appelé par devant le lieutenant à Draguignan, lequel par requête reçoit Attenoze informer sur la subornation des témoins ; l'information faite y a appel par ladite Cour, le mary déclare été induit à querelle contre sa femme, et que l'estime femme de bien, M. l'avocat général dit que ledit lieutenant ne pouvoit recevoir ladite Attenoze avant qu'être oüye sur l'information, à informer sur la subornation. La Cour a mis l'appellation et ce dont a été appelé au néant, et par nouveau jugement sera informé sur le tout par un conseiller de la dite Cour. .... pris au corps, les autres seroient à l'arrêt de la ville, et le mary répondra par-devant un sieur commissaire qui sera député par ladite Cour.

Le vendredy 17 mars 1607, un habillé en gentilhomme, ayant le pourpoint blanc de satin, à l'audience tenant MM. la Cour des Comptes, le trouvant dans ladite audience derrober une bourse à un prêtre qu'étoit à ladite audience, a été pris et mené par devant Messieurs, lesquels l'ont fait dépouiller et trouvé qu'il avoit été marqué, ladite Cour l'a condamné avoir du foët, les oreilles coupées et en gallère perpétuellement, et a été exécuté incontinent.

Le jeudy 29 mars 1607, arrêt contre Sabatier dit Reynier, condamné à la roüe, et a été exécuté en effigie pour avoir tué le mary d'une appelée Suzanne, et ladite Suzanne qu'étoit entretenue dudit Sabatier, a été condamnée être rasée la tête, la robbe coupée jusques au genoüil, et d'avoir du foët par ville durant trois jours et sont été exécutés.

Le 28 mars 1607, arrêt à la barre de Christophe Allard contenant liberté de foüyr la terre gate de Rognes.

Le dimanche premier avril 1607, est décédé et ensevely M. le conseiller Aymar dans l'église de l'Observance, où étoit toute la Cour ; ledit sieur étoit âgé de 75 ans ; un sien fils a eu son office de conseiller.

Le jeudy 12 dudit mois d'avril, M. Thomassin, conseiller en ladite Cour de Parlement est décédé, ensevely dans l'église des Frères-Mineurs, où étoit toute la Cour, le frère dudit sieur a eu son office.

Le 15 avril 1607, jour de Pâques.

Le dimanche 29 avril 1607, a été faite procession générale et dit *Te Deum laudamus*, et après disner grand feu de joye à la place des Prêcheurs, tous les cartiers en armes, et le soir a été fait feu par ville de ce que le Roy a un fils de la Reyne, qu'est le troisième enfant, et sera appelé duc d'Anjou.

Ledit jour a pleu de matin en faisant ladite procession.

Le mardy premier may 1607, a été fait premissier M. Bonnet ; Prince d'Amour, M. de Mus ; Roy de Bazoche, Carnnet de Ries ; Abbé, sieur Castagnier, marchand.

Le vendredy 4 may 1607, tonneres, pluye, grêle et grand froid et se sont faites grandes processions et portoient l'image de Notre-Dame-de-Grâce.

Le samedy 5 may audit an, MM. la Grande Chambre sont allés à Marseille tenir les Grands Jours.

Le samedy 19 may 1607, grande pluye et tonnere terrible. Ledit jour M. de Reauville et le concierge décédèrent.

Le lundy 21 may 1607, arrêt de Ollivier Agard, mary de Motronne Allarde contre maître Ollivier Rencurel, notaire, tuteur de Honnoré Mellon d'Aix, par lequel ladite Allarde, pour s'être remariée sans rendre compte, a été déboutée de la donnation à elle faite par feu M. Mellon, son mary, que légats faits tant à mariage et testament d'iceluy, ont adjugé que appartiendront à l'enfant de Mellon, à icelle ledit en bonne monnoye, inthérêts au denier 16 ; puis l'an vidual fini, et le reliqua de son compte aussy avec inthérêts puis le rapport, et icelle relaxée des posites du compte contre elle réservés, dépens compensés.

Le jeudy 24 may, jour de l'Assomption.

Le vendredy 25 may 1607, arrêt en audience des sergents royaux de cette ville d'Aix contre les sergents forains qui exécutent aux villes et lieux desquels ils ne sont sargents, demandent règlement. La Cour les a appointés à escrire, cependant les forains vuyderont la ville et pourront exécuter dans le ressort d'où ils sont sergents.

Le samedy 26 may 1607, M. le Prince de Condé venant d'Aurenge est arrivé en cette ville d'Aix avec plusieurs gentishommes au devant, y est allé M. Aymar, président, MM. les Consuls et autres de la ville; s'est logé à l'Archevesché; la Cour en corps tant de Parlement que Comptes le sont allé voir. Aussy le dit sieur est allé à la Cour dans le palais, ledit Prince s'en est retourné le lendemain dimanche matin, on dit en Arles, ou Aurengo.

Le mercredy 29 may 1607, cries de par le Roy par M. de Liros, général des monoyes, de ne refuser les monnoyes des patas et deniers du Roy faits et mandés de Paris, et en baillent aux marchands pour avoir de gros argent, et y en a 5000 écus et autant le Roy en mande aux villes capitalles de ce pays.

Le vendredy prémier juin 1607, arrêt en audience d'entre un Surian et Archiere, mariés, âgés de 20 ans le mary et 14 ans la fille, lesquels, du consentement du père et de la mère de ladite Archiere, ledit Surian mineur sans son curateur, ny parents, père ny mère, dans une église sur les champs entre Arles et Beaucaire, un prêtre qui servoit ladite église auroit donné les corps sans lettres de l'Evêque, ny qu'il y eut aucun contract de mariage, et auroient lesdits Surian et Archiere consumé ledit mariage pour longtemps; le curateur et parents dudit Surian se seroient plaints par devant le sieur lieutenant au siège d'Arles, disant qu'étoit mariage clandestin; sur information, laxe adjournement personnel contre tous, et pour cognoitre si ladite Archiere avoit couché et cogneu chastement icelle, ordonne que seroit visitée par sage-femme, ores que ledit Surian déclara que c'étoit sa femme ; y a appel par devant la Cour, et assistant les parties, curateur et parents en audience, ayant les playdoiries tenus trois audiences, et que M. Thomassia, avocat général du Roy, a déclaré les informations, procédures, et que ledit Surian avoit fait l'honneur comme voisin à ladite Archiere, et que les mères fréquentoient ensemble plus de trois ans, les déclarations dudit Surian faites par devant le lieutenant et autres que ladite Archiere étoit sa femme, et qu'il ne pouvoit révoquer ledit mariage et déclaration qu'il avoit fait et que en semblable fait la Cour de Parlement de Paris avoir condamné le mary qui ne vouloit approuver le mariage à être pendu, si mieux n'aimoit accomplir ledit mariage, attendu qu'avoit joüy d'icelle sous promesse de mariage, conclud ledit Surian ce qu'il prétendoit faire. La Cour, après avoir interrogé ledit Surian qui avoit confessé ledit mariage, et que après iceluy avoit joüy de ladite Archière et qu'il obéiroit à ce que seroit ordonné par ladite Cour, laquelle a condamné ledit Surian contracter ledit mariage par devant le commissaire qui à ce seroit député, et le père de la fille condamné luy constituer dot de mil escus, ou de la moitié de son bien, ce que a été fait, dépens compensés, et a taxé prise de corps contre le prêtre qu'avoit donné les corps et témoins qui y avoient assistés.

Les Vénitiens, pour lesquels le Roy de France étoit protecteur du différend qu'ils avoient avec Notre Saint-Père le Pape, le Roy a accordés.

Le Roy de Perse qu'est au pays de Grèce s'estant recatolisé, auroit eu la guerre contre le Turc, qui luy occupoit l'isle de Chypres et tenoit son peuple en servage, et pour être en liberté et avoir ayde et secours, a employé la faveur de Notre Saint-Père le Pape et aussy du Duc de Florence et autres Princes chrétiens, par le moyen desquels, après le jour de Saint Jean, 24 juin 1607, se sont embarqués plusieurs escuyers et autres de ce pays de Prouvence et de cette ville d'Aix sur la mer à Marseille, et entre autres les deux enfants de M. Perret, procureur en Parlement, et ayant l'un d'iceux, sçavoir l'ainé le soir de Saint Jean, blessé maître Barthélemy Aurenge, lequel avoit été mon clerc, du plat de l'épée, à la face, en le prenant pour un autre ; le mois d'aoust suivant aucuns sont retournés et aucuns y sont morts.

Le 27 aoust, cries de payer la cotte des raisins à 2 livres la charge et douze livres pour quintal d'huile.

Le dimanche 2 septembre 1607, estant MM. les Consuls et conseil assemblés dans la maison de la ville pour ladite cotte des raisins, aucuns auroient criés et mal dit contre les Consuls tendant à sédition, à tant que aucuns furent mis en prison, et la Cour s'est assemblée au palais ; et du lendemain lundy 8 du dit mois, que l'un d'iceux a été condamné faire amende honorable, avoir du foët par ville portant une mitre en papier escrit séducteur, et banny pour dix ans d'Aix, et a été exécuté.

Ladite cotte a été arrentée et payée à deux livres pour grosse charge, et les fermiers y ont perdus.

La récolte a été moyenne et non guiere grande des raisins.

Tout l'esté grande sécheresse et stérilité d'eau.

Pauvre récolte de bleds. Je n'ay eu à la bastide que cinq charges bled et cinq charges raisins, et les autres années en avoit quinze charges.

Le 7 septembre 1607, a plu la moitié du jour.

Le mercredy 12 septembre 1607, arrêt criminel contre une femme vieille de St-Estienne de Conys, qu'étoit masque, condamnée être brûlée, et a été exécutée.

Le jeudy 13 dudit septembre, autre arrêt contre maître Geoffroy, jadis cabiscol en l'église Saint-Sauveur d'Aix, a été condamné par deffaut à la roüe, et a été exécuté en effigie, accusé d'avoir tué M. d'Esbiès, prévost de ladite église. Ledit Geoffroy s'est remis en estat.

Le jeudy et samedy 27 et 29 septembre, jour de Saint-Michel, pleu lesdits deux jours.

Le dit jour, 29 septembre 1607 sont été faits MM. les Consuls : M. de Saint-Canat, premier consul; M. Audibert, accesseur; M. Fizaty, second consul; M. Ricy, tiers consul.

FIN

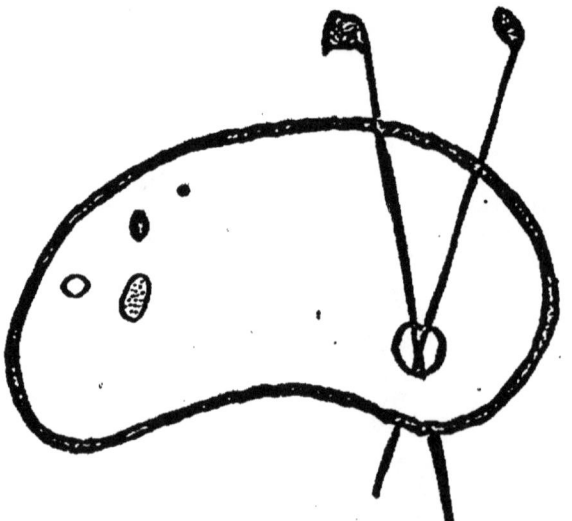

DÉBUT D'UNE SERIE DE DOCUMENTS
EN COULEUR

TREIZIÈME ANNÉE — Nº 1. — 15 Avril 1892.

REVUE SEXTIENNE

HISTORIQUE

LITTÉRAIRE, SCIENTIFIQUE ET ARCHÉOLOGIQUE

PUBLIÉE A AIX

PAR UNE SOCIÉTÉ DE GENS DE LETTRES

Pour activer la publication de l'*Histoire d'Aix*, la Revue sera, tous les deux mois, exclusivement consacrée à cet ouvrage, à la fin duquel seront publiés les noms des abonnés.

SOMMAIRE :

MANUSCRITS.

Histoire de la Ville d'Aix, (Bibliot. Méjanes). (tome V). P.-J. de HAITZE
Histoire de Provence de 1562 à 1607. .... F. SOBOLIS.

AIX
BUREAU A L'IMPRIMERIE MAKAIRE, RUE THIERS, 2
1892

La *Revue Sextienne* paraît le 15 de chaque mois — 10 fr. par an.
Pour l'étranger, le port en sus.

TREIZIÈME ANNÉE — N° 5. — 15 Mai 1892.

REVUE SEXTIENNE

HISTORIQUE
LITTÉRAIRE, SCIENTIFIQUE ET ARCHÉOLOGIQUE

PUBLIÉE A AIX

PAR UNE SOCIÉTÉ DE GENS DE LETTRES

Pour activer la publication de l'*Histoire d'Aix*, la REVUE sera, tous les deux mois, exclusivement consacrée à cet ouvrage, à la fin duquel seront publiés les noms des abonnés.

SOMMAIRE :

MANUSCRITS.

Histoire de la Ville d'Aix, (Bibliot. Méjanes). (tome V). P.-J. de HAITZE

AIX
BUREAU A L'IMPRIMERIE MAKAIRE, RUE THIERS, 2
1892

La *Revue Sextienne* paraît le 15 de chaque mois — 10 fr. par an.
Pour l'étranger, le port en sus.

TREIZIÈME ANNÉE. — N° 6. — 15 Juin 1892.

REVUE SEXTIENNE

HISTORIQUE
LITTÉRAIRE, SCIENTIFIQUE ET ARCHÉOLOGIQUE

PUBLIÉE A AIX
PAR UNE SOCIÉTÉ DE GENS DE LETTRES

Pour activer la publication de l'*Histoire d'Aix*, la Revue sera, tous les deux mois, exclusivement consacrée à cet ouvrage, à la fin duquel seront publiés les noms des abonnés.

SOMMAIRE :

1re PARTIE.

Les années calamiteuses de l'histoire d'Arles (suite).....	Emile Fassin.
Bibliographie.................................	X.
Le rêve d'un archéologue.................	L. Rostan.

2e PARTIE.
MANUSCRITS.

Histoire de la Ville d'Aix, (Bibliot. Méjanes). (tome V).	P.-J. de Haitze
Histoire de Provence de 1562 à 1607.	F. Sobolis.

AIX
BUREAU A L'IMPRIMERIE MAKAIRE, RUE THIERS, 2

1892

La *Revue Sextienne* paraît le 15 de chaque mois — 10 fr. par an.
Pour l'étranger, le port en sus.

TREIZIÈME ANNÉE — N° 7. — 15 Juillet 1892.

REVUE SEXTIENNE

HISTORIQUE

LITTÉRAIRE, SCIENTIFIQUE ET ARCHÉOLOGIQUE

PUBLIÉE A AIX

PAR UNE SOCIÉTÉ DE GENS DE LETTRES

Pour activer la publication de l'*Histoire d'Aix*, la Revue sera, tous les deux mois, exclusivement consacrée à cet ouvrage, à la fin duquel seront publiés les noms des abonnés.

SOMMAIRE :

MANUSCRITS.

Histoire de la Ville d'Aix. (Bibliot. Méjanes). (tome V). P.-J. de Haitze

AIX
BUREAU A L'IMPRIMERIE MAKAIRE, RUE THIERS, 2
1892

La *Revue Sextienne* paraît le 15 de chaque mois — 10 fr. par an.
Pour l'étranger, le port en sus.

TREIZIÈME ANNÉE — N° 8. — 15 Août 1892.

REVUE SEXTIENNE

HISTORIQUE
LITTÉRAIRE, SCIENTIFIQUE ET ARCHÉOLOGIQUE

PUBLIÉE A AIX

PAR UNE SOCIÉTÉ DE GENS DE LETTRES

Pour activer la publication de l'*Histoire d'Aix*, la REVUE sera, tous les deux mois, exclusivement consacrée à cet ouvrage, à la fin duquel seront publiés les noms des abonnés.

SOMMAIRE :

1re PARTIE.

Un manuscrit inconnu de Leonardo Bruni Aretino ..... L. CONSTANS.
Bibliographie........ .... X.
Les années calamiteuses de l'histoire d'Arles (suite).. .. Emile FASSIN.

2e PARTIE.
MANUSCRITS.

Histoire de la Ville d'Aix, (Bibliot. Méjanes). (tome V). P.-J. de HAITZE

AIX
BUREAU A L'IMPRIMERIE MAKAIRE, RUE THIERS, 2
1892

La *Revue Sextienne* paraît le 15 de chaque mois — 10 fr. par an.
Pour l'étranger, le port en sus.

TREIZIÈME ANNÉE — N° 9. — 15 SEPTEMBRE 1892.

REVUE SEXTIENNE

HISTORIQUE
LITTÉRAIRE, SCIENTIFIQUE ET ARCHÉOLOGIQUE

PUBLIÉE A AIX

PAR UNE SOCIÉTÉ DE GENS DE LETTRES

Pour activer la publication de l'*Histoire d'Aix*, la REVUE sera, tous les deux mois, exclusivement consacrée à cet ouvrage, à la fin duquel seront publiés les noms des abonnés.

SOMMAIRE :

MANUSCRITS.

Histoire de la Ville d'Aix. (Bibliot. Méjanes). (tome V).   P.-J. de HAITZE
Histoire de Provence de 1562 à 1607. ....   F. SOBOLIS.

AIX
BUREAU A L'IMPRIMERIE MAKAIRE, RUE THIERS, 2
—
1892

La *Revue Sextienne* paraît le 15 de chaque mois —10 fr. par an.
Pour l'étranger, le port en sus.

TREIZIÈME ANNÉE — N° 10. — 15 Octobre 1892.

REVUE SEXTIENNE

HISTORIQUE

LITTÉRAIRE, SCIENTIFIQUE ET ARCHÉOLOGIQUE

PUBLIÉE A AIX

PAR UNE SOCIÉTÉ DE GENS DE LETTRES

Pour activer la publication de l'*Histoire d'Aix*, la Revue sera, tous les deux mois, exclusivement consacrée à cet ouvrage, à la fin duquel seront publiés les noms des abonnés.

SOMMAIRE :

MANUSCRITS.

Histoire de la Ville d'Aix, (Bibliot. Méjanes), (tome V).   P.-J. de Haitze

AIX
BUREAU A L'IMPRIMERIE MAKAIRE, RUE THIERS, 2
1892

La *Revue Sextienne* paraît le 15 de chaque mois — 10 fr. par an.
Pour l'étranger, le port en sus.

TREIZIÈME ANNÉE — N° 11. — 15 Novembre 1892.

REVUE SEXTIENNE

HISTORIQUE

LITTÉRAIRE, SCIENTIFIQUE ET ARCHÉOLOGIQUE

PUBLIÉE A AIX

PAR UNE SOCIÉTÉ DE GENS DE LETTRES

Pour activer la publication de l'*Histoire d'Aix*, la Revue sera, tous les deux mois, exclusivement consacrée à cet ouvrage, à la fin duquel seront publiés les noms des abonnés.

SOMMAIRE :

1re PARTIE.

Documents inédits sur Mirabeau. .... A. MOUTTET.
Les années calamiteuses de l'histoire d'Arles (suite).. .. Émile FASSIN.
Le rêve d'un archéologue (suite) .... L. ROSTAN.

2e PARTIE.

MANUSCRITS.

Histoire de la Ville d'Aix, (Bibliot. Méjanes). (tome V). P.-J. de HAITZE

AIX
BUREAU A L'IMPRIMERIE MAKAIRE, RUE THIERS, 2

1892

La *Revue Sextienne* paraît le 15 de chaque mois — 10 fr. par an.
Pour l'étranger, le port en sus.

TREIZIÈME ANNÉE — N° 12. — 15 Décembre 1892.

REVUE SEXTIENNE

HISTORIQUE

LITTÉRAIRE, SCIENTIFIQUE ET ARCHÉOLOGIQUE

PUBLIÉE A AIX

PAR UNE SOCIÉTÉ DE GENS DE LETTRES

Pour activer la publication de l'*Histoire d'Aix*, la Revue sera, tous les deux mois, exclusivement consacrée à cet ouvrage, à la fin duquel seront publiés les noms des abonnés.

SOMMAIRE :

MANUSCRITS.

Histoire de la Ville d'Aix, (tome VI et dernier)...... P.-J. de HAITZE
Histoire de Provence de 1562 à 1607. .... F. SOBOLIS.

AIX
BUREAU A L'IMPRIMERIE MAKAIRE, RUE THIERS, 2
1892

La *Revue Sextienne* paraît le 15 de chaque mois — 10 fr. par an.
Pour l'étranger, le port en sus.

QUATORZIÈME ANNÉE — N° 1. — 15 JANVIER 1893.

REVUE SEXTIENNE

HISTORIQUE
LITTÉRAIRE, SCIENTIFIQUE ET ARCHÉOLOGIQUE

PUBLIÉE A AIX

PAR UNE SOCIÉTÉ DE GENS DE LETTRES

Pour activer la publication de l'*Histoire d'Aix*, la REVUE sera, tous les deux mois, exclusivement consacrée à cet ouvrage, à la fin duquel seront publiés les noms des abonnés.

SOMMAIRE :

MANUSCRITS.

Histoire de la Ville d'Aix, (tome VI et dernier)...... P.-J. de HAITZE

AIX
BUREAU A L'IMPRIMERIE MAKAIRE, RUE THIERS, 2
—
1893

La *Revue Sextienne* paraît le 15 de chaque mois —10 fr. par an.
Pour l'étranger, le port en sus.

QUATORZIÈME ANNÉE — N° 2. — 15 Février 1893.

REVUE SEXTIENNE

HISTORIQUE
LITTÉRAIRE, SCIENTIFIQUE ET ARCHÉOLOGIQUE

PUBLIÉE A AIX

PAR UNE SOCIÉTÉ DE GENS DE LETTRES

Pour activer la publication de l'*Histoire d'Aix*, la Revue sera, tous les deux mois, exclusivement consacrée à cet ouvrage, à la fin duquel seront publiés les noms des abonnés.

SOMMAIRE :

1ʳᵉ PARTIE.

Les années calamiteuses de l'histoire d'Arles (suite).....	Emile FASSIN.
Bibliographie........	F. C.
Le rêve d'un archéologue (suite)	L. ROSTAN.

2ᵉ PARTIE.
MANUSCRITS.

Histoire de la Ville d'Aix, (tome VI et dernier).... ..	P.-J. de HAITZE

AIX
BUREAU A L'IMPRIMERIE MAKAIRE, RUE THIERS, 2

1893

La *Revue Sextienne* paraît le 15 de chaque mois — 10 fr. par an.
Pour l'étranger, le port en sus.

QUATORZIÈME ANNÉE — N° 3. — 15 Mars 1893.

REVUE SEXTIENNE

HISTORIQUE

LITTÉRAIRE, SCIENTIFIQUE ET ARCHÉOLOGIQUE

PUBLIÉE A AIX

PAR UNE SOCIÉTÉ DE GENS DE LETTRES

Pour activer la publication de l'*Histoire d'Aix*, la Revue sera, tous les deux mois, exclusivement consacrée à cet ouvrage, à la fin duquel seront publiés les noms des abonnés.

SOMMAIRE :

MANUSCRITS.

Histoire de la Ville d'Aix, (tome VI et dernier)...... P.-J. de Haitze
Histoire de Provence de 1562 à 1607. .... F. Sobolis.

AIX
BUREAU A L'IMPRIMERIE MAKAIRE, RUE THIERS, 2
1893

La *Revue Sextienne* paraît le 15 de chaque mois — 10 fr. par an.
Pour l'étranger, le port en sus.

QUATORZIÈME ANNÉE — N° 1. — 15 Avril 1893.

REVUE SEXTIENNE

HISTORIQUE
LITTÉRAIRE, SCIENTIFIQUE ET ARCHÉOLOGIQUE

PUBLIÉE A AIX

PAR UNE SOCIÉTÉ DE GENS DE LETTRES

Pour activer la publication de l'*Histoire d'Aix*, la Revue sera, tous les deux mois, exclusivement consacrée à cet ouvrage, à la fin duquel seront publiés les noms des abonnés.

SOMMAIRE :

MANUSCRITS.

Histoire de la Ville d'Aix, (tome VI et dernier)...... P.-J. de Haitze

AIX
BUREAU A L'IMPRIMERIE MAKAIRE, RUE THIERS, 2
1893

La *Revue Sextienne* paraît le 15 de chaque mois — 10 fr. par an.
Pour l'étranger, le port en sus.

QUATORZIÈME ANNÉE — N° 5. — 15 Mai 1893.

REVUE SEXTIENNE

HISTORIQUE

LITTÉRAIRE, SCIENTIFIQUE ET ARCHÉOLOGIQUE

PUBLIÉE A AIX

PAR UNE SOCIÉTÉ DE GENS DE LETTRES

Pour activer la publication de l'*Histoire d'Aix*, la REVUE sera, tous les deux mois, exclusivement consacrée à cet ouvrage, à la fin duquel seront publiés les noms des abonnés.

SOMMAIRE :

MANUSCRITS.

Histoire de la Ville d'Aix, (tome VI et dernier)....... P.-J. de HAITZE
Histoire de Provence de 1562 à 1607................. F. SOBOLIS.

AIX
BUREAU A L'IMPRIMERIE MAKAIRE, RUE THIERS, 2
—
1893

La *Revue Sextienne* paraît le 15 de chaque mois —10 fr. par an.
Pour l'étranger, le port en sus.

QUATORZIÈME ANNÉE — N° 6. — 15 Juin 1893.

REVUE SEXTIENNE

HISTORIQUE

LITTÉRAIRE, SCIENTIFIQUE ET ARCHÉOLOGIQUE

PUBLIÉE A AIX

PAR UNE SOCIÉTÉ DE GENS DE LETTRES

Pour activer la publication de l'*Histoire d'Aix*, la REVUE sera, tous les deux mois, exclusivement consacrée à cet ouvrage, à la fin duquel seront publiés les noms des abonnés.

SOMMAIRE :

1re PARTIE.

Le rêve d'un archéologue (suite et fin) . . . . L. ROSTAN.
Les années calamiteuses de l'histoire d'Arles (suite). . . Emile FASSIN.

2e PARTIE.

MANUSCRITS.

Histoire de la Ville d'Aix, (tome VI et dernier). . . . . . P.-J. de HAITZE.

AIX
BUREAU A L'IMPRIMERIE MAKAIRE, RUE THIERS, 2
—
1893

La *Revue Sextienne* paraît le 15 de chaque mois — 10 fr. par an.
Pour l'étranger, le port en sus.

QUATORZIÈME ANNÉE — N° 7. — 15 Juillet 1893.

REVUE SEXTIENNE

HISTORIQUE

LITTÉRAIRE, SCIENTIFIQUE ET ARCHÉOLOGIQUE

PUBLIÉE A AIX

PAR UNE SOCIÉTÉ DE GENS DE LETTRES

Pour activer la publication de l'*Histoire d'Aix*, la Revue sera, tous les deux mois, exclusivement consacrée à cet ouvrage, à la fin duquel seront publiés les noms des abonnés.

SOMMAIRE :

MANUSCRITS.

Histoire de la Ville d'Aix, (tome VI et dernier)....... P.-J. de HAITZE

AIX
BUREAU A L'IMPRIMERIE MAKAIRE, RUE THIERS, 2
1893

La Revue Sextienne paraît le 15 de chaque mois —10 fr. par an.
Pour l'étranger, le port en sus.

QUATORZIÈME ANNÉE — N° 5. — 15 Août 1893.

REVUE SEXTIENNE

HISTORIQUE

LITTÉRAIRE, SCIENTIFIQUE ET ARCHÉOLOGIQUE

PUBLIÉE A AIX

PAR UNE SOCIÉTÉ DE GENS DE LETTRES

Pour activer la publication de l'*Histoire d'Aix*, la REVUE sera, tous les deux mois, exclusivement consacrée à cet ouvrage, à la fin duquel seront publiés les noms des abonnés.

SOMMAIRE :

MANUSCRITS.

Histoire de la Ville d'Aix, (tome VI et dernier)....... P.-J. de HAITZE
Histoire de Provence de 1562 à 1607...... .... F. SOBOLIS.

AIX
BUREAU A L'IMPRIMERIE MAKAIRE, RUE THIERS, 2
—
1893

La Revue Sextienne paraît le 15 de chaque mois —10 fr. par an.
Pour l'étranger, le port en sus.

QUATORZIÈME ANNÉE — N° 9. — 15 Septembre 1893.

REVUE SEXTIENNE

HISTORIQUE

LITTÉRAIRE, SCIENTIFIQUE ET ARCHÉOLOGIQUE

PUBLIÉE A AIX

PAR UNE SOCIÉTÉ DE GENS DE LETTRES

Pour activer la publication de l'*Histoire d'Aix*, la REVUE sera, tous les deux mois, exclusivement consacrée à cet ouvrage, à la fin duquel seront publiés les noms des abonnés.

SOMMAIRE :

1re PARTIE.

Daviel en Provence..................... D' CHAVERNAC.
Les années calamiteuses de l'histoire d'Arles (suite)..... Émile FASSIN.

2e PARTIE.
MANUSCRITS.

Histoire de la Ville d'Aix, (tome VI et dernier)....... P.-J. de HAITZE

AIX
BUREAU A L'IMPRIMERIE MAKAIRE, RUE THIERS, 2

1893

La *Revue Sextienne* paraît le 15 de chaque mois — 10 fr. par an.
Pour l'étranger, le port en sus.

QUATORZIÈME ANNÉE — N° 10. — 15 Octobre 1893.

REVUE SEXTIENNE

HISTORIQUE
LITTÉRAIRE, SCIENTIFIQUE ET ARCHÉOLOGIQUE

PUBLIÉE A AIX

PAR UNE SOCIÉTÉ DE GENS DE LETTRES

Pour activer la publication de l'*Histoire d'Aix*, la REVUE sera, tous ̶les̶ deux mois, exclusivement consacrée à cet ouvrage, à la fin duquel ̶se̶ront publiés les noms des abonnés.

SOMMAIRE :

1re PARTIE.

Daviel en Provence (suite)............ Dr CHAVERNAC.

2e PARTIE.
MANUSCRITS.

Histoire de la Ville d'Aix, (tome VI et dernier)....... P.-J. de HAITZE

AIX
BUREAU A L'IMPRIMERIE MAKAIRE, RUE THIERS, 2

1893

La *Revue Sextienne* paraît le 15 de chaque mois —10 fr. par an.
Pour l'étranger, le port en sus.

QUATORZIÈME ANNÉE — N° 11. — 15 Novembre 1893.

REVUE SEXTIENNE

HISTORIQUE
LITTÉRAIRE, SCIENTIFIQUE ET ARCHÉOLOGIQUE

PUBLIÉE A AIX
PAR UNE SOCIÉTÉ DE GENS DE LETTRES

Pour activer la publication de l'*Histoire d'Aix*, la Revue sera, tous les deux mois, exclusivement consacrée à cet ouvrage, à la fin duquel seront publiés les noms des abonnés.

SOMMAIRE :

1re PARTIE.

Daviel en Provence (suite)................. D' Chavernac.

2e PARTIE.
MANUSCRITS.

Histoire de la Ville d'Aix, (tome VI et dernier)....... P.-J. de Haitze

---

AIX
BUREAU A L'IMPRIMERIE MAKAIRE, RUE THIERS, 2

1893

La *Revue Sextienne* paraît le 15 de chaque mois — 10 fr. par an.
Pour l'étranger, le port en sus.

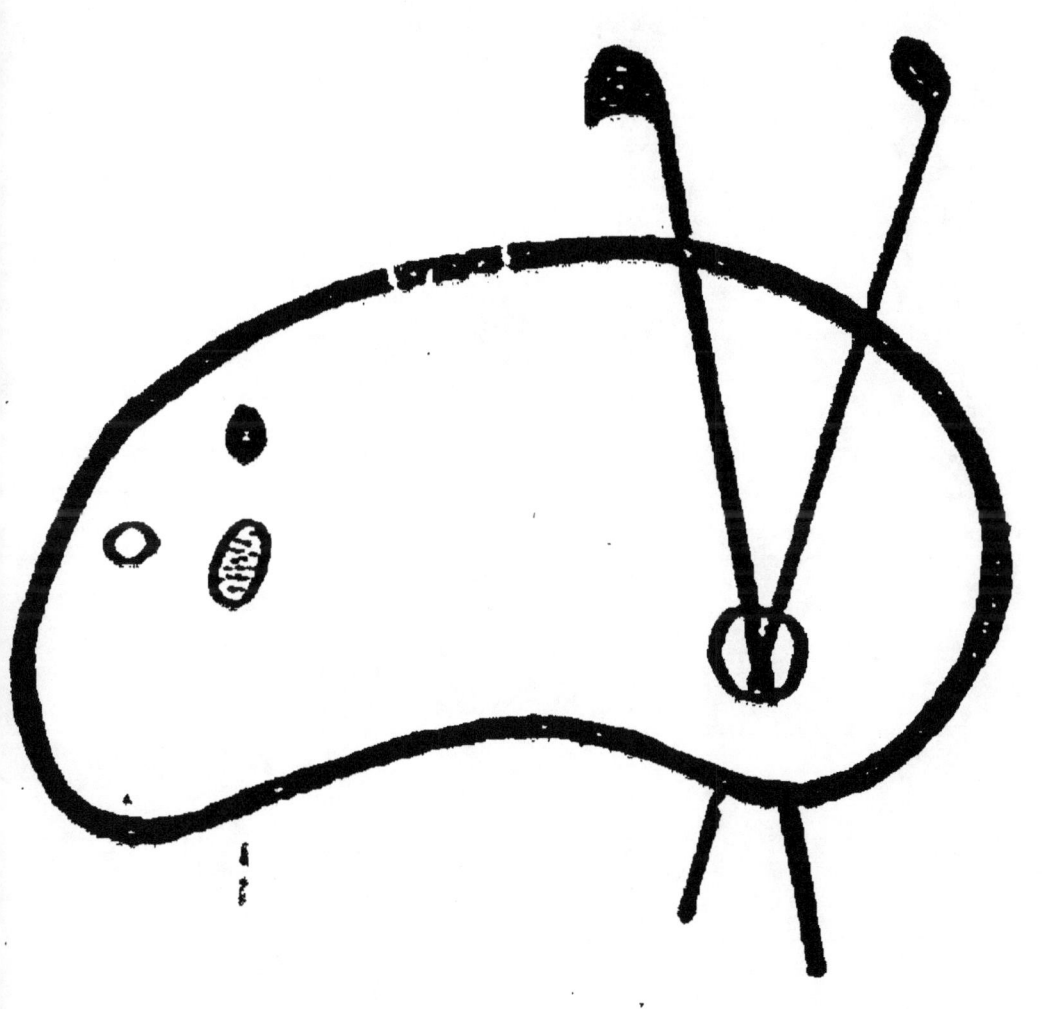

FIN D'UNE SERIE DE DOCUMENTS
EN COULEUR

www.ingramcontent.com/pod-product-compliance
Lightning Source LLC
Chambersburg PA
CBHW060329170426
43202CB00014B/2715